看到停不住的中国史

两晋

史壮宁 著

北京理工大学出版社
BEIJING INSTITUTE OF TECHNOLOGY PRESS

版权专有　侵权必究

图书在版编目（CIP）数据

好看到停不住的中国史. 两晋 / 史壮宁著. — 北京：北京理工大学出版社，2022.5

ISBN 978-7-5763-1187-7

Ⅰ. ①好… Ⅱ. ①史… Ⅲ. ①中国历史—通俗读物②中国历史—晋代—通俗读物 Ⅳ. ①K209②K237.09

中国版本图书馆CIP数据核字（2022）第050651号

出版发行 / 北京理工大学出版社有限责任公司
社　　址 / 北京市海淀区中关村南大街 5 号
邮　　编 / 100081
电　　话 /（010）68914775（总编室）
　　　　　（010）82562903（教材售后服务热线）
　　　　　（010）68944723（其他图书服务热线）
网　　址 / http：//www.bitpress.com.cn
经　　销 / 全国各地新华书店
印　　刷 / 三河市华骏印务包装有限公司
开　　本 / 710 毫米 × 1000 毫米　1/16
印　　张 / 18.5　　　　　　　　　　　　　　　责任编辑 / 朱　喜
字　　数 / 206 千字　　　　　　　　　　　　　文案编辑 / 朱　喜
版　　次 / 2022 年 5 月第 1 版　2022 年 5 月第 1 次印刷　责任校对 / 刘亚男
定　　价 / 60.00 元　　　　　　　　　　　　　责任印制 / 李志强

图书出现印装质量问题，请拨打售后服务热线，本社负责调换

目录

魏晋风流

陈寿和他的《三国志》有那么不堪吗？王安石和欧阳修都想重修一次？／002

刘禅和孙皓两个投降皇帝，为什么待遇结局都不同？／007

政坛老手与朝堂新贵的对决，司马懿如何把何晏逼成了妖魔？／013

历史上第一位被大臣逼得造反的皇帝，是个作家兼画家／018

目睹两场禅让假戏，九旬老人看清了朝堂丛林法则？／023

晋朝将帅明争暗斗，离心离德，灭掉东吴就像开玩笑？／028

他用开盲盒的方法选美女侍寝，妃子如何"请君入瓮"？／033

晋武帝司马炎让智障儿子接班，是什么长久之计？／038

"丑人作怪"的极品，内鬼贾南风该被毒死吗？／044

作为一个诡诈贪鄙的官油子，王戎怎么混进了"竹林七贤"？／049

乱世大贤的保命秘籍，除了醉酒还有更重要的一招／054

嵇康临刑前，为什么把孩子托付给自己宣布绝交的人？／060

嵇康父子的死，千古之下，犹闻风雷之声 / 065

魏晋名士阮咸的怪诞之举 / 071

去掉一些不属实的标签，告诉你一个真实的醉鬼刘伶 / 075

官场风谲云诡，山涛屹立不倒，靠的是三大法宝 / 080

"洛阳纸贵"背后的三贵，中华民族优秀的人才及他们的精神 / 086

才高八斗的书生卷入政治斗争，他是怎么把自己玩死的？ / 092

才子进入官场五大坑，陆机用生命换来的滴血教训 / 098

是老天妒忌还是自己作孽？西晋首富的取死之道 / 105

最帅的人也是最痛苦的人，潘安的名字貌似内涵讽刺？ / 112

根据古籍还原——鸩鸟究竟是怎样的剧毒鸟？ / 119

"劫富济贫"的裴氏宰相，被顾恺之多画了三根胡子 / 125

胡马北风

看看人家大汉朝的影响，匈奴贵族以姓"刘"为荣？ / 132

论治蜀的水平，这对搭档比刘备和诸葛亮高明 / 136

夸夸其谈的西晋大元帅，怎么被胡人活埋了？ / 142

从九五之尊到跑堂小二，司马家的子孙受尽了侮辱 / 147

天将降大饼与寡人也，必须都得接住，晋元帝如是说 / 152

刘琨可以称为著名军事家吗？吹笳退敌有几分真？ / 157

闻鸡起舞的祖逖是如何锤炼成东晋长城的？ / 162

没有这个汉人辅佐，石勒完不成统一北方的霸业 / 167

天王冉闵，一勇之夫还是"千古一帝"？ / 174

一个卖簸箕的功业超过诸葛亮，他究竟怎么做到的？ / 178

王猛的金刀计共有哪五步？为什么说是天下第一反间计？ / 184

君臣合作的最佳拍档，苻坚和王猛是怎么打配合的？ / 189

为了争夺高僧，前秦后秦发动了几场战争？ / 195

南渡衣冠

好朋友不是这样的，王丞相，伯仁就是被你所杀 / 202

点燃犀角，东晋大将军温峤在长江水下看到了什么？ / 206

陶渊明曾祖手握八州重兵，一个梦就打消了称帝的野心？ / 210

魏晋人事制度"九品官人法"持续四百年，公平公开公正？ / 215

"不能流芳百世，不妨遗臭万年"，这话不是桓温的本意 / 220

淝水之战：东晋真是八万破百万吗？ / 224

当官竟穷到卖狗嫁女的地步？ / 229

五千年华夏文明毛笔为证，王羲之用的毛笔是老鼠胡须所制？ / 235

我们还能看到《兰亭集序》，得感谢这两个人？ / 240

兰亭雅集不是文人聚会，更不是秘密军事会议 / 245

日本皇室正仓院所藏王羲之《二谢帖》疑为赝品 / 253

矫情到极致的大神，骨灰粉里有个人叫李白 / 257

陶渊明：世人都道醉乡好，我被酒虫欺一生 / 265

江苏民歌《茉莉花》怎么会来自五台山？谁是护花使者？ / 271

才高一斗的贵族谢公子如何把自己送上绝路？ / 277

有多少权臣想坐坐龙椅，东晋的风流怎么被雨打风吹去？ / 283

魏晋风流

壹

◆

东都西都，铜驼春深潇潇雨

百年兴替，敢问谁家是正主

◆

陈寿和他的《三国志》有那么不堪吗？王安石和欧阳修都想重修一次？

对于三国历史，更多的人是通过《三国演义》了解的，但那毕竟是小说。要说正史，还要看陈寿的《三国志》。

有关陈寿其人，一直有争议。此人是川中才子，巴西郡安汉县（即今四川省南充市）人，从小就爱学习，后来师从同郡学者谯周——就是在魏军攻到成都时主降的那位先生。以往不太理解他，现在认为川人主降也无可厚非，管他是谁家的皇帝，蜀中的生灵别再遭战争涂炭就行。老师是铁杆主降派，弟子陈寿当然跟着降了，在大魏朝他的官当得不怎么样，还多次被贬，活了六十五岁。

陈寿如果不是写了《三国志》，估计也是历史大浪中的一点浮沫，根本留不下什么痕迹。但他用了十年的时间，写下这部纪传体断代史，时间从汉末至晋初，记述了中国由统一走向分裂再走向统一的百年变迁。《三国志》与《史记》《汉书》《后汉书》被后世并称为"前四史"。

近来，在《史通》当中读到了这样的内容，虽然作者刘知几似乎漫不经心，但看得出他对《三国志》颇有微词，其文如下：

"当宣景开基之始，曹马构纷之际，或列营渭曲，见屈武侯，或发仗云台，取伤成济。陈寿、王隐咸杜口而无言……"

大意是说当司马懿和他儿子司马师有了逆天的想法,开始搞那些阴谋的事儿、曹氏和司马氏因为争权而结怨纷争的事儿,或者是司马懿在渭河边被诸葛武侯凌辱的事儿,或者是曹髦把铠甲和兵器发给士兵,然后冲下凌云台与司马昭一决生死反被成济所杀的事儿,陈寿的《三国志》和王隐的《晋书》都视而不见,闭口不言……

不敢说真话,重大史实选择性忽略,这种做法在写史的人当中并不少见,只是胆小怕死罢了,怎么可能每朝都有秉笔直书的史官如董狐者呢?但是陈寿被后人看不起,倒不是说他的《三国志》写得有多不堪,而是他的行节有亏。

《晋书·陈寿传》记载:

"丁仪、丁廙有盛名于魏,寿谓其子曰:可觅千斛米见与,当为尊公作佳传。丁不与之,竟不为立传。"

这可是正史里的记载,陈寿公然索贿,意思是只要给我奉上"千斛米"来,就可以为丁仪等人写个好传,结果人家的儿子不买账,他竟然就不给立传了。这简直有点拿手里的笔做生意的意思,拿历史开涮,文人无良,莫此为甚。

不仅如此,陈寿一个降官,竟然对诸葛亮父子也没"作佳传",原因在《晋书》里也有交代:

"寿父为马谡参军,谡为诸葛亮所诛,寿父亦坐被髡,诸葛瞻又轻寿。寿为亮立传,谓亮将略非长,无应敌之才;言瞻惟工书,名过其实。议者以此少之。"

陈寿的父亲是蜀国官员,曾做过马谡的参军(相当于参谋长),马谡失了街亭被诸葛亮含泪杀了,陈寿父亲也得受罚,被剃了个大光头或阴阳头，再加上诸葛瞻又看不上陈寿，所以陈寿在写《三国志》时屁股坐歪了，嘴也歪了，说军事谋略并非诸葛亮所长，又无临敌应变之才；还说诸葛瞻只是工于书法，名过其实。可惜的是，诸葛父子都死于社稷，而陈寿一个投降派，哪有资格贬损别人？因此后人就对陈寿的人品颇有微词了。

《晋书·陈寿传》是唐朝房玄龄等人撰写的，我相信房玄龄的品行和为人。他还记录了这样一件事：陈寿父亲去世，他在守丧期间，因为生病而让婢女伺候自己服药，结果被来客看见，乡党因此对他颇多议论指责。

综上所述，作为一个史学家，每写一个字都要入汗青史册的，陈寿不能抛弃私心，秉笔直书，自然不能服众。

可能就是因为这种种原因吧，王安石就很看不上陈寿，不仅轻视他的人品，对他的作品也不看好。这在宋代王铚的《默记》中有记载——苏东坡曾经对刘壮舆说：

"轼元丰中过金陵，见介甫论《三国志》曰：'裴松之之该（赅）洽，实出陈寿上，不能别成书而但注《三国志》，此所以□陈寿下也，盖好事多在注中。'"

王安石认为，给《三国志》作注的裴松之其实很博学，水平在陈寿之上，没有专门著一本史书而只给陈寿作注（记载中缺了一个字，笔者分析这里的"□"可能是"屈"或"居"），意谓裴松之屈居陈寿之下实在可惜，其实他的注中有很多好东西呀！

"安石旧有意重修，今老矣，非子瞻，他人下手不得矣。"王安石本想亲自重修三国史，可惜他老了，他觉得在当时的宋朝文坛上，除了苏东坡，别人都下不了手。

苏东坡也没敢接这活，他很有自知之明，推辞说"于讨论非所工"，

意思就是写写散文诗歌之类天马行空的文字我恐怕还凑合，写议论文不是老苏所长呐。

这事王安石还真上心了，可见他确实对《三国志》和陈寿很不满意，苏轼不接活儿，他还找过别人。在宋唐庚的《三国杂事》里有如下记载：

"往时欧阳文忠公作《五代史》，王荆公曰：'五代之事，无足采者，此何足烦公？三国可喜事甚多，悉为陈寿所坏，可更为之。'公然其言，竟不暇作也，惜哉！"

欧阳修当时正修撰《五代史》呢，王安石说，《五代史》没什么劲儿，有啥写头？三国时候的精彩事儿那么多，可惜都让陈寿给糟蹋了，你应该重修一下。欧阳修也很同意王安石的观点，可惜人生苦短，他也没有那么多的时间了。

个人认为，总体而论，历经十年打磨，陈寿撰写的《三国志》还是很耐读的，如果要打分，至少也在八十分以上。

作为一个史家，陈寿因为一些个人原因，有时候言不由衷，总之是受限于他的胆识和格局。人非完人，孰能无过？即使是太史公著《史记》，有时候也受个人的情绪和好恶影响，所以，增补或是可以的，但重修未必能超越。

至于裴松之为什么没有重修三国史，笔者在他的《上三国志注表》找到了他对《三国志》的看法：

"寿书铨叙可观，事多审正。诚游览之苑囿，近世之嘉史。"

依此来看，裴松之还是高度认可陈寿的，认为《三国志》比较全面，比较客观，也好读，算是一部"嘉史"。后世的刘勰、房玄龄、苏洵等人对于《三国志》，也都是称赞的。

毕竟史料绝大部分出自陈寿，这是他的首功，即使裴松之的注很丰富，到了宋朝王、苏和欧阳的时代，已经过去了六七百年，能拿到的都是二手甚至是三手的资料，纵然是妙笔生花，估计也是出力不讨好。

以苏轼的聪明应该是想到了这一点，所以找个借口推掉了，而王安石偏不服，这恐怕也是别人称他为"拗相公"的原因。但回头再想，"拗相公"也有他的可爱可敬之处，他有修纂《三国志》的自信，放到现在，即使发现陈寿谬误百出，估计也没人有重修的勇气和能力了。

✻ 参考书籍

《史通》《晋书》《魏略》《资治通鉴》《默记》《三国杂事》

刘禅和孙皓两个投降皇帝，为什么待遇结局都不同？

一开始，觉得这两位投降的亡国之君，应该算是难兄难弟，后来一想这不对，差辈了，刘禅（shàn）不能干，从孙尚香那边来论，刘备该是孙皓的老姑夫（我们这里称爷爷的姐妹为老姑，东北有另一说）。那孙皓见了刘禅，他要是心情好还讲礼貌的话，得叫一声表叔才是，所以这俩其实是难叔难侄。想象一下，如果这叔侄见了面，定然会非常尴尬。也想象过，要司马昭活着没准会弄这么一场恶作剧，他好看个笑话，可惜他公元265年就死了。当然这叔侄也没能在洛阳见面，刘禅在271年"薨"了之后，孙皓在东吴仍祸害了近十年，直到280年才举着白旗来到洛阳。彼时阴阳殊途，刘禅墓地上的树都长多高了。

有高人总结得好：刘禅是不作为，孙皓是乱作为；刘禅昏而不暴，孙皓暴而不昏。他们都葬送了先人开拓的大好江山，但同样是亡国之君，同样是投降派，这叔侄俩的待遇和结局还是很不同的。

一个降魏，一个降晋，情势不同

公元263年，魏国大将军司马昭派钟会和邓艾分兵攻蜀，邓艾偷渡阴平直扑成都。很"识趣"的刘禅不想打仗，力排众议，带着满满的诚意投降了，历时43年的蜀汉政权就此玩完。

罗贯中有诗写得很耐琢磨：

"祈哀请命拜征尘，盖为当时宠乱臣。
五十四州王霸业，等闲抛弃属他人。"

当时，魏国的傀儡皇帝是曹奂，虽然司马昭独揽大权，说一不二，但刘禅在名义上，降的还是大魏国，所以曹奂和司马昭以汉室宗亲的身份优待了俘虏。司马昭很清楚，刘禅此人胸无大志，坏都坏不到哪儿去，在蜀中少有作恶，充其量就是一个昏君而非暴君。厚待刘禅，一来可以体现大魏国的宽容仁厚之心；二来也是想做给东吴看。因为就在灭蜀之后，野心勃勃的司马昭已经在筹划将江东的大片江山收入版图。

到公元280年，孙皓计穷势蹙，不得不投降的时候，司马氏已经走到了前台。265年，司马昭前脚一死，其子司马炎就把木偶皇帝请下了金殿，大晋代替了大魏，享国46年的曹魏政权也宣告灭亡。

以孙皓的性格，起初还是很想跟西晋好好交交手的，奈何手下将士不想为他卖命，纷纷逃散。凑合打了几仗之后，硬撑了52年的孙吴政权也土崩瓦解。

暴虐的孙皓在吴国声名狼藉，人心尽失，西晋大军来到，还要负隅顽抗，司马炎当然对他没什么好印象。最重要的是时过境迁，天下已经统一，没必要再做样子给谁看了，所以孙皓和他表叔刘禅的待遇就明显不一样。

一个封公，一个封侯，规格不同

中国本有善待亡国之君的优良传统。自夏周以来，亡国之君当了俘虏，

一般不杀。前文写到司马炎逼迫魏元帝曹奂禅位后，也只是降封为陈留王。前朝有先例可循，像商汤俘获夏桀后，还允许他带着心爱的女人离开；当年魏文帝曹丕逼汉献帝刘协禅让后，也没杀他，封他为山阳公。

据《礼记·王制》："王者之制禄爵，公侯伯子男，凡五等。"刘禅来到洛阳后，也被封为公，名为安乐公。虽然都是公，都是食邑万户，但刘协的山阳公还是比刘禅的安乐公高一级，因为山阳是郡公，而安乐是县公。尽管如此，刘禅也已经非常知足，因为食邑万户待遇太高了！曹魏当年的五子良将都功勋卓著，食邑最多的才四千户左右。更何况，朝廷当时还赐绢万匹，赐奴婢百人，以刘禅的性格，这个安乐公确实是很有安乐的基础。

东吴投降，孙皓被押解到洛阳，也得到了司马炎的接见，当时被赐为归命侯，从字面看，是"顺应天命，归顺投降"之意，但暗含揶揄嘲讽，人再硬也硬不过命不是？你孙皓还不是得归顺我大晋？赏赐也只是"田三十顷，岁给谷五千斛，钱五十万，绢五百匹，绵五百斤"。侯自然比公要低一级，这些赏赐和刘禅相比也差距明显，跟着来降的东吴皇族待遇也差强人意，只有孙皓的原太子孙瑾拜中郎，其他大都仅得了个虚职闲职。

刘禅这个安乐公是实的，他虽居洛阳，却有自己的封地，即安乐公国，国都叫安乐县，在今北京顺义区西北六里衙门村，旧名就叫安乐村。

但毕竟是投降的皇帝，司马家就那么放心吗？安乐公就真的那么安乐吗？

有一种说法，在河南省鹤壁市鹤山区与安阳市交界处，有一个"阿斗寨"，当地相传这是刘禅被司马昭父子秘密羁押之地。无风不起浪，这个地名和说法足以引起人们的无限遐想。

一个装傻，一个充愣，性格不同

待遇不同，结局不同，除了大环境发生改变，还有一点是性格决定命运。仅此来看，刘禅挺好，傻人自有傻福。

话说有一天，司马昭设宴款待刘禅，席间下令演奏蜀中乐曲，以歌舞助兴，一帮蜀汉旧臣触景生情，有人掩面，有人流泪。只有刘禅看得很投入，很安乐。司马昭就问他："安乐公是否有点想念蜀国啊？"刘禅想都不想就答道："此间乐，不思蜀也。"

这就是成语典故"乐不思蜀"的出处，但当时故事并没结束。

蜀国有位旧臣郤正很天真，听了感觉这是个机会，就趁着上厕所的时间教刘禅——他要再问，陛下就装着很沉痛的样子说："先人坟墓，远在蜀地，我没有一天不想念啊！"这样，司马昭就有可能让您回蜀了，刘禅牢记在心。

酒至半酣，司马昭果然又问，刘禅赶紧把刚学来的那一套说了一遍。司马昭听完说："咦？这话怎么像是郤正说的？"刘禅大感惊奇："你怎么知道的？"左右大臣皆哈哈大笑。

司马昭当时确实有窥探刘禅的意思，但他全无机心，一盆水清而又浅，一眼看到底，从此就再也不怀疑他了。《三国志集解》对此事的评价是："恐传闻失实，不则养晦以自全耳。"认为不可靠，或者是刘禅在装傻。

而孙皓就有点摆不正自己的位置，先是狂怼了一次权臣贾充，又怼过侍中王济，就是在司马炎的面前，他要觉得不痛快也照怼不误！

有一回，司马炎设宴，孙皓在座。席间，司马炎半开玩笑地对孙皓说："朕设此座以待卿久矣。"孙皓当即就怼过去："臣于南方，亦设此座以待陛下。"这哪里是一个亡国之君该有的态度？

还有一回，司马炎问孙皓："听说你们南方人喜欢作《尔汝歌》，能作一首吗？"孙皓书法不错，也有诗才，张嘴就来：

"昔与汝为邻，今与汝为臣。
上汝一杯酒，令汝寿万春！"

堂堂的一国之君，被属臣称为"汝"，这可是对皇上的大不敬！司马炎自讨没趣，好在他脾气好，并没有发作。

在人屋檐下，还要逞一时之能，在这一点，孙皓真不如刘禅聪明，他可能觉得很憋气，想自寻死路吧。

一个善终，一个"病"死，结局不同

"公泰始七年薨（hōng）于洛阳。"271年，明哲保身的刘禅寿终正寝，享年六十五岁，这岁数在那个年代算是高寿了。他还被追谥为"思公"，仍然是公爵待遇，去世的礼仪规格，自然也是按照公爵的档次来进行的，可谓备极哀荣。而且，刘禅的那个安乐公国也一直世袭下去，直到"永嘉之乱"后才灭亡。

而来到洛阳依然桀骜不驯的孙皓则死得比较诡异，在洛阳待了四年，年仅四十二岁，他就"突然离世"了。

史书没有记载他死亡的原因，但个人推测，孙皓之死的幕后凶手很可能是司马炎或者贾充。

总体来看还算宽仁的司马炎本来对暴虐的孙皓就极不感冒，此人专于杀戮，无所不用其极，他的故事曾经传到洛阳，让当年的司马炎感到头皮

发麻。投降之后，孙皓徒逞一时口舌之快，不断给晋国的君臣们添堵。司马炎可能会顾及大局和东吴的安定，不好直接对孙皓下毒手，但心黑手辣的贾充才不用考虑那么多，选择暗中下手把这个刺儿头前东吴皇帝送上黄泉路，多半是他的手笔。

《三国志》中仅一句："（太康）五年，皓死于洛阳。"《吴录》里的记载也惜墨如金："皓以四年十二月死，时年四十二，葬河南县界。"不咸不淡，一笔带过，孙皓不仅没有得到西晋王朝的哀祭，连个谥号都没有。

孙皓应该是非正常死亡，"归于非命"，也正好应了他那个"归命侯"。

掉毛的凤凰不如鸡，孙皓死得云淡风轻，只有差点被他废掉的滕皇后亲自写了哀悼文，文章甚是悲痛凄楚。没过几年，滕皇后也撒手人寰。

✱ 参考书籍

《晋书》《魏氏春秋》《三国志》《两晋南北朝史》《吴录》《资治通鉴》《三国志集解》

政坛老手与朝堂新贵的对决，司马懿如何把何晏逼成了妖魔？

高平陵事变是曹魏政权后期的顶级权力绞杀，司马懿与曹爽两大集团对阵，权臣与皇族的决斗，政坛老手与朝堂新贵的终极搏杀。。

何晏，曹爽集团的骨干分子，"傅粉何郎"说的就是他。此人"美姿仪而色白"，且"动静粉帛不去手，行步顾影"。何郎长得极白净精致不说，还很自恋，喜欢修饰打扮。

为什么有"傅粉何郎"的雅称，可能有人不太清楚，这里交代一下。

据《语林》："何晏……美姿仪，帝每疑其傅粉，后夏月赐以汤饼，大汗出，以朱衣自拭之，尤皎然。"

意思是何晏的脸细腻洁白到让人简直不能相信，以至于魏明帝曹叡都疑心他是施过粉的。那年夏天，天气大热，魏明帝专门叫人把他传来，赏赐他吃热汤面。何晏痛痛快快吃了一大碗，大汗淋漓，随手用所穿的红色衣服擦汗，结果不但没有擦下粉来，擦完后，脸色倒显得更白了。魏明帝这才相信他确实是"天然蛋白质"。

关于何晏的身世也很有故事。他本是汉末大将军何进的孙子。父亲早亡（死得蹊跷？），母亲尹氏被曹操抢走。何晏小时候聪慧过人，"以才秀知名"，曹操对他视如己出，故有人怀疑他是曹操的私生子，这都是"咸话"不提。

魏文帝曹丕很讨厌何晏，还给他起了外号叫"假子"。笔者怀疑这有两层意思，一是说何晏要清楚你的出身，你不是真儿子！二是暗指何晏是个假男人、不阴不阳的中性人。

这些八卦的事也都放下，回到让人后颈发凉的政治搏杀。

何晏与并州刺史毕轨及名士邓飏、李胜、丁谧等都有才名，但在曹丕和曹叡手里，因为厌恶他们虚浮不实，压得死死的，何晏只是一名没有实职的闲散官员。

直到景初三年（239年）正月，曹叡驾崩，太子曹芳上位继承大统。

何晏苦苦等待的机会也终于来了。

大将军曹爽是曹操养子曹真的儿子，与太尉司马懿共同辅政。曹爽一向与何晏等人打得火热，等到他掌权了，这几位一直推戴他的风流才子当然要重用。

于是死党们各得其位，一时鸡犬升天。既然被重用，就得显显手段。丁谧给曹爽出了一招，可以把司马懿踢出局，曹爽很得意。

丁谧的绝计是先发制人，由曹爽禀告皇上曹芳发布诏书，改任司马懿为太傅，外表上尊崇，实际上是彻底架空，一闷棍打得这位老江湖差点背过气去。

曹芳当时还是个七八岁的孩子，对曹爽言听计从，于是司马懿只好很不痛快地去当太傅。太傅看起来非常尊贵，位列三公，正一品，又是天子老师，但司马懿原来"都督中外诸军"的权力被剥夺了。

冷眼看时局的司马懿知道时机不到，便开始韬光养晦，让出舞台，由着曹爽他们胡折腾。

在此期间，何晏等人青云直上，他先被授任散骑侍郎，然后当上了吏

部尚书、侍中,曹爽把朝廷选举贤能的大权交给了他。

何晏还真能把这权力用到极致,巴结逢迎他的人加官晋爵,胆敢违逆他的人就罢黜斥退,一时气焰之盛,让人侧目。

何晏与廷尉卢毓素来不和,于是派人紧盯,结果发现卢毓的属下有点小过,何晏抓住这点,穷究卢毓的责任。还没得出结论,就迫不及待地收了卢毓的印绶。对位列九卿的人他们都敢先收拾后上奏,其作威作福的程度可见一斑。

除了受贿索贿,何晏还侵占桑田数百顷,甚至把皇家园林等侵吞为私人产业。

谁给了他这么大的胆子?当然是曹爽,他当时权倾朝野,正"爽"得春风得意。他的饮食车服,都跟皇帝曹芳看齐,妻妾多得数不过来,他还色胆包天私占了前皇帝曹叡生前的七八个才人。既然皇帝的女人他都动了,那再动一动太乐乐器,甚至动一动武库禁兵也没什么大不了的吧?这一桩桩一件件可都是大逆不道的滔天重罪,曹爽不在乎,但有一个人很在乎,这些事都被司马懿记在了小本本上。

曹爽还建造了一个私人会所,四周陈列绮罗,多次和何晏等人在里面花天酒地,恣意妄为。曹爽有个弟弟曹羲是个清醒的人,知道这么胡来必然招来大祸,多次苦劝他要收敛言行,甚至都到了伏地哭泣不起的地步,但曹爽很自傲,根本听不进去。

好日子过得飞快,时间来到正始八年(247年),何晏给曹爽献计,把郭太后迁居到永宁宫,由此,曹爽开始独揽朝政大权。

司马懿知道形势对自己很不利,示弱为上。同年五月,他回家装病回避朝会,闭门不出。

司马懿是对的。当时老百姓的说法是"台中有三狗，二狗崖柴不可当，一狗凭默作疽囊。"这"三狗"，指的是何晏、邓飏和丁谧，"默"是曹爽的小字。意思是"三狗皆欲啮人，而谧尤甚也"，三条狗都龇着牙想咬人，而丁谧最为凶恶。

这种穷奢极欲、为所欲为的好日子又过了两年。正始十年（249年）正月，曹爽兄弟陪同皇上曹芳拜谒魏明帝的高平陵，一直在积蓄力量的司马懿突然出手，封闭洛阳城并占据了曹爽和曹羲的军营。曹爽直接被打懵，关键时刻服了软，最终向司马懿投降，交出权力。

本有数次翻盘的机会，曹爽都没有珍惜，却天真地相信司马懿会给他留条生路，这些值得专文另述。

审讯曹爽时，让他万万想不到的是审判桌后面坐着的人竟然是何晏！难道他竟然是司马懿的卧底？

也不是，这正是司马懿奸猾至极的毒招，他不把何晏抓起来，倒让他参与审讯。何晏还以为是得到了司马懿的器重，为了开脱，他审讯起来不择手段穷凶极恶，还主动提供了许多有价值的线索和证据。审讯进行得很顺利，曹爽等人"谋反"的证据全拿到了。

此时，司马懿说原来想留你们一条命，但哪里想到你们竟然要造反！那就对不起，只能是满门抄斩！

结案时，何晏给司马懿汇报，一五一十地掰着指头说要"族诛"的共是七家，包括曹、丁、邓、李等，司马懿却诡异地看着他说："必须是八家。"何晏突然头皮一麻，魂飞天外："难道也包括我家？"

司马懿苦笑了一下说："你又说对了。"

何晏本来对老庄学说很有研究，算是魏晋"玄学"的早期代表人物，

但可惜他只是崇尚空谈，谈得再"玄"也救不了命。

正月初十，司马懿以谋逆罪将何晏与曹爽等人一同诛灭三族。此案牵连者达五千余人，对立面几乎被一网打尽。

政变过后第二个月，曹芳不得不任命司马懿为丞相，并赐他"奏事不名"的特权，这是身为臣下不可能再高的待遇。从此，曹魏政权的印把子牢牢掌握在司马家的手里。

性格决定命运，一群在政治上如此幼稚的浅薄文人哪里是老谋深算的司马懿的对手，兔起鹘落之间，一招毙命。

政治攻杀，残酷无情。当初，司马懿被逼成了演员，但是最终何晏却被逼成了多面妖魔，相信被人玩弄在掌心的他临死前才是最痛苦的。

✱ 参考书籍

《晋书》《资治通鉴》《三国志》《魏略》《语林》《名士传》《两晋南北朝史》

历史上第一位被大臣逼得造反的皇帝，是个作家兼画家

公元260年6月2日，洛阳城里黑云压城，间或有惊雷闪电，暴雨将至。

电光闪过之时，宫中的甲士们能看清站在陵云台上的曹髦，这位皇帝满脸愤慨之色，大声激励众人跟着他一同去杀独夫民贼！

曹髦所说的"贼"正是在朝中一手遮天的大将军司马昭。虽然身为皇帝，但被欺压了整整六年的曹髦已经忍无可忍。现在，他命令手下拿起武器，披上铠甲，擂起战鼓，数百人鼓噪着出了云龙门，杀奔大将军府。

在此之前，曹髦屡次下诏加封司马昭为晋公，加九锡，但被司马昭假惺惺推辞了十次。越是这样，曹髦心里越慌，司马昭之心已经路人皆知，他想要什么，昭然若揭——他想要的只有一个"晋"字，至于后面的那个小小的"公"的爵位似乎已不被他放在眼里了。

对曹髦来说，接下来，可能连傀儡也当不成，被废黜只是时间问题了。

曹髦被人评价为"才同陈思，武类太祖"，他文武兼具，文可以上追三爷爷曹植，武则大有太祖曹操遗风。这话还不是普通人拍马屁，是司徒钟会的赞誉。钟会说这番话的时候司马师和司马昭都在场，两人对视了一下，当时图谋干掉他们兄弟的皇帝曹芳刚刚被废除，难道又扶起来一个不听话的？

曹髦是曹丕的嫡孙，当年正因如此才被推上了位，现在已经十九岁，

血气方刚的年龄，他怎么甘心任人摆布？

于是，中国历史上罕见的皇帝造了大臣的反，揭竿而起的一幕真实发生了。

这一哨人马还没有冲到司马昭的府邸，刚走到南阙，就被中护军贾充集结的数千正规军拦住了。

贾充是司马昭的得力爪牙，所任的中护军一职也相当显要，掌管禁军、主持选拔武官。

贾充外战外行，内战却是高手，他当时带领的人马都久经战阵，看着曹髦带来的由宿卫、苍头和僮仆临时凑起来的乌合之众，他轻蔑地笑了。

曹髦知道，箭在弦上，不得不发，到了这个时候，只有拼个鱼死网破！

他大叫着冲在最前面，用剑指着对方阵营里的人喝道："你们这些人，都是我大魏的兵，谁敢动！动者灭族！"

不能不说，面对平时敬若神灵的皇帝，这些士兵还真不清楚今天到底发生了什么，应该怎么办！有人就在悄悄地往后移动脚步，随时准备退出战斗。

此时，在贾充队伍中有一个叫成济的，官职是太子舍人，这是个只有七品的文职，"掌文章书记"，但今天他却赶到了风口浪尖上。他看见士兵们被皇帝的气势吓住，悄悄问贾充："形势不妙，咱们怎么办？"

贾充身为司马昭的死党，知道他可以把皇帝放过去，但司马昭绝不会放他过去，于是回答说："司马公养着你们，不就是为了今天吗？这还用问吗？"

成济听了这话心里有数了，挺枪上前，与曹髦对阵。

曹髦也许没想到有人敢当街杀他这位堂堂大魏天子，但成济的枪却突然快似流星一样，从曹髦的前胸刺入，从后背贯穿而出，曹髦血溅当场，死于非命。

与其苟且偷生，毋宁高贵赴死。曹髦虽然有心杀贼，却无力回天，但他敢以一身傲骨和一腔热血，去捍卫尊严。这在中国有类似遭遇的古代皇帝群体中，实属凤毛麟角。他称得上是一位斗士，死得惨烈而悲壮，应该赢得后人的尊重。有人嘲笑他的拼死一搏是儿戏政变。个人认为，这是看热闹的不嫌事大，站着说话不腰疼，换了你上去试试，未必有曹髦的血性。

至尊无上的皇帝死在了大街上，尽管司马昭城府极深又胆大包天，这事毕竟也没有遇到过。

他不能不装装样子，急匆匆地赶到现场，然后"自投于地"，就是趴伏在地上，不知道该说什么好。

群臣也被惊得魂飞魄散，但迫于司马昭的淫威，没人敢上前有任何表示。除了司马昭的叔叔时任太傅的司马孚无所畏惧，抱着曹髦大哭自责，场面极是冷清而尴尬。

皇上暴死街头，不能不给天下一个交代，否则如何堵上悠悠众口？

于是，司马昭召会群臣，商讨善后事宜。尚书左仆射（相当于副相）陈泰认为主犯是贾充，不杀他不足以谢天下！

但司马昭怎么可能砍掉左膀右臂，不得已时才舍车保帅，目前他这个"帅"没人能把他怎么样，但舍掉一只"车"代价太大。想来想去，再找个替罪的"卒"吧？结果，那个挺枪上阵亲手"弑"了皇帝的人成济中了大奖，他连辩解的机会都没有，就被拖出去砍了。

不光是成济一人倒霉，他的三族都在被诛之列。成家人当然十万个不服，我们成家是给你们司马家卖命的，现在不仅没捞着功劳，还摊上个灭

门大罪，你们倒是毫发不伤！

据《魏氏春秋》记载：成济兄弟成倅等哪里肯服罪，"袒而升屋，丑言悖慢。自下射之，乃殪"。成倅也豁出去了，你们司马家不要脸，我就光着身子爬上屋顶对着满大街的老百姓骂你，把你干的脏事都抖出来！成倅在房顶上没骂多长时间，下面军士的乱箭像雨一样射来，他又没处可躲，于是被射杀。

不能不提一句的是陈泰竟然也死了。皇帝的死对他冲击很大，他忧愤成疾，竟然呕血而亡。

曹髦被葬于洛阳西北三十里的瀍涧之滨。本来准备以平民之礼安葬他，经过司马孚等人争取，加上太后可怜，最后升格为亲王的礼仪。但后事依然很萧条，没有大臣和族人送行，没有礼乐，几辆简陋的车拉着棺材而已。

围观的老百姓也知道这是刚刚被杀的天子，还有人掬一把同情之泪。

一场闹剧缓缓收场。曹奂随后被立为皇帝，贾充还被升了官，晋封安阳乡侯，统领城外诸军，加散骑常侍。

曹髦短暂而传奇的一生，如流星划过夜空。他擅长诗文，创制了九言诗，传世文章有《伤魂赋并序》《颜子论》等，曾亲赴太学论道，这些在《三国志》中都有记载。他还著有一本《春秋左氏传音》，可惜已经失传。另据记载，曹髦精通绘画，有人说他是中国历史上第一位皇帝画家，唐代张彦远在《历代名画记》中将他的作品定为中品。

这样看来，曹髦也不是毛头小伙子，但玉石俱碎的行动还是太过鲁莽。如果在自己的地盘上下手，等司马昭上殿时或者请他入内宫时再埋伏刀斧手，会不会占据主动？成功的概率大一些？像康熙擒鳌拜用的就是关门打狗的办法，据《康熙大事年表》，鳌拜被诱进宫后，"侍卫以扑击之戏抓捕之"。

再说那个可悲又可叹的成济。他的教训是，跟着人做大事，得先看清跟的是什么人，能不能与你共始终，还得看看你在这个团队里面的位置，是不是刚好可能充当替死鬼的那个？成济冲得太猛，只好被司马昭这样的主子拿去平了民愤，那才叫死不瞑目。

✱ **参考书籍**

《晋书》《资治通鉴》《魏氏春秋》《汉晋春秋》《三国志》《两晋南北朝史》

目睹两场禅让假戏，九旬老人看清了朝堂丛林法则？

一个人目睹了两场朝代更迭的大戏，曹魏代汉，他支持；司马家夺魏，他却很反感。离奇的是，他自己就是司马家的人，他到死都称自己是大魏之臣，其中到底演绎了怎样的弱肉强食？波谲云诡，他又是怎样看透了朝堂上的丛林法则？

东汉京兆尹司马防家的风水之旺，恐怕连他自己都不信，生下了一个著名的风云人物叫司马懿，不用在下多介绍。司马懿的儿子和孙子都是狠角色，夺了曹家的江山，这且不说。难得的是司马懿还有一个贤良的弟弟司马孚，水平并不亚于司马懿，却长期生活在他二哥的阴影里。魏明帝曹叡曾经赞叹说："我有了司马家的兄弟二人，还有什么可忧虑的！"

更为难得的是，司马家人丁极旺，共生了八个儿子，让邻居家都眼红的这帮兄弟个个出色，精明强干，他们都以"达"为字，故当时号称司马"八达"。

今天要说的主角是老三司马孚，既然老大司马朗，字伯达。老二司马懿字仲达，他当然得字叔达了。下面的弟弟们，司马馗字季达，司马恂字显达，司马进字惠达，司马通字雅达，司马敏字幼达。要在村里，谁家有这么如狼似虎的八个兄弟，一般人还真是不敢惹。这些都一笔带过。

单说司马孚，因为他"有俊才"，被陈思王曹植选为文学掾，掾是副官佐或官署属员的通称。曹操当丞相时，司马孚就曾是他的文学掾。当时曹植年轻，恃才放旷，司马孚总是诚恳劝谏，可曹植听不进去，率性而为，几番醉酒误事，失去了曹操的宠信。后来，曹操也看中了司马孚的才能，把他从曹植身边调离，升他为太子中庶子，专门去辅佐曹丕。

当曹丕羽翼丰满，废汉自立，曹植被打发到山东一带去反省的时候，他才意识到司马孚的话有多在理。

说到曹丕的"废汉自立"，这是司马孚身为观众、身为演员甚至身为导演深度参与的一场大戏。

当时，曹操逝世了。毕竟是亲爹，曹丕很悲伤，哭得很真切，以致乱了方寸。

那年，司马孚四十岁，据《晋书》记载，是他审度大局，劝慰曹丕："你爹是不幸'晏驾'了，现在整个天下都在看着你，你可得挺住，'上为宗庙，下为万国'，怎么能像个村汉一样哭得没完没了呢！"

曹丕认为司马孚说得很有道理，不哭了。

当时群臣也听说了这个噩耗，都聚在一块放声大哭，乱成一团。

司马孚在朝堂上厉声斥责："现在天下震动，正是非常时刻，我们现在必须'早拜嗣君，以镇海内'，你们在这儿干哭顶什么用！"

司马孚与尚书和洽两人操持大事，让群臣退下，加强警卫，先为曹操办理了丧事，然后拿出策划案，奉曹丕上位！

也就是说，"禅让"这出戏，必须要逼真，要演得全国人民都信了，甚至自己都信了，都被感动了才行。

其实在曹操去世之前，曹丕已经搞了不少预演，他要让淳朴的老百姓都知道自己是天人下凡，登基当皇帝那是天命所归，于是，国内就适逢其时，

有大批的"祥瑞"出现。

"麒麟降生，凤凰来仪，黄龙出现，嘉禾蔚生，甘露下降。"这些前戏工作都已经做足，现在，曹丕就等着识时务的汉献帝刘协"主动让贤"。

《三国志》描述的过程是和风细雨式的——华歆、贾诩和王朗（呵！就是《三国演义》里被诸葛亮骂死的那一位）等人写了劝进书，汉献帝刘协很明理，一再下诏要禅让，可曹丕一再推辞。于是动不动就有百多十号人聚集在一起使劲劝，连刘协都急了。后来，尚书令桓阶很不客气地说，您怎么能抗拒上天和亿万百姓的意愿呢？曹丕"万般无奈"，才从牙缝里挤出一个"可"字，于是举国欢庆。

但《华阳国志》里写的完全是另一种情形——汉献帝刘协被华歆等人逼着让位，他惊呆了，认为自己并没有什么过错，怎么能把祖宗的江山拱手相让？王朗就威胁说：汉室传了四百年，气数已尽，您呐，还是早早退让为妙，迟了唯恐生变！刘协大哭，逃入后殿。

第二天，曹洪和曹休带剑入宫，把汉献帝裹胁上殿。华歆见皇帝还不肯表态，竟然上前扯住了龙袍，逼他来个痛快的。刘协此时看到宫殿内外几百名甲士都是魏王的亲兵，只好哭着对群臣说："我愿意了还不行吗？但请别杀我。"

于是陈群起草了禅让诏书。华歆夹着诏书再拎上玉玺，引导百官到魏王府前。曹丕还在扭扭捏捏，架不住大家一通苦劝，终于高高兴兴地接受了禅让，成为魏文帝。

司马孚加官晋爵，先当了中书郎，次年即外放为河内典农，赐爵关内侯，又转任清河太守。

六年之后，226 年，曹丕驾崩。《晋书》记载：魏明帝曹叡嗣位，想重用司马孚，问左右曰："有兄风不？"答云："似兄。"天子曰："吾得司马懿二人，复何忧哉！"司马孚于是被升为度支尚书，执掌全国财税大权。可惜，司马兄弟二人他只看对了一半，司马孚是不必担忧，司马懿却是个百变难测的老戏骨。

二十多年后，正始十年（249 年），司马懿悍然发动"高平陵事变"。司马孚为清君侧，还是为自保不得而知，总之是参与了，同司马师一起控制京师。曹爽一党被杀，司马孚因功晋爵长社县侯，加侍中。后来，司马孚升任司空，又代替王凌为太尉。

期间，他曾率军在寿春击退东吴太傅诸葛恪的进攻，后镇守关中，击退蜀汉姜维，转任太傅。

这个时期，司马家气焰熏天，不臣之心越来越明显。260 年，魏帝曹髦发动最后一击，率宫人去讨杀司马昭，却在南阙下被反杀。

皇帝被杀，百官都没有人敢去看看，只有司马孚来了。他抱起曹髦，让他的头枕在自己大腿上，失声痛哭说："让陛下被杀是为臣的罪过。"他还上奏请求捉拿主谋，并坚持将曹髦以王礼安葬。

宦海浮沉了五十余年，司马孚目睹了太多的虚假丑恶，他算是看清了政客们的嘴脸，看着高大庄严的朝堂，和丛林里一样无非只是弱肉强食。于是他厌倦了，闭门谢客。

泰始元年（265 年），又一场禅让大戏隆重上演，这一次是他们司马家要登基了。

那天，文武大臣和藩属使节云集在受禅台周围，魏帝曹奂孤孤单单地捧着传国玉玺站在台上，漠然地等待着命运的宣判。

西晋代魏，曹奂被贬为陈留王，迁往金墉城。司马孚前往拜辞，握着

曹奂的手，泪流满面，说："臣到死的那天，也是纯粹的大魏之臣。"

司马孚是长辈，司马昭等人也不能拿他怎样，后来他被晋封为长乐公，再被封为安平王，食邑四万户。

晋武帝司马炎算是他的孙子辈，倒是很有礼貌，每次以家人之礼下拜，爷爷司马孚都得赶紧下跪来制止。尽管尊宠无比，司马孚却不以为荣，常有忧色。

公元272年4月3日，司马孚去世，享年九十三岁。他的寿数在当时，应该是很罕见了。

临终时，他发表了一段遗言，对自己有个评定也对后事有明确交代："有魏贞士河内温县司马孚，字叔达，不伊不周，不夷不惠，立身行道，终始若一，当以素棺单椁，敛以时服。"

他称自己为"魏"的"贞士"，所有的官爵职位一概不提，而且要求丧事从简，棺木不必讲究，穿平时的衣服埋了就是。

个人认为，他对自己的评价是中肯的，这位沧桑老人，不仅看清了朝堂，连人生也看得很透彻了。

✳ 参考书籍

《晋书》《资治通鉴》《三国志》《全晋文》《华阳国志》《两晋南北朝史》

晋朝将帅明争暗斗，离心离德，灭掉东吴就像开玩笑？

西晋已经建立十四年了，东吴还在苟延残喘。

长江是东吴孙家倚仗的天堑。当年曹操那么嚣张，率领几十万得胜大军，投鞭断流，势不可挡，也被打得抱头鼠窜。后来，陆逊的儿子陆抗苦心经营沿江防线，晋大将羊祜也从不轻易动武。两人打了多年的心理战，最后都输给了时间，他们被年龄杀死了。

直到公元279年，主战派的益州刺史王濬（jùn）给晋武帝司马炎上奏："臣作船七年，日有朽败，臣年七十，死亡无日。"

意思是我在长江上游整船备战都七年了，船都快烂了。老汉我今年七十岁，再不伐吴，估计就老死了。

这样一封言辞恳切的奏文也没有打动司马炎，当时他听信贾充和荀勖等一帮没见识的人瞎参谋，认为东吴不可伐，伐则必败。这些人都没经过什么阵仗，争权夺利是行家里手，要论军国大事，连纸上谈兵都谈不好。但这些人偏偏掌握着中枢，还和皇帝关系走得很近乎，他们的意见当然占了上风。

紧接着，杜预的奏折也到了，他是羊祜临终前举荐的人，接掌了镇南大将军，继续镇守荆州。那天，司马炎正在和中书令张华下棋，当张华知道了奏折的内容时，他立刻推掉棋盘站了起来，很严肃地说了一番话：

"陛下年轻又英武，咱们的国家现在兵强马又壮，这正是建立不世功勋一统天下的大好时机！再说东吴，那孙皓小子算个什么东西！诛杀贤能，国库空虚，民怨沸腾，已经不堪一击！陛下，您可不能再犹豫了！"

这番话也算击中了司马炎的软肋，开国之君嘛，谁没有点荡平四海唯我独尊的野心？

于是，晋军开始部署大军伐吴，共出动二十几万大军，兵分六路，水陆并进。

大军之中，除了杜预率领的荆州军和王濬率领的益州水军，还有司马伷（zhòu）、王浑和胡奋等人所率部属。

鸟无头不飞，几十万大军得有一个说话算数的，要不一团散沙怎么打仗？

司马炎此人说聪明也糊涂，他想来想去还是派出了最信任的贾充担任大都督，命他持节、假黄钺，统帅伐吴的各路大军。看官别小看"节"和"黄钺"，那可不是装饰品，"节"，就是苏武牧羊时手里拿的那个东西，"钺"，类似开山大斧子，都是皇帝的信物。"假黄钺"代表皇帝出征，"持节"可以在地方上自行诛杀二千石以下的官员，若在军中，则可以自主诛杀违犯军令之人。

按说权力足够大了，可此人本就一直反对伐吴，加上没打过什么仗，要说军事才能实在欠缺。当然，各位能征惯战的将军们也并不怎么服他。

贾充根本没有打胜仗的信心，起初就一直想推掉这个差事，他说自己年老体弱，又有病什么的，总之是不肯受命。司马炎还就认准了他，非让他去不可。贾充一再推辞，逼得司马炎都急了，说难道你想让我御驾亲征不成？

这话除了压贾充之外，另有一层言外之意，除了放心你之外，我再也没有可派的人了！话说到这个份上，贾充只好领命。

其实也不用贾充怎么排兵布阵，几位将军都久历戎行，再加上晋军士气高昂，王濬和杜预的两路大军节节胜利。

王濬用大竹排带走了吴军设置在长江巫峡一带的铁锥，再点起熊熊大火烧断了江面上的铁链，瓦解了荆州吴军的斗志。此时，杜预的大军也攻克江陵重镇，荆州所属各郡吴军望风而降。

孙皓当时还蒙在鼓里，好好过了个年，但正月刚过了没几天，有人来报，长江北岸已经能看到晋军的旗帜了，他这才觉得大祸临头。

比刘禅强一点，孙皓还曾想负隅顽抗，但匆忙组织起来的人哪里有什么战斗力。丞相张悌率三万人渡江迎击，对阵的是安东将军王浑，结果吴军大败，连丞相也搭进去了。

王濬的水军逼近了建业，孙皓又指挥游击将军张象率领水军迎敌，无奈大家早没了斗志，跑的跑，降的降，根本组织不起像样的阵容，一触即溃。最后，孙皓又拼凑了两万多人，他倒是想殊死一战，但没人为他卖命，刚说准备开战，一夜间全跑了。

至此，建业无兵可战，成了一座死城。残暴的孙皓并没有玉石俱焚的勇气，那就只剩下投降一条路。

但他还不死心，投降还耍了一个幺蛾子。

孙皓分别派人给王濬、司马伷和王浑三处递交了降书，他还想挑拨离间，从中找到生机。

当时，离建业城最近的是王濬和王浑两支军队，这两个人虽然都姓王，

都是世家子弟，但不是亲戚。王浑出自太原王氏，王濬则出自河南灵宝。出兵前，按照朝廷的规定，王濬的水军在荆州受杜预的节制，到了扬州之后，他要受王浑的领导。

收到降书之后，王浑命令王濬停止进军。

老将王濬却公然抗命了，一个后生晚辈也敢命令老夫！王浑当时五十多岁，也确实生得晚点，但打仗不是上桌吃饭还论个年龄大小，当然是谁的官大听谁的，可王濬根本不吃这一套！

三月十五日，王濬率领他的大军浩浩荡荡开进了建业。玩小聪明的孙皓哪里想到，晋军根本不团结，老二不理老大，他的那点小诡计碰上这些不按规矩出牌的人，简直没处说理，徒唤奈何！

投降的仪式很隆重，孙皓不需要自己动脑筋，完全参照刘禅的做法就行，"备亡国之礼，素车白马，肉袒面缚（两手反绑），衔璧牵羊，大夫衰服，士舆榇（把棺材装在车上）"，把这些都置办齐全了带上，他率领太子孙瑾等21人来到王濬营门请降。

这是一种最示弱的方式：把白衣穿好，把自己绑好，还把棺材都带来了，官员们甚至连丧服都穿上光着脚来了，您要下得了手，就杀了我吧……

王濬最风光的时刻来到，他表示接受孙皓的投降，亲解其缚，接受宝璧，焚烧棺榇，并派人将孙皓一家送到晋都洛阳。

至此，经营了52年的孙吴政权宣告灭亡。

王濬春风得意，王浑却气急败坏，他认为是自己率先攻破孙皓的中央军，功劳最大，受降人自然应该是他才对。他非常不甘心，也后悔没有在击破张悌后立刻乘胜进攻建业，眼看到手的千古伟业就这样被王濬抢走了。

王浑多次上奏揭发王濬的罪状，说他不受节度，还要求用槛车把王濬押回洛阳。司马炎心里清楚是怎么回事，他怎么能刚打完胜仗就立刻收拾功臣？所以只能打哈哈，王浑被别人讥讽，一直喋喋不休。

灭蜀的时候是二士争功，说的是邓艾和钟会，他们的字里都有个"士"字，所以叫"二士"。灭吴的时候又来了二王争功，比二士多了一横。可见，在这种大功面前，能站稳脚跟不"羡慕嫉妒恨"有多难，王浑本来官声不错，但也把持不住。

更好笑的人是贾充，他不敢冲到前线，所以靠后指挥。因为太靠后了，前线都已经高唱凯歌收兵了，这家伙一点不知道，还在大帐里奋笔疾书：春天来了，江南这么潮湿，马上就有瘟疫，建议立即班师回朝。还说如果晋军战败了，他请求立即将张华腰斩！

倒霉的是，他的奏疏前脚刚送出，吴国投降的捷报就传来了。贾充肠子都悔青了，连滚带爬地跑回洛阳去请罪，司马炎倒也大度，没有处罚他。

就这样，一顿乱拳之下，东吴政权被灭。虽然说命数该绝，老天爷都心寒了是主要原因，但要说死得屈吗？也有点，如果吴军还有当年在赤壁的战斗力，再激发大家保家卫国的信心和决心，尽管人少，对付这支将帅离心，钩心斗角的晋军还是有胜算的，再现当年辉煌也未可知。所以不是晋军太强大，而是吴军太稀松了，歪打正着稀里糊涂被亡国，只能说是在劫难逃。

✱ 参考书籍

《晋书》《资治通鉴》《三国志》《两晋南北朝史》《晋阳秋》

他用开盲盒的方法选美女侍寝，妃子如何"请君入瓮"？

"天将降大任于斯人也，必先苦其心志，劳其筋骨……"孟子如此云云，可是看了这么多年史书才发现，这还是其次的，更多担当大任的人，必是天生异相在先，不光刘邦、刘备是这样，就连晋朝的开国皇帝司马炎竟也这样。司马光在《资治通鉴》里写他，也是小小年纪就"立发委地，手垂过膝"。重臣裴秀不光是上知天文，下晓地理，中间还会看相，见到司马炎的"异相"之后，认为他必成大器，于是就一心拥戴辅佐他。

裴秀果然不曾看错，司马炎是块材料。先在266年逼着魏元帝曹奂禅让，自己欣欣然坐了天下，立国号为"晋"。后来又任人唯贤，励精图治，到279年一举拿下了吴国，一统江山，此所谓"定国"；他在位期间，经济实现大繁荣，甚至创造了"天下无穷人"的奇迹，一手带来了"太康盛世"，此所谓"安邦"。为此，有不少人甚至把他和一代仁君汉文帝刘恒相提并论。

如果把时间以279年为界分开，司马炎前期确实可以称为明君，尤其是初入职当皇帝的时候，那真是精打细算过日子，二十多年都没有新盖过什么楼堂馆所，做到了"仁以厚下，俭以足用"。咸宁四年，有人给他贡献了一件名贵的雉头裘，那可是一根根拔野鸡头上的细毛才织成的，但司马炎竟然命人在殿前一把火把它烧了！不管是作秀也好，还是他以身作则也罢，总之是他立下的那些禁止奢侈消费的规矩都能贯彻执行，加上其他的一些惠民政策得力，国家由此大富。

功成名就，海晏河清，司马炎却膨胀了。尤其是在平定吴国之后，可能以为自此要永享太平了，一向提倡勤俭的他竟大开奢靡之风，热衷于安逸享乐。由俭入奢太容易，太具诱惑力了，手下重臣卖官的卖官，斗富的斗富，太康盛世攒下的那点底子很快就被糟蹋光了。

司马炎性情大变，A 面转 B 面，被人诟病最多的是荒淫无度。

当然，他好色也不是一天两天了。公元 273 年，他曾经很霸道地下诏：为了充实后宫，要海选天下良家女子，在他的选拔结束前，"禁天下嫁娶"。如果有胆敢隐蔽藏匿的，以不敬论处。

不光要选民间美女，司马炎还下令让州郡二千石以上官员的女儿全部参与入宫选拔，当然这里面隐含着他一定的政治图谋，为了限制士族豪强家族之间联姻，借以强化皇家地位和尊严。

宫门一入深似海，可能永无出头之日。一时之间，弄得人心惶惶。

那些名家盛族哪肯将女儿送到宫里去当"望夫石"，"多败衣瘁貌以避之"，为了不被选中，在面试的时候，她们有的故意穿得破破烂烂，有的就装得有气无力，病歪歪的。

那这场盛大选美的总评委由谁来担当呢？总不能是日理万机的皇帝亲自出马吧？他先是派出了杨皇后。

可这位杨艳皇后很不平衡，醋意大发，越是漂亮端庄的越不能留下，省得媚惑主上，把自己的宠给争了去，但也不能把太丑的留下，明显无法交差嘛，于是就拣那些皮肤白净、身材修长的来敷衍。

司马炎眼睁睁看着众多美女都没留下，心痒难熬。有一天，他看见一个卞氏美女，就用扇子掩着嘴悄悄告诉杨皇后："这个不错，朕喜欢。"

但杨皇后根本不给他机会，说卞家是三代为皇后的贵族，不能屈尊以就后宫的卑微地位，挥挥手就给打发走了。

后来，晋武帝越看越不高兴，干脆亲自上手，凡是经他选中的女子，就用深红色的纱巾系在臂上。

有一位姓胡的女子运气不好，不幸被选中，顿时号啕大哭。别人便劝她：你这样皇帝会生气的。这位女子说："我死都不怕，还怕什么皇帝？"

全国选美导致宫里的人数激增，据不完全统计已达五千人，但司马炎不嫌多。

灭吴之后，宫中人口又迎来一次大爆发。吴王孙皓的数千名妃嫔侍女都被带到了洛阳，南国佳丽的娇柔美艳让司马炎看得眼花缭乱，本想挑几个绝色留下来，但看一个爱一个，哪个也舍不得放走，于是一咬牙，全部给朕留下！

这些冰肌玉骨的江南美女又有近五千人。《晋书》记载："自此掖庭殆将万人。"宫里一时人满为患，司马炎便下令日夜施工加盖宫殿。

粉黛破万，佳丽如云，司马炎也有了幸福的大烦恼，毕竟自己分身乏术，每晚去宠幸哪一个也让人发愁啊。

但此等小事难不住有心人，他想出一个类似于盲盒的绝妙办法，就是乘坐一辆由三只羊拉着的车，在宫苑里随意行走，羊车停在哪里他就在哪里过夜。

那么，如何让皇上的羊车停在自己的门口就成了所有妃子研究的重中之重。《晋书·后妃传》记载，一位聪明的妃子很快就想出了"请君入瓮"之策——她把竹枝插在门上，把盐水洒在地上，羊喜欢盐水的味道，停下吃食，于是羊车就如愿地停在了她的门口……

这样司马炎便为博大的汉语词库增添了一个成语——"羊车望幸",当然这并不怎么光彩。

武帝过得这么写意,这么潇洒,这么恣肆,上梁不正下梁歪,臣下当然也都有样学样。

大臣何曾每天吃饭用一万钱,还"无处下箸",他的儿子何劭一定要吃四方畛异,一天膳费两万钱。

司马炎还助长这种不正之风。王恺是他的舅舅,与当时的首富石崇斗富争得不可开交,司马炎看到舅舅总是不占上风,甚至拿出宫里的珊瑚树去帮忙。

开国不久就这样文恬武嬉,不成体统的并不多见,如果把司马炎放在中国史上的开国皇帝群里来评比,也真没有像他这样荒唐纵欲、怠惰政事者。上行下效,晋朝公卿贵族聚敛不已,贪污纳贿习以为常,风气日渐败坏。当时就有人指出:"奢侈之费,甚于天灾。"

人常说:酒是穿肠毒药,色是刮骨钢刀。如此淫逸无度的生活身体终究是吃不消的,司马炎55岁就迅速走完了人生之路。

在他生前,还办了两件极为不智的事:一是大封宗室诸王,二是册立愚暗太子。主弱臣强,又为朝廷埋下隐患。

果然,他前脚刚死,历时十六年的"八王之乱"——触目惊心的王室内部大屠杀随即发端,不仅摧毁了西晋政权的根基,由此引发的"五胡乱华"也给人民带来深重而又长久的灾难。

司马炎死后,他的庙号是"世祖",谥为"武",是为晋武帝。个人认为,这个"武"字有褒有贬,有点高级黑的意思。

据《谥法解》:"刚强直理曰武。威强敌德曰武。克定祸乱曰武。刑

民克服曰武。夸志多穷曰武。"其中"威强敌德"的解释是"与有德者敌",这一点,司马炎倒还不至于,最后一点"夸志多穷",本意为穷兵黩武,耗尽国力,司马炎不怎么喜欢用兵打仗,但以他为首所开的骄奢淫逸之风把晋朝拖进了泥潭。

总体来说,前明后暗是对司马炎相对公正的评价。

✱ 参考书籍

《晋书》《资治通鉴》《两晋南北朝史》《谥法解》

晋武帝司马炎让智障儿子接班，是什么长久之计？

喜欢读历史的人一定见过这种说法："臭汉脏唐，埋汰宋乱污元，邋遢明鼻涕清。"据说这是后代才子们的精要概括，把这么一堆不干净的定语放在这些朝代前面，看着挺别扭，让国人一直很自豪的汉唐时期也被一竿子打翻。但细看历史，又觉得他们不算冤枉，汉唐是强盛一些，但宫廷里"荒乱"之事也多。

其中没有说到"晋"，但查到另一种说法："汉经学，晋清谈，唐乌龟，宋鼻涕，清邋遢。"总结得不伦不类，似乎"晋"还是人模人样的，坐在那里挥着一把尘尾谈空说有。其实这是一个相当凶残的朝代，尤其是西晋，若要用一个字来形容，个人认为是一个"恶"字或"悍"字或"悖"字。同室操戈，六亲不认，骨肉相残，以此朝为甚。如果要给西晋来一个谥号的话：以其"暴慢无亲"和"杀戮无辜"，可用一"厉"字。

司马家得江山的手段不那么光明磊落，甚至有些阴毒。他的孙子司马炎，虽然算不得雄才大略，也还镇得住场面，最让人不解的是他立了一个"愚暗"或者说"糊涂"的儿子司马衷接班，甚至还"深谋远虑"地想好了第二步棋，让天资聪慧的孙子司马遹再接儿子的班，这样三代人庶几可保百年江山。但他没想到，正是他的"长久之计"把儿子和孙子都送上了不归之路。

今天我们要谈的正是这件透着诡异的"立储"奇闻。

先说司马衷。此子生下来就与众不同,快十岁了还口齿不清,东倒西歪走不稳路。到了他九岁那年,因为母亲是武帝宠幸的杨皇后,哥哥司马轨死了之后,他算是嫡长子,那他被立为太子也算是顺理成章。

其实知子莫若父,司马炎难道不知道儿子的情况?据《晋书·后妃传》载:"帝以皇太子不堪奉大统,密以语后,后曰:立嫡以长不以贤,岂可动乎?"

意思是司马炎也认为这个儿子够呛,但被皇后一句话怼回去了:"自古立长不立贤,怎么能随便改?"

再者说,小孩子是会变的,也许再大点就机敏灵光了呢?于是,司马衷正式被立为东宫太子。

事实上,这位皇帝后来确实出了不少洋相,金句频出,那句"何不食肉糜?"就是他的成名作。

据《晋书·惠帝纪》:"及天下荒乱,百姓饿死,帝曰:'何不食肉糜?'"

听臣子们汇报说老百姓在挖草根,吃树皮,还有人被活活饿死。善良的晋惠帝为他的子民担忧,冥思苦想了一个"解决方案":"百姓肚子饿没米饭吃,为什么不去吃肉粥呢?"因此一句,司马衷被后世尊称为"肉糜帝"。

他的第二个段子也相当有哲学思辨的深度。《晋书·帝纪四》:"帝尝在华林园,闻虾蟆声,谓左右曰:'此鸣者为官乎,私乎?'或对曰:'在官地为官,在私地为私。'"

说他在御花园里有一次听到蛤蟆叫,就问左右侍从:"它这是为公叫,还是为私叫?"大家都眼黑一刻钟。

好在还有机智人回答："在公家地方叫，就是为公事；在私人地方叫，就是为私事。"

一个无厘头的问话得到了一个很严肃公正的回答，惠帝表示很满意。

就是这样一位皇帝，要能把天下治理好那才是人间奇迹。司马光后来在《资治通鉴·孝惠皇帝》中写得极不客气："帝为人戆駴（gàng sì）。"

如果皇上颟顸，有得力的大臣辅佐也能凑合，就像蜀汉的刘阿斗，智商不在线，有诸葛亮等人的辅佐也差强人意。可惜惠帝的运气很不好，既摊上了一个长得极丑、足以祸乱朝纲的皇后贾南风，又摊上了一批成事不足败事有余的臣子，于是直接引发"八王之乱"，更为惨烈的"五胡乱华"揭开序幕，之后又是永嘉之祸、衣冠南渡，半壁江山拱手让人。

所以说，扶持司马衷上位不管怎么说都是司马炎的昏招。他是仅凭皇后的一句话就定了如此重要的人选吗？似乎也不可信。

史书里记载，武帝曾多次派人去查看太子是否有长进，回来说法不一。有拍马屁的，像荀顗和荀勖两人就称太子明识弘雅云云；另一人叫和峤的人耿直，就实话实说："圣质如初耳！"——太子还是那个熊样，司马炎极不高兴。

史书还记载司马炎曾经考过儿子，给他一堆疑难政务让他处理，结果贾南风和一帮枪手精诚合作，把事情给成功糊弄过去了。个人认为，这些也都不可信，自己的儿子还用派别人去考察？还用得着出题考试，还那么容易被人忽悠？

有一个段子能说明，司马炎其实对于儿子的智商心知肚明：有一天他在陵云台上和一众大臣吃喝，平定蜀国的大功臣卫瓘（guàn）装醉，跪在他的面前，用手抚摸着龙椅说："此座可惜。"司马炎知道他指的是什么，

但只能装糊涂，笑着说："你可真是喝醉啦！"

事情足够蹊跷，一定是有人揣着明白装糊涂，查来查去，症结没准出在皇孙的身上，立司马衷有苦衷，但不能说司马炎昏聩，他认为这是"深谋远虑"。

皇孙是司马遹(yù)，深得司马炎的喜爱，他曾亲口说过："此儿当兴我家。"于是，为了保证这孙子将来能名正言顺地上位，他不得不让司马衷继续当太子，这就跟康熙因为喜爱乾隆才传位给雍正的传说一样。

那司马遹究竟有多聪明睿智呢？两件小事说明问题。

司马遹五岁那年，宫中突发大火，晋武帝登楼观察情况，司马遹悄悄拉着他的衣襟走到了暗处，问他原因，司马遹说："夜晚仓卒之间，应该防备非常变故，不能让火光照见陛下。"晋武帝认为他小小年纪竟然有如此大局意识，是个奇才。

还有一次，司马遹跟着晋武帝参观猪圈，他说了一句："这猪很肥，为何不杀掉来犒劳将士大臣，却在这里浪费粮食？"司马炎认为这是好主意，马上让人杀掉这些猪赏赐群臣。

由此，司马炎觉得这个小家伙很有其祖司马懿的遗风，将来一定能够兴盛其家。

司马炎有点想当然了，因为他的儿媳妇贾南风很不痛快，她不痛快就是相当严重的事件。

当贾南风开始处心积虑找司马遹的毛病时，司马遹也漏洞百出，刚好授人以柄（是否自污以保身？值得专门研究）。

所谓"小时了了，大未必佳"。长大之后的司马遹非常令人失望，不修德业，连老师都敢整蛊，奢侈残暴，爱好算卦巫术，当然最爱的是在宫中开设集市卖肉，他亲自操刀，业务精熟，"手揣斤两，轻重不差"，练成了"一刀准"。

尽管这样，在贾南风的眼里依然容不下他。

具体的过程不再展开，总之贾南风出手很毒，先挖了坑废了司马遹的太子地位。次年，派人逼他服药，司马遹不肯，跑到厕所，黄门孙虑用药杵把他活活打死，惨叫声传出很远。

再说晋惠帝司马衷，九岁立储，整整候补了二十三年，到三十二岁才正式即位，稀里糊涂在皇位上坐了十几年，国家乱得一塌糊涂，到四十八岁暴亡。《晋书》记载："后因食饼中毒而崩，或云司马越之鸩。"可能是吃了他叔司马越的饼被毒死的。

司马衷死后，西晋政权势若累卵，只撑了十年便告散摊子。

晋武帝司马炎的美好设想全部泡汤，所以才怀疑他一定别有意图，后来看到一点八卦消息，给大家解个闷。

据《晋书·列传一·后妃列传》记载，生下司马遹的人曾经是他父亲的女人！

司马遹的母亲姓谢，名玖，据说人品端正，被晋武帝选入后庭成为才人。

司马衷年纪一天天大了，眼看到了纳妃的时候。"武帝虑太子尚幼，未知帷房之事，乃遣往东宫侍寝，由是得幸有身。贾后妒忌之，玖求还西宫，遂生愍怀太子……"

是说晋武帝派他的才人谢玖到东宫侍寝（怎么会有如此荒唐的决定），而且后来有了身孕。

谢玖怀孕之后，担心好妒成性的太子妃贾南风下毒手，于是向晋武帝

求还西宫，随后生下司马遹。

如此一来，司马遹受到晋武帝的喜爱似乎就容易理解了。

司马遹是在晋武帝身边茁壮成长的，都三四岁了，晋惠帝竟还不知道自己有这么个儿子。

有一回，晋惠帝看见司马遹和其他皇子一起在殿上愉快地玩耍，晋武帝这才给他引见说："这是你的儿子啊！"不知道当时司马衷是什么反应。

✳ 参考书籍

《晋书》《资治通鉴》《三国志》《世说新语》《两晋南北朝史》

"丑人作怪"的极品，内鬼贾南风该被毒死吗？

丑女人作怪也能登峰造极，"登峰"是她到达了权力顶峰，"造"是说"造作""作孽"，"极"是"极端""极品"，这个"作"的程度罕见到祸国殃民的女人，就是晋惠帝的皇后贾南风。

貌丑的她如何能成为皇后？事情本就蹊跷，又有一番巧合作祟。

话说晋武帝的太子司马衷，有人说他痴呆，其实是智商稍低一些。才十三岁，当爹的就着急给他娶媳妇。洞房花烛，当司马衷喜滋滋地掀起新娘子的盖头时，有点发愣，不是说很漂亮吗？怎么是这样？

年龄大两岁不说，身材短小粗壮不说，肤色太黑也不说，在眉毛后面还有一大块青胎记，这就是爹给娶的太子妃？

《晋书》记载："短形青黑色，眉后有疵"，太子纳闷，爹是不是让人给坑了？

实际情况是，武帝司马炎原本就知道贾家女儿长得很不好看，但怎奈贾充对晋朝立过大功。不说别的，曹魏的皇帝曹髦准备带人来杀武帝的爹司马昭时，就是贾充带人把他当街杀掉的。这位开国元勋官至太尉行太子太保、录尚书事，在朝中也是威权赫赫的重臣，娶她的女儿免不了出于对政局的考虑。

为什么又说是机缘巧合呢？武帝本来看上的是卫瓘家"美而长白"的

044

女儿，但是禁不住杨皇后和一帮谗臣如荀顗和荀勖等人的絮叨，说是贾家女儿很贤惠，不能只看长相云云，武帝就妥协了，娶妻以贤，贾家就贾家吧。原本看中的是贾南风的妹妹贾午（也不是省油的灯，长大后成就了一个偷汉子的典故"韩寿偷香"），但当时她才十二岁，于是阴差阳错地就拿贾南风来顶了缸。

原以为就算丑一些也该能忍受吧，可哪里能想到她会丑成那样？

丑又不怨她自己，丑而贤德的女人多的是，但是丑而作妖作怪就是贾南风的不对了。武帝司马炎在领教了儿媳妇的威风之后，这位公公对她的评价刻薄而中肯："种妒而少子，丑而短黑"。

智力本就不足，生性又懦弱的太子遇上了一个"多权诈"的强势女人，司马衷在极短的时间里就被彻底收服在裙下。

此女不仅善妒，且手段极其残忍，毫无人性。她只要知道别的妃嫔有了身孕，妒火就熊熊而起，亲自出手，用铁戟扎刺孕妇的肚子，直到流产为止，甚至有人被打死！司马衷估计也差点被吓死，再也不敢宠幸别的妃嫔。

这事传到了武帝的耳朵里，他怒不可遏。当时恰好金镛城建好了，他打算把贾南风废掉，囚禁在那里。可求情的人立马来了一大波，嫉妒嘛还不是小女人的本性？陛下就看在死去的贾公面子上不能饶她一次吗？

晋武帝最大的毛病就是耳根子软，跟着心也一软，就把这个祸根留下了。

有点疑惑的是，贾南风的爷爷是贾逵，著名的魏晋八君子之一，他的孙女怎会如此丧尽天良？但细看过她的家教就恍然明白，她的母亲郭槐就是这样的一个毒辣角色。仅仅因为贾充抚摸了一下乳母怀中抱着的儿子，她就以为两人必有私情，竟然下令将乳母鞭杀，结果三岁的儿子也跟着死了。不久又生一子，刚满一岁，贾充手贱，又抚摸乳母怀中的小儿，郭槐起疑心，再次残杀乳母。两次事件如出一辙，两个儿子都随后而死。但贾南风看到和学到的可能只是她娘亲的霹雳手段。

数年之后，晋武帝驾崩，太子正式即位，毋宁说是贾南风登了基，因为皇帝在她的手里，不过是个任意拿捏的泥团。

但在朝堂之上还站着不少障碍，必须一一清洗。她先使出一招"借刀杀人"，找来了有头无脑的楚王司马玮，清除了太傅杨骏和杨太后一党，又借楚王的手杀掉了汝南王司马亮和老臣卫瓘。接着她就使出第二招"卸磨杀驴"，安排皇上下诏以"谋逆罪"斩杀了司马玮。至此，贾南风大权独揽，大肆提拔亲信，成为呼风唤雨的"无冕女皇"。

不光是专擅跋扈，作风还很乱。有关贾后的淫荡，不只是跟太医令程据胡来，《晋书》有一段记载，专供能识文言的人赏析："洛南有盗尉部小吏，端丽美容止，既给厮役，忽有非常衣服，众咸疑其窃盗……小吏云：'先行逢一老妪，说家有疾病，师卜云宜得城南少年厌之，欲暂相烦，必有重报。于是随去，上车下帷，内簏箱中，行可十余里，过六七门限，开簏箱，忽见楼阙好屋。问此是何处，云是天上，即以香汤见浴，好衣美食将入。见一妇人，年可三十五六，短形青黑色，眉后有疵。见留数夕，共寝欢宴。临出赠此众物。'听者闻其形状，知是贾后，惭笑而去。"

比文言还简约的介绍是，有一小吏突然穿出华贵衣服，别人以为他是偷的，他解释曾经被车拉到"天上"，还和一个黑丑女人同睡欢娱数日，所以才得了这些衣服。众人立时笑场，这不活脱脱的贾皇后嘛？史书中记载这些被送到"天上"的美少年大都被杀了，这个小吏能活着出来也是个

异数。

贾南风没有儿子，但司马衷却有一个神秘的儿子司马遹被立为太子，关于这个太子的来历非常诡异，在前文已经有过交代。

以贾南风的性格怎么可能让别人的儿子来当太子呢？就算自己没有亲生的也不行，哪怕弄个假的呢？

但首先得把这个真太子废掉才行。

贾南风也动了一番脑子，她诡称皇上病了，请太子入朝探视，太子来了之后，却把他请到另一间宫室里，先是让宫女们跳艳舞，然后端来了酒食，一众美女轮番劝酒，把太子司马遹整个喝迷糊了。

这时候，有人拿出一份文稿请太子抄写，太子醉眼蒙眬，就糊里糊涂地抄了一遍。他哪里知道，这是潘安模仿他的口吻写的，主要内容是：父皇你自己主动退位吧，皇后也应该自己了断，不识相的话，我可就要出手收拾你们啦！

长得帅又有才的潘安为虎作伥，这简直是给太子度身定做的一道催命符，贾南风拿到之后如获至宝，立即告发，司马衷也辨不出个青红皂白，同意下旨赐死太子。一班有见识的大臣认为这里面有蹊跷，坚决不同意。于是，太子被废为庶人，送到金墉城软禁。这是发生在299年冬天的事。

此时出来一个搅局的家伙，本来贾南风只想把太子整死，赵王司马伦故意宣扬有人要助太子复位，废掉皇后。次年三月，贾南风要斩草除根，派人给废太子送去毒药，司马遹坚决不吃，但毕竟难逃此劫，二十三岁的他被人用药杵活活打死。

此事一出，震惊天下。正好给了想搞事的赵王司马伦借口，他联合梁王司马肜和齐王司马冏秘密率兵入宫，劫持了晋惠帝，然后逼着皇上出了诏书，收捕皇后贾南风！

这才是以其人之道还治其人之身。当司马冏拿着诏书来抓贾南风的时候，她还振振有词：诏书都是我写的，你奉个什么诏？

哟呵！这帮乱军才不管她叫嚣什么，直接摁倒绑了就走。

贾南风先被拘押在金墉城，后来司马伦又学了她一招"请君入瓮"，派人送来了剧毒金屑酒，贾南风被毒杀，这位集妒忌、荒淫、狠毒、残暴于一身的国母终于结束了可耻的一生，年四十五岁。

闲评两句：一般来说，后宫干权，必然有几分姿色，先是恃宠而骄，后来就忘乎所以、行为错乱以至祸国殃民，这是所谓"红颜祸水"的传统套路。贾南风反其道而行却又是最能"作"的一个，她死不足惜，但足以摧毁晋朝根基的"八王之乱"由她亲手开启，之后荼毒中原百姓的"五胡乱华"掀起腥风血雨，她也是罪不可恕的始作俑者。西晋从武帝建国到灭亡仅仅经历了51年，立足未稳就受到外来重拳打击轰然倒地，贾南风像是一个坚定的内鬼，出了大力。

✳ 参考书籍

《晋书》《魏氏春秋》《三国志》《世说新语》《艺文类聚》《两晋南北朝史》

作为一个诡诈贪鄙的官油子，王戎怎么混进了"竹林七贤"？

西晋，除了血腥、悖乱与残暴，给后世留下美好印象的物事不多，唯有"竹林七贤"如空谷跫响，或如云中鹤唳，让历代仰慕。

七人中，或洒脱、或宽厚、或放达、或坦荡、或平和，各有其长。但个人认为，最小的一个也是最水的一个，王戎实在太名不符实了，他愧对这个荣誉称号，不仅够不着"贤"字，终身未能免俗，性格贪鄙，热衷名利，尸位素餐，那这样的一个人怎么就能在"竹林七贤"的队伍里混一杯酒喝呢？

据说王戎小时候非常聪慧。大家都知道的典故来自《世说新语·雅量》篇：王戎跟小伙伴们在一起玩耍，发现了路边一棵长满果子的李树，其他人抢着去摘，王戎不动，别人好奇，他说："树在道旁而多果实，必定是苦的。"验证之后，果然如此。

因为这个典故，在介绍七贤的时候，对王戎的评价是"颖悟"，但事实上这事还有内涵。

据南朝梁学者刘峻注引《高士传》记载，此事源自佛经故事。《本生经·愿望品》第五十四个故事《果子本生因缘》：

"菩萨前生是商队主，一树果实长得很诱人，但他禁止商队成员去吃，指出这是一棵毒树，因为'此树不难攀登，离村亦不远。树上有佳果，圆熟累累无人摘。'由此我知，这定非好果树。"

认为路边树上李子必苦的王戎，一种可能是读过这个故事，现学现卖，他人以为神。二是纯属后人的附会，把一个传说嫁接到了他身上。

如果这个他可以拿来标榜的事件是空穴来风，那王戎就更乏善可陈了。

不过，他跟李树倒还有一个故事，恰恰证实其贪鄙："戎家有好李，常卖之，但恐别人得种，故常钻其核而后出售，因此被世人讥讽。"

他家园子里长着棵大李树，李子又大又甜。王戎卖李子的时候怕别人得到种子，就把果核都挨个钻破。

什么玩意儿！难怪要被别人讥讽。《世说新语》有关"俭啬"的内容共九条，王戎就占了四条。《晋书》也称他"性好利"，家里园田水碓无数，还聚敛无已，于是成为京城首富。王戎跟老婆"卿卿我我"，手执象牙筹子精打细算，日夜不辍。

这么一个有钱的主，一点李子还要卖钱，这是富疯了吗？如果他从小很穷过惯了苦日子也能理解，但实际上他是高门大户的世家子弟，从来不差钱。

王戎出身著名的琅琊王氏，父亲王浑（不是灭吴的那个王浑，那个征东大将军是太原王氏，官至司徒）是曹魏凉州刺史，王戎是独生子，世袭父亲的爵位，成为贞陵亭侯，后来被司马昭辟为掾属，历仕吏部黄门郎、散骑常侍、河东太守。

他官运亨通。魏灭吴，当时是豫州刺史加建威将军的他也适逢其会，率领一路人马凑个热闹。他派参军罗尚、刘乔为前锋，配合王濬进攻武昌得手，随后率军抵达长江边上，吴国一堆软骨头率众投降。其时，王濬的大军已经攻入吴都建业。

他运气好，伐吴之战后，晋爵为安丰县侯，因此后人也称他为"王安丰"。

"竹林七贤"中代表人物是嵇康和阮籍,他们一向蔑视权贵和礼法,但王戎本身就是权贵,小小年纪就位居高位,最后官至司徒,成为三公之一,位极人臣。

追根溯源,他能够混进七贤,受益于阮籍的青睐和推举。

阮籍比他大二十岁,两人已经差辈了,算得上忘年交,真名士自风流,阮籍才不在乎这个。

起初阮籍与王戎的父亲王浑均为尚书郎,同事加好友,所以阮籍经常到王家串门。

王戎十五岁那年,两人聊过一次,小伙的口才与见识让阮籍青眼有加。后来再来串门,到王浑那边不过是走个过场,和王戎的交谈倒成了重点。

王戎由此被阮籍带进了朋友圈。一个少年才俊,大家起初都还是认可他的,仅从外表看,此人虽然个子矮点,但"神彩(采)秀彻",两眼炯炯有神,更有一项特殊的本事"视日不眩",就是可以直视太阳,不眩晕。《艺文类聚》中载:"王戎眸子洞彻,视日而眼明不亏。"当然这并不怎么值得炫耀,北宋大奸蔡京也有这等本事。

王戎与竹林六贤相处的时间其实并不长,公元262年,嵇康被杀,次年阮籍病死,竹林七贤基本上也就散伙了。

但在此有限的相处期间,一直在追求功名利禄的王戎也曾被阮籍骂为"俗物"。

《晋书》记载,有一次大伙聚会,王戎又姗姗来迟。阮籍就半开玩笑地说:"俗物已复来败人意。"——这个俗货又来败坏咱们的兴致了!

当然王戎嘴上并不逊色,马上就找到台阶:"卿辈意亦复易败耳!"——呵!你们的兴致也太容易被败坏了吧?

个人认为，阮籍对王戎的定位还是很准确的，也还是客气的，再看其他人对他的评价简直不堪入耳。

当时有位博士王繇说他："谲诈多端"。王戎和他的一个堂弟王衍都跟征南大将军羊祜矛盾很深，羊祜乃是一位贞德之士，很讨厌他们夸夸其谈。尤其是步阐之役后，王戎因为违背军令，差点被羊祜以军法从事砍了脑袋。后来这王家兄弟就怀恨在心，经常在朝中诋毁羊祜。当时也有热词："二王当国，羊公无德。"意思只要二王在朝，羊公就不会有什么好名声。事实是清者自清，羊公的盛名并没有被他们毁掉。

房玄龄在《晋书》中说他："取容于世，旁委货财"，他贪财的糗事还有不少。王戎的女儿嫁给了裴𬱟，小两口向娘家借了数万钱，很久没有归还。女儿每次回来，王戎都吊着个脸子，直到他们把钱还清。更奇葩是，王戎的侄子大婚，他送了一件单衣当贺礼，但完婚后他竟然又要了回来！这得是多厚的脸皮才能干出来的事，所以时人讽刺他得了"膏肓之疾"。

他的人品如此，官品自然也好不到哪里。

他曾经以权谋私，在出任荆州刺史时，派遣下属私建院宅被论罪，晋武帝大度放了他一马。

身处乱世，他处于权力中枢，正可以不计个人安危得失而奋力济世匡时，但他却明哲保身，"但与时浮沉"，随波逐流，毫无气节。《晋书》记载他："以王政将圮，苟媚取容，属愍怀太子之废，竟无一言匡谏。"他尸居高位，没提拔过一个寒门贤才，也没有屏退过一个不称职的官员。为了保住官职卑躬屈膝，太子司马遹被皇后贾南风等人阴谋废掉，他不敢说一个字。

王戎的胖儿子王绥十九岁就死了，他悲痛欲绝。王绥本是要娶裴遁的

女儿，王戎蛮横霸道，不许他人再求娶裴家女儿，所以裴小姐到老，都没人敢娶。

行文至此，对于无品无德的王戎能否当得起这个"贤"字，大家心里都应该有数了。

王戎六十九岁那年，齐王司马冏把持朝政，乌烟瘴气，河间王司马颙和成都王司马颖起兵来攻，司马冏问计于王戎，身为尚书令的他建议屈膝投降，当时司马冏的手下有人提议斩了他。看情况危急，王戎佯装五石散药力发作，故意掉进了茅坑里，滚了一身的大粪才逃过一劫。

王戎这个自污其身的动作让人怀疑他是不是一直在这么干，东晋隐士戴逵就认为他是为了避祸而韬光养晦。

再回头看王戎的行迹，他早年是以至孝显名于世的。父亲死后，他哀毁骨立，扶着拐杖才能站起来，被人称为死孝，晋标榜以孝治天下，这是他的立身之本。更值得一提的是，父亲的故吏赠钱百万助丧，王戎统统辞而不受，由此更被人称道。

那么值得思考的问题就来了，王戎年轻时并不贪财，老了竟贪得不顾脸皮，不择手段，难道他确实是在堕落以自保？

就算想自保，那在家悄悄写点高水平的文章总是不犯忌吧？这个可没必要藏拙，但他竟也没有。

✲ 参考书籍

《晋书》《资治通鉴》《艺文类聚》《世说新语》《两晋南北朝史》

乱世大贤的保命秘籍，除了醉酒还有更重要的一招

"竹林七贤"里，两个最相似或相近的人，非嵇康（字叔夜）与阮籍（字嗣宗）莫属。

第一，均有非常之貌。

都是超级帅哥代表，《晋书》记载，嵇康"身长七尺八寸""有风仪""人以为龙章凤姿"，帅得无法用普通形容词来表述，人称"陌上人如玉，公子世无双"；阮籍也生得一表人才，"容貌瑰杰"，一个"瑰"字，必是身形魁伟，一个"杰"字，又是雄姿英发。

第二，均能弹琴长啸。

嵇康与古琴的故事几乎妇孺皆知，一曲《广陵散》让多少人魂绕梦牵。当时有一位世外高隐叫孙登，精通音律，以"长啸"山林而闻名，是"啸"界的大佬。嵇康曾经师从孙登学习三年，不光学了音律，应该也得到了"啸"的真传。阮籍还上山去叫过板，跟孙登飙了一把，结果似乎大佬更高一筹，但阮籍的啸功也自不俗，《艺文类聚》引东晋袁宏《竹林七贤论》："阮籍……善啸，声闻数百步。"

据东晋江微《陈留志》（清吴伟业《梅村诗集》卷二《梅村》，吴翌

凤笺注引）："阮嗣宗善啸，声与琴谐。"这句值得琢磨：长啸不是呐喊狂呼，没准类似于海豚音，可以与乐器如古琴之类相应和。"独坐幽篁里，弹琴复长啸"，怪不得王维也这么玩。阮籍父亲是"建安七子"之一的阮瑀，家学渊源，他的一把瑶琴也弹得龙吟虎啸，落叶缤纷，其《咏怀》诗曰："夜中不能寐，起坐弹鸣琴"。

第三，均是酒中豪客。

"竹林七贤"里的老大哥山涛对嵇康的评价："嵇叔夜之为人也，岩岩若孤松之独立；其醉也，傀俄若玉山之将崩。"——嵇康醒着的时候，像挺拔的孤松傲然独立；要是喝醉了，就像巍峨的玉山将要倾倒。这里不管他喝醉了像什么，能喝酒常喝醉是无可置疑的。

阮籍，用"嗜酒如命"来形容最恰当。不仅仅是爱喝，醉酒才是他的独家看门秘籍之一。比如"文帝初欲为武帝求婚于籍，籍醉六十日，不得言而止。"司马家想跟他结亲家，他大醉了两个月，中间人简直插不上话，于是这事就黄了。还有那个进了谗言害死嵇康的阴险小人钟会，"数以时事问之，欲因其可否而致之罪，皆以酣醉获免。"专门来给他挖坑上眼药，准备罗织罪名，但阮籍每次都醉得人事不省，钟会也只能悻悻而退。阮籍的一生都跟酒干上了，"胸中垒块，故须酒浇之"《世说新语》这样认为。坊间甚至有一种说法，阮籍和刘伶是醉死在酒窖里的。

第四，均为文坛巨匠。

二人是"正始文学"的主将，嵇康"工诗善文，其作品风格清峻"，抒发其高蹈独立之志，厌弃功名之心，文辞壮丽。尤其是四言诗直抒胸臆，成就极高，后世有人认为其水平在陆云和潘岳之上。阮籍则年少成名，诗歌之外，还长于散文和辞赋，著有《咏怀八十二首》《大人先生传》等，为世所重，他的诗借古讽今，寄寓情怀，形成了一种"悲愤哀怨，隐晦曲折"的风格，对后世影响深远。

第五，均喜放浪形骸。

嵇康旷达狂放，自由懒散，自称是"头面常一月十五日不洗，不大闷痒，不能沐也。"那么帅的一个人要是从头发里或者身上摸出个虱子来，您也不要太大惊小怪。对自己是这样，对他看不上的人更是眼角都不肯夹一下。前文中说到的那个钟会，少年得志，深受司马昭重用，当时已经被封为关内侯，肥马轻裘，带着大队随从翩翩而来拜访，但嵇康和向秀在打铁，连正眼都不给他一个，这让钟公子的面子跌到了尘土里，于是，灰溜溜地准备撤，嵇康却还要臊他一句："何所闻而来？何所见而去？"钟会说："闻所闻而来，见所见而去。"由此，钟会对嵇康恨之入骨，后来就是他处心积虑把嵇康送上了刑场。

再说阮籍，也是一个很蔑视礼教的人，他写的《大人先生传》极具讽刺能事，说正人君子们和裤裆里的虱子没有什么不同，表面遵守礼法，实则蝇营狗苟，肮脏龌龊，这让那些自以为仁义礼智信的大人先生们情何以堪？阮籍好喝酒，他家旁边酒店的女主人是个年轻漂亮的小媳妇，阮籍喝醉了就躺在她旁边睡大觉，根本不避嫌。可贵的是，人家丈夫并不认为他是轻薄之徒。

一般情况下，朋友之间有一两项共同爱好，就可能结成死党。难得嵇、阮二人一样的才华横溢，一样的愤世嫉俗，五点共通，一旦相遇，惺惺相

惜，火花四溅，必然引为终生知己。聊得投机了，就写诗抒怀；诗写得意了，就喝酒助兴；酒喝到痛快了，就弹琴长啸！这样两个闪着光的人在几千年时光里能碰撞在一起，本身就是一个奇迹。

尽管如此默契，归宿却截然不同。嵇康招来了杀身之祸，死在司马昭的屠刀之下，阮籍却受到司马氏的青睐。得罪了那么多的"名门正派"，这些人"疾之若仇"，都想弄死他而后快，司马昭却一直保护着他。四十五岁那年，阮籍甚至还被封为"关内侯"。

总结两人的生平，可以找到阮籍得以保全性命的另一大绝招，就是管住嘴，"装哑巴"。

祸从口出，嵇康不幸又一次证明了这个混世真理。司马家族专权，身为曹操的曾孙女婿，嵇康旗帜鲜明坚决辞官。山涛曾经举荐过他，结果他洋洋洒洒写了一篇《与山巨源绝交书》，把好友的脸都打肿了。在这篇雄文中，他认为自己是"刚肠疾恶，轻肆直言，遇事便发"，生了一副疾恶如仇的肠子，看见不平的事就忍不住要直说，很容易得罪人。可紧接着他就写到当官的"手荐鸾刀，漫之膻腥"，都像是臭烘烘的厨子……何苦把事情说破？把别人都说得那么不堪？司马家族和他们的手下都是些什么狠人你难道不知道？他们本就想拿曹系的人马开刀，何况你这个文人领袖？于是就憋着劲儿找碴了。

当年嵇康的老师孙登就表达过他的担忧："君性烈而才隽，其能免乎！"你这种性子刚烈又才气纵横的人，怎么能免祸呢？嵇康其实也很清楚自己的问题所在，他在《幽愤诗》中写道："惟此褊心，显明臧否"，评价别人长短，闭不上自己的大嘴巴。在绝交书中也写到他和阮籍的差距——"阮嗣宗口不论人过，吾每师之而未能及。"

这里就说到了阮籍得以保自全身的另一大法门："不论人过"，嵇康说他想学都学不会。

阮籍虽然每天喝得醉醺醺的，但是心里清楚，所谓人情练达。

兖州刺史王昶听说了阮籍的大名，就请他到官署相见。可是阮籍从早到晚，不吐一字，王昶对他毫无办法。

司马昭多次和阮籍谈话，想摸他的底，结果也是一无所获。司马昭叹息："每与之言，言皆玄远，未尝臧否人物。"——此人大概是天底下最谨慎的人了吧？我每次同他谈话，他都讲得玄渺无际，从不评论时事，褒贬人物。反正你要正常聊天，我就胡说八道，你要逼急了，我就喝得颠倒乾坤，总之是既不伤你的面子，也不违我的本心，虚与委蛇，敷衍世事，应变顺和。

他被后人称之为"阮步兵"，因为他听说"步兵校尉"空缺，魏晋时这个职务级别不低，"秩比二千石，领宿卫兵"，与屯骑、越骑、射声、长水并为"五营校尉"，他倒不稀罕俸禄多少，主要是营中藏着美酒，有手下"善酿酒"，于是他特地申请，结果心想事成，据《魏氏春秋》记载他："遂纵酒昏酣，遗落世事……"

阮籍"卒于寿终"，史书上是这么写的，他活了五十四岁，但个人认为，他并不是正常死亡。

那一年，"会帝让九锡，公卿将劝进，使籍为其辞。"这是司马昭实施其篡权的重要一步，由曹魏傀儡皇帝曹奂下诏加封晋爵，司马氏假意谦让一番，然后再由公卿大臣"劝进"，结果写《劝进表》的不幸工作落到了阮籍的头上。

"籍沈醉忘作，临诣府，使取之，见籍方据案醉眠。使者以告，籍便书案，使写之，无所改窜。"

为司马氏写《劝进表》，阮籍知道这是应命违礼的事，必然是他清白一生的"污点"，但他靠醉酒是混不过关的，不写只有死，派来的人就等在旁边。尽管他还是不肯写在绢帛之上，留下证据，不得已写在了自己的书桌上，让人抄走，但他毕竟是写了。

他甚至还写道："临沧州而谢支伯，登箕山而揖许由，岂不盛乎？"用意很明白：你司马昭功成名就后，如果能像支伯、许由一样不接受尧的禅让，那才是丰功伟业。但不管怎么绕弯子，也毕竟是《劝进表》，性质是改不了的。

写完《劝进表》之后，仅仅一两个月，阮籍就崩了。这个"崩"字本来是皇帝御用的，不适合他，但个人分析他的精神世界应该是崩了，那个"表"让他无法原谅自己。

景元四年的冬天，大雪纷落，渐渐覆盖了阮籍的坟墓，白茫茫一片大地暂时干净了。

✱ 参考书籍

《晋书》《魏氏春秋》《三国志》《世说新语》《艺文类聚》《两晋南北朝史》

嵇康临刑前，为什么把孩子托付给自己宣布绝交的人？

刑场上，嵇康看了看日影，离开刀问斩还有一点儿时间，他让哥哥嵇喜拿来七弦琴，整衣危坐，从容弹奏了一曲《广陵散》，然后慷慨赴死。

这是魏晋史上最夺人心魄的一幕。

千百年来，多少后人为嵇康的死叹息，叹息于他的风雅、他的风标、他的风骨。他的诗文清峻壮丽，卓尔不群；他的琴乐超凡脱俗，声和天地；他的书法精光照人，气格凌云；他的丹青别具匠心，妙传真界。

我由衷叹服这样的绝代人物。一千七百年之后，读他的诗文，"豪壮清丽，无一点尘俗气"，正如白居易所感叹："使我千载后，涕泗满衣裳。"再回想其"肃肃如松下风"的威仪，不能不令人高山仰止。

嵇康走得坦坦荡荡，身后似乎了无牵挂。其实他还是有一对儿女的，也都还小。在赴死之前，嵇康曾有安排，他对年仅十岁的儿子嵇绍说："巨源在，汝不孤矣。"意思是，只要山涛还在，你就不会孤苦无依的。

"嵇绍不孤"这个典故让人很费解，嵇康说的是山涛山巨源吗？就是那个被他写了一篇绝交书还被骂得极其难堪的山巨源吗？

托孤当然得找自己最信任的人，写过那么无情的绝交书，应该是势如仇敌了，怎么又把遗孤托付给对方？再说嵇康还有个哥哥嵇喜，也是个才子，官也不小，为什么不托付给他？竹林七贤中跟嵇康最投脾气的应该是

阮籍，他在司马氏的集团里混得也不错，为什么也不是他？

那我们就试着来分析一下：

先说嵇喜，要说能力是有的，秀才出身，《晋书》称他"有当世之才"，很早就投进了司马家族的怀抱，成为重要幕僚。西晋建立后，他历任江夏太守、徐扬二州刺史、太仆卿、宗正卿，这都是达到九卿级别的高官。他不仅会写诗，武的也有两下子，曾经打退吴国进攻，还平定过建业之乱。按说，他本是第一人选，但嵇康没有选他。原因是此人颇俗，嵇康身边的好朋友都看不上他，一个是阮籍，曾经对他白眼相加；还有吕安，在嵇喜的大门上写过一个"鳯"字，讽刺他是只"凡鸟"。

难道是怕哥哥把孩子带歪了吗？毕竟是有血缘关系的亲人，嵇康跟哥哥感情也不差，曾有多首诗赠和。但从诗中可以看出，嵇康对哥哥的政治立场并不赞同，司马家行事乖张，他担心哥哥热衷于仕途名利，成为司马家的鹰犬，未必能善保其身。"鸟尽良弓藏，谋极身必危。吉凶虽在己，世路多崄巇（xiǎn xī，凶险）。"嵇康曾经这样劝过，但哥哥并不以为然。

次说阮籍，要说与嵇康在思想和行为上最默契的人，当然非阮籍莫属。一样的才华横溢，一样的愤世嫉俗，但阮籍比嵇康强的一点是，他懂得自保之术，除了醉酒混事之外，他"不论人过"，这一点，司马昭也领教过，跟他聊半天，他越说越玄乎，一到品评当下人物，他就像吃了哑药，绝不开口。当然嵇康也很了解阮籍，所以他在《与山巨源绝交书》中也写道："阮嗣宗口不论人过，吾每师之而未能及。"这是他和阮籍的不同。

也许是太了解阮籍了，所以把孩子交给一个"但愿长醉不复醒"的人还是欠妥。何况他在《家诫》中写道："见醉薰薰（醺醺）便止，慎不当至困醉，不能自裁也。"嵇康虽然也喝酒，但他不赞同像阮籍那样醉生梦死的喝法。再说，嵇康看到了阮籍的骨子里，那份狂傲终究是压抑不住的，司马家翻手为云覆手为雨，阮籍后面的路走成什么样很难说。这一点嵇康确实是料中了，阮籍被迫写了《劝进表》之后，很快就抑郁而死，时间是公元263年，就在嵇康遇难的同年冬天。

接下来就要说到这位神秘的山涛老兄了。

山涛虽然是竹林七贤中最年长的一个，比阮籍大六岁，比嵇康大二十岁，比最小的王戎大三十岁，但在奇峰林立的魏晋文坛上，老大哥并不以才情出名，倒是嵇康的那篇《与山巨源绝交书》让他出了恶名，后世一直被不明真相的人指指点点。

说这是一封信，倒不如说是一篇檄文，洋洋洒洒一千八百多字，说自己有"七不堪""二不可"，根本不是出仕做官的料。又说自己"又每非汤、武而薄周、孔，在人间不止，此事会显，世教所不容……"嵇康讽刺成汤、周武王得位不正，其实骂的是司马氏集团倡导的虚伪礼法。他痛斥山涛举荐自己出来做官不合交友之道，不配做他的朋友，还骂山涛和那些当官的是"已嗜臭腐，养鹓雏以死鼠也"，你们是吃死老鼠肉的猫头鹰，但本人是凤鸟！言辞辛辣刻薄，绝交之意表达得淋漓尽致。

本来是一番好心好意，竟然被雷劈了！嵇康你是骂得真痛快，有没有想过以你的文采，这封信将传之四方甚至流诸后世，身为老大哥的山涛有多尴尬？有多委屈？

四十岁时才步入仕途的山涛，有异常敏锐的政治洞察力，在任河南从事时，他捕捉到了被曹爽架空的司马懿即将发动政变的气息，直接离职，及时避开了一场政治风暴。这一次，老大哥山涛也预感司马氏有可能会对嵇康动手。因此，在吏部尚书郎（相当于尚书助理）任期将满时，山涛特

意向朝廷推荐嵇康接任此职，他是想给嵇康找个护身符，但哪里能想到会被骂得狗血喷头，自己送上门的一张笑脸都被人家啪啪打肿了。

换个人，比如钟会之流，那一定结下死仇，不共戴天，但山涛偏偏不是。

这是一个胸襟宽广如海的汉子，其器量之宏大，远非我们常人所能揣测。

个人以为，这封绝交书根本不是二人交情的真实反映。嵇康通过这样一封决绝的书信，既表明他不惜一死来全名士之节，坚决不与司马氏合作，同时也把自己推向了山涛的对立面，彻底决裂。这样才能给举荐自己的山涛解围，让他在司马氏面前有解释的空间，不被猜疑。所以，看似一封决裂信，实则是知己之间的诀别书。

对于山涛的反应，嵇康相信他能明白自己的意图，也相信他有足够的器量包容自己"大放厥词"。

嵇康选择山涛，不仅看中了他的人品厚重，为政干练敏达，还知道他和司马家的亲戚关系，司马懿的夫人张春华是山涛的表姑，所以他和司马师、司马昭是平辈。据《晋书》记载，司马氏掌控曹魏政权时期，不管是司马昭还是司马炎，都给予山涛极大的信任。最难得的是，山涛曾经直言劝谏，对司马炎有拥戴之功。

司马昭一度想把过继给司马师的儿子司马攸立为世子，以此事问山涛。山涛回答说："废长立少，违礼不祥。国之安危，恒必由之。"于是太子的位置才稳定了下来，司马炎为此亲自登门拜谢。

山涛为人低调，从不沽名钓誉，又能清廉自守，故而可以在险恶的政治漩涡里游刃有余。嵇康知道，这样的山涛才最值得信赖。

嵇康果然没有看错人。在他死后，忍辱含垢的山涛没有辜负嵇康的重托,不光把嵇绍养大成人,还把他培养成一位杰出人才。

嵇康死后十八年,嵇绍在山涛的大力举荐下,入朝为官,先后担任给事黄门侍郎、散骑常侍直至被任命为侍中。"八王之乱"时,晋惠帝被胁迫,颠沛流离,嵇绍始终不离不弃,最终为了保护惠帝付出了生命,成为后世备受推崇的忠臣典范。民族英雄文天祥在《正气歌》中讴歌的"为嵇侍中血"说的就是他。

论才气,佩服嵇康;要论义气,我更佩服山涛。

绝交于江湖,相知于内心。这样的知己为史上罕见,一叹!

✳ 参考书籍

《晋书》《魏氏春秋》《三国志》《世说新语》《艺文类聚》《两晋南北朝史》

嵇康父子的死，千古之下，犹闻风雷之声

竹林七贤的领袖嵇康身为皇室宗亲，为大魏而死于司马的屠刀之下，儿子嵇绍却成了大晋忠臣，为保司马家的皇帝而死，故历代文人对于嵇绍有挞伐之词。

个人认为，嵇康父子的死说明，忠臣之所以难得，在于他执着地忠于那个时代，甚至不管皇帝是谁，是贤是愚。

先说嵇康的死，既有外因也有内因，更有小人作祟。

其外因，是他一怒之下，为好友吕安打抱不平。

吕安也是一位恃才傲物、蔑视礼法的狂士，但不在竹林七贤的名单里，名气不大，但名士风度并不差，故嵇康与他成为莫逆之交。有一个典故叫"相思命驾"，说明二人交情不同寻常，虽然居于天南地北，但"每一相思"，即"千里命驾"，不管有多远，都要风尘仆仆前去探望。

吕安只是蔑视礼法，更有甚者，是他视礼法为粪土的禽兽哥哥吕巽。景元四年（263年，一作景元三年），这位异母兄贪恋吕安的妻子徐氏貌美，竟然用酒将其灌醉，迷奸得逞。

事发，徐氏羞愧难当，自缢而亡。吕安打算告发吕巽，征询嵇康的意见，一向放达不羁的嵇康却劝他家丑不可外扬。

吕巽曾经当过司马昭的长史，这家伙阴毒，恶人先下手，诬告吕安殴打母亲是为不孝，想把他流放到边远之地。司马昭偏听偏信，竟然将吕安收捕入狱。

嵇康为此拍案而起，不仅给无耻之极的吕巽写了一封绝交书，还挺身而出，亲自为吕安作证辩诬。

就在此时，嵇康曾经得罪的阴险小人钟会出现在司马昭的面前。

巧舌如簧，钟会几句话说得司马昭动了杀机：先说嵇康是"卧龙"，一旦为人所用，必将成为心腹之患，这是要办"大事"的司马昭最忌讳的。再诬陷嵇康曾想帮毌丘俭谋反，这当然也是司马昭最敏感的点。接着钟会又拉大旗扯虎皮，举了姜太公杀华士和孔圣人杀少正卯的故事，说嵇康和吕安言论狂妄，诽谤社会道德和国家政策，这种歪风邪气决不能放任，必须铲除以正风俗。司马昭果然中招，于是将嵇康和吕安下狱，很快就送上了刑场。

再说内因。

嵇康早年迎娶魏武帝曹操曾孙女长乐亭主为妻，拜官郎中，授中散大夫。看着是个大夫，其实职位并不高，在魏晋时都是七品，秩六百石，也是个闲散的官职，大概相当于顾问，"无常事"，这是后世人称他"嵇中散"的由来。

后来，司马氏专权，嵇康毕竟是曹系皇亲国戚，为了表明非暴力不合作的立场，干脆隐居，拒绝出仕。

如果就那么默默地隐居起来，也许还能颐养天年，但嵇康却不是能沉得住气的人。

竹林七贤之一的好友山涛（字巨源）意识到了嵇康的危险，身为文坛领袖，嵇康的影响力自然非同凡响，他看不上司马家，无疑在司马昭的心

里扎了一根很深的刺。

山涛借着升职的机会，想举荐嵇康替代自己原来尚书郎的位置，给他加个保险。

想不到嵇康不给面子，洋洋洒洒写了一封一千八百字的《与山巨源绝交书》，又是绵里藏针，又是指桑骂槐，不仅把山涛骂得狗血喷头，对他身后的司马家也说得很不堪，几乎就是一篇决裂宣言。

这封文采斐然的信迅速在都城传播，可以想见当司马昭看到时，他是怎样的坐卧不安，怒火中烧。

所以，当吕安事件发生，有机会置嵇康于死地，纵然没有小人钟会的谗言，司马昭也早有拔掉这根刺的决心了。

于是，嵇康必死。

尽管有太学生三千人请愿，愿意以嵇康为师，都城为之震动，但司马昭杀心正炽，怎么可能收手？

嵇康自己也抱定了必死决心，慨然弹奏一曲《广陵散》（又名《太平引》）长叹一声："《太平引》于今绝也！"乃引颈就戮。

嵇康宁死不屈，既全了竹林贤士的名，也全了曹魏忠臣的节。

"海内之士，莫不痛之。"《晋书》如此记载，还说"帝寻悟而恨焉"，司马昭后悔了吗？如果因为杀嵇康而寒了文士的心，阻塞了进贤之道，他是应该反思一下。

不知道嵇康有没有反思过，当年曹操"挟天子以令诸侯""尺土一民，皆非汉有"的强势，与今日"司马昭之心，路人皆知"的霸道，有何区别？世道如棋，并无新意，只是换个棋手而已，万千黎民包括自己还是棋子。或许他全明白，可无法说服自己改变立场。

嵇康死在了司马氏的刀下，但他的儿子嵇绍长大成人，却成了晋室的孤忠。

在赴死之前，嵇康把一双儿女托付给了山涛，为什么给了绝交的山涛？前有专文陈述，这里不再啰唆。

山涛人品贵重，不计前嫌，不仅把嵇绍抚养成才，还推荐他入朝为官。当然另一人也功不可没，就是王戎，虽然是个官油子，但他对嵇康的崇敬不变，对嵇绍的帮助也不少。

父亲遇害那年，嵇绍只有十岁，孩子只能返回乡下。

嵇绍恭养母亲孝顺、慎重。

十八年后，山涛掌管朝廷选举事宜，于是向晋武帝司马炎奏请说："《康诰》上说'父子罪不相及。'嵇绍的贤能可以和郤缺相比，人才难得，请让他出任秘书郎。"晋武帝倒很大度，也不管当年父亲有对嵇康后人不得出仕的规定，对山涛说："果如此，可胜任秘书丞，何况秘书郎。"于是下诏征召嵇绍入朝为秘书丞。

秘书郎管的是艺文图籍，共设置四员。晋武帝时期把秘书并入中书省成立了一个秘书局，主官是中书秘书丞，六品。

这样，嵇绍从一个乡下小子一跃而成为六品官员，因为才能卓著，官越当越大，一路升上去，历任汝阴太守、豫章内史、徐州刺史、给事黄门侍郎、散骑常侍、国子博士。

嵇康曾经当过七品的中散大夫，是个闲职，但儿子的这个"散骑常侍"可比他职位高多了，三品，位比侍中，秩比二千石，正式进入高官的行列。"国子博士"是国子学的老师，仅设一员，地位尊崇。此时的嵇绍也已经有了爵位，被封为"弋阳子"。

长话短说，八王之乱时，嵇绍已经担任侍中要职，不仅负责顾问应对，管理门下众事，还负责出行护驾。

当时河间王司马颙、成都王司马颖起兵，晋惠帝被挟持流亡，朝廷军队在荡阴（今河南汤阴）战败，形势危急，皇帝的脸上都中了三箭，于是百官及侍卫人员作鸟兽散，只有嵇绍挺身而出，侍卫在天子之侧。

据《资治通鉴》记载：司马颖的军士擒住了嵇绍，把他按在马车前的直木上。晋惠帝忙说："嵇绍是忠臣，不要杀！"军士回答："奉皇太弟（司马颖）之命，只是不伤害陛下！"于是屠刀高举，嵇绍血飞数尺，溅到惠帝的衣服上。战乱平息，侍从要浣洗御衣，没人能想到，这位被大家一致认为愚痴的肉糜帝说："这是嵇侍中的血，不要洗。"

忠诚所至，金石亦为开？

这是发生在304年的事，距离嵇康的死已经整整40年。嵇绍仁义正直，门生及老部下为他住墓守丧，满三年者有三十多人。

有子如此，嵇康当含笑九泉了吧？

历来有人在质疑嵇绍的忠是否与孝冲突，父亲死于司马刀下，他何以要为晋室尽忠而死？

看看嵇康留下的《家诫》，就知道嵇绍正是秉承了父亲的思想。在这篇文章中，嵇康展现的是内心最柔软的部分，一个谆谆教导自己后人的父亲，甚至都有些絮叨了，但其中有一句："若临朝让官，临义让生，若孔文举求代兄死，此忠臣烈士之节。"——比如遇到朝廷招募时让出官位，面临大义时宁愿牺牲生命，像孔融请求代兄长去死一样，这是忠臣烈士才有的节操。

不管处于什么时代，都不当贪生怕死之辈，舍生取义，才是忠臣烈士的本色。

儿子生于魏末，长在晋代，则为晋朝尽忠，他并没有要求孩子以父志为志。

人生就是不断地选择，这是我们平凡人的逻辑。

忠臣之所以悲情壮烈，在于他无可选择。

✳ **参考书籍**

《晋书》《魏氏春秋》《资治通鉴》《世说新语》《两晋南北朝史》

魏晋名士阮咸的怪诞之举

如果您一向认为自己特立独行或者不拘小节，您可能会和不喜欢的人一起喝酒，可能会和流浪汉或者乞丐一起喝酒，甚至您可能和一只猴子喝酒，但要有一群猪哼哼着过来了，直接下嘴在您的酒盆里开喝，您是不是得大叫一声扔了酒杯逃走？

不惊世骇俗不足以称之为"竹林七贤"，这个"贤"字其实是后人赠送的荣誉，当时他们在普通官员的眼里一定是一群怪物。其中有一位怪到了极致，此人大好音乐，以至于后世要用他的名字来命名一件乐器，当然这只是他的辉煌业绩，并不算怪，说怪是他为人处世的方式。

他叫阮咸，竹林高士里另一位大贤阮籍的侄子，但他可不是秃子跟着月亮走，沾他叔的光，他自己非常优秀，时人称之为大小阮，甚至有人还认为小阮贤于大阮，乃旷世俊才也。

说到阮，大家就都知道指的是那个圆头长颈四弦十二柱的古典乐器了。

据说是他潜心改造了从龟兹传入的琵琶，后世就把那个升级换代的产品称为阮咸，简称阮。关于乐器就此打住，主要说说阮咸此人行事有多怪僻。

阮咸怪诞之一星级：从汉代传下来个风俗，每年的七月七日，晚上要过七夕节，白天也有节目，各家都会把最华丽、最贵重的衣服拿出来晒晒，放到现在可以叫"晒衣节"。这个晒可是真在太阳底下晒，和现在人在网上的各种"晒"有异曲同工之妙。当时阮咸周边的亲戚邻居都亮出纱罗锦绮，晒得不亦乐乎。可阮咸一个穷措大，也没啥好晒的，但他不怕寒酸，竟然把自己的一条粗布短裤用竹竿子挑着晒在院子中间。

有人问这几个意思？他笑着回答："未能免俗，聊复尔耳。"——哈哈！洒脱如我也不能免俗啊，不过是复制一下别人的做法而已。

这个段子来自《世说新语》，他不过是搞了个怪，却给我们留下了一条成语："未能免俗"。

阮咸怪诞之二星级：上一条阮咸说自己不能免俗，其实是在讽刺大家。本人虽然没钱，但很任性，侄子阮修和王澄等人都唯他马首是瞻。他们都认为应该解放人的天性，爱喝酒那就喝个够，哪怕喝大了胡闹癫狂，甚至赤条条来去，也不觉得有什么不正常。

当时，阮咸在朝里当个散骑侍郎的闲官，有位中书监叫荀勖，自许为音乐权威，每次朝会均由他来调正乐律，自我感觉五音和谐，乃正声雅韵也。但阮咸才是真正的音律大师，他侧耳听了听，就知道荀勖玩的这一套不合雅乐的规范，调子都起高了，恐怕不能体现盛德的至和之音吧？同行是冤家，荀勖对阮咸由嫉生恨，于是就在皇上跟前添小话，终于把阮咸赶出朝廷，远远地打发到始平郡去任太守（治所在槐里县，今陕西兴平市东南十里）。

有人说这个中书监是个什么鬼？权力这么大？呵！这可是中书省的长官，分尚书台之权，跟中书令职务相当，但是座次还排在他的前面，一般都是君主信任的重臣。这样来看，阮咸与荀勖可就不是简单的业务探讨，而是他大剌剌地挑衅一位炙手可热的权臣，何况荀勖还是一个人品不端正的人，由此足见阮咸的狂傲。顶头上司又怎么样？喝酒你不行，玩音乐你也弱点！

不久之后，就出土了一把周代玉尺，这是标准器。荀勖试着用它来校

正自己所制作的钟鼓、金石、丝竹，发现都短了一黍，于是不得不佩服阮咸见识高超，但他没有知错即改的胸襟，于是阮咸就只好老死在任上了。

阮咸怪诞之三星级：阮咸放诞，他还办过一件把当时的正人君子们惊得目瞪口呆的风流事。《世说新语·任诞》记载，他姑姑家有一个鲜卑族的丫鬟长得貌美如花，阮咸一直对她大有意思。他是大户人家的子弟，一表人才，丫鬟当然也愿意，那二人有没有"发乎情而止乎礼"可就不好说了。后来阮咸的母亲不幸去世，服丧期间，姑姑办完事要回去，起初说好的要把那个丫鬟留下，但走的时候又悄悄把她带走了。当时阮咸正在会客，听说之后马上借了客人的驴狂追。

没过多长时间，在宾客们面面相觑的眼神中，披麻戴孝的阮咸和丫鬟同骑着那头驴大摇大摆地回来了。阮咸还得意地说："人种不可失。"——传宗接代的人怎么能让她跑了呢？他不仅私通长辈的婢女，还在居丧期间搞事，确实视礼法为空气，一时闹得满城风雨。

阮咸"胡作非为"却敢作敢当，我就这么干了，怎么样？他叔阮籍则大加赞许："礼法岂为我辈而设？"后来这个丫鬟还真给阮咸生了非常有出息的儿子——阮孚，南安县侯，官至吏部尚书。当然，其放纵不羁和酷好饮酒跟他爹一脉相承，"金貂换酒"的趣事就是他干的。

阮咸怪诞之四星级：阮咸"虽处世不交人事，惟共亲知弦歌酣宴而已"。这是说他除了身边的几个亲朋知己之外，基本是没时间理别人的，有时间他们就聚在一起嗨歌弹琴吃肉喝大酒。

这一天，他和一帮族人又喝上了，喝了一阵觉得用酒杯不够尽兴，干脆拿一个大盆来倒满了酒，大家围坐在大盆的周围，用大瓢舀着喝不是更过瘾？众人轰然叫好。于是正式开喝，并且很快就喝出了花样。

当大家都喝得云山雾罩的时候，有一群猪来凑热闹，直接把长嘴伸到了大盆里，喝得啧啧有声！别人什么表现不知道，反正阮咸不以为意，"咸直接去其上，便共饮之"，他若无其事，靠在猪的旁边，继续大瓢饮酒，谈笑风生！

这才是酒徒的真正境界，"天地与我并生，而万物与我为一。"天地造化万物，原无贵贱之分，和猪同席饮酒又何妨？一个人能放达不羁到这种程度，除了惊叹和佩服之外，想学是学不来的。

七贤之中的老大哥山涛令人敬重，为了提携各位小弟不遗余力。他主管人事工作的时候，曾郑重向晋武帝司马炎举荐过阮咸，对他的评价相当之高："贞素寡欲，深识清浊，万物不能移也。若在官人之职，必妙绝于时。"希望皇上命他到吏部任职，必有一番作为。但晋武帝平素听别人说阮咸的浑段子太多了，印象已经大打折扣，认为他"好酒虚浮"，不堪重用，山涛只能暗自叹息而已。

祸福相依。个人认为，离开君王之侧，逃避是非之窝，对于阮咸这样一个蔑视名教、无视礼法的人反倒是件好事，前车之鉴不远，嵇康不是死在司马家的刀下了吗？阮籍给司马家干了件违心的事不是抑郁而死了吗？纵然不是这样，那些名门正派的卫道士们也容不下他，结果虽很难预测，但凶多吉少。

《晋书》记载，阮咸的结局是"以寿终"，就是平平安安地活到寿终正寝。

他终于"托体同山阿"，与日月江河融为一体了。但他留下的阮千百年来依然在发出清亮高昂的乐声，穿云裂石，在天地之间久久回荡。

✱ 参考书籍

《晋书》《魏氏春秋》《世说新语》《艺文类聚》《两晋南北朝史》

去掉一些不属实的标签，告诉你一个真实的醉鬼刘伶

要论喝酒，"竹林七贤"中真正的高人是山涛，海量而有节，以八斗为限，从不过量，就是跟晋武帝喝也这样，所以连皇上也服；嵇康也善饮，但不会喝得烂醉如泥，有损高大形象；阮籍、阮咸叔侄则喜欢喝得昏天黑地，一个能大醉六十天，一个能与猪共饮，都可谓迥出尘表，但要说真正把酒当成命根子的人，是刘伶。

在讲究出身门第、追慕风度仪表的西晋，刘伶是一个极另类的存在。他出身低，个子矮，长得丑。这可不是笔者信口开河，有意诬蔑，《晋书·刘伶传》记载："身长六尺，容貌甚陋"（据《中国历代度量衡考》，汉朝一尺为今天的23.5cm，那刘伶确实不到1.5m，而身高七尺八寸的嵇康则高达1.83m）。《世说新语·容止》："刘伶身长六尺，貌甚丑悴，而悠悠忽忽，土木形骸。"为人立传，如果只是普通的丑，史官大抵也得曲笔遮掩一下，要是不得不写出来，那就真不是一般的丑了。

说喝酒，为什么要论刘伶丑不丑呢？笔者只是怀疑这是他嗜酒的潜在原因，甚至主要原因之一。由于自卑而不断麻醉自己，别的一些冠冕堂皇的原因似乎都有点扯，比如什么"借酒避祸""自绝于主流""不同流合污""保持独立人格""消极避世"等，这都是后世人勉强加给他的大帽子，他自己也未必认可。

刘伶原本生活得很简单，被后人附加了许多不着调的标签，故应着力还原一下这个人物。

"惟酒是务，焉及其余！"——他的喝酒宣言

刘伶嗜酒不羁，以醉求醉，每天都"悠悠忽忽"，似醒非醒，也许别人都无所谓，但他也是成了家的，妻子必然无法忍受。你喝死了倒是痛快，剩下个我，还怎么过？一哭二闹三上吊，估计都施展过，但他一个醉鬼回来，还不是油盐不进？这天刘伶又要喝酒，妻子一怒之下，把家里的酒全部倒掉，把喝酒的家伙什也全砸了，然后苦口婆心地哭诉："喝酒也得有个节制啊，你这喝法不是找死吗？不能再喝了，一定要戒掉。"

刘伶似乎有所触动，连连答应："老婆大人你说得对！我就是自制力太差，看来只有向神灵祷告并发誓戒酒才行。你给咱准备些酒肉，看我到神前发誓。"妻子一听赶紧跳起来张罗，一时酒肉齐备。刘伶跪下祈祷："天生我刘伶，酒是我的命。一次喝一斛，五斗消酒病。妇人之言辞，千万不能听。"说完就忙不迭地吃喝起来，风卷残云，酒肉皆尽，妻子再看时，他已颓然醉倒。

"诸君何为入我裈（kūn）中？"——他的世界观

刘伶也曾经当过一任小官，就是给建威将军当参军，顾名思义就是参赞军务。晋朝时，参军是将军府的从员，一般是七品或八品。刘伶跟的这位建威将军时任豫州刺史，正是"竹林七贤"里的王戎，年纪比他还小，但在官场上却是出色的"油条"，该贪的钱就贪，不该占的便宜也占，偏偏就能在污浊不堪的政坛上屹立不倒。可这些本事刘伶哪里学得会？

他常常蓬头垢面，吊儿郎当。他的事业就是纵情喝酒，喝多了，天地间也就只剩下他一个人，坦荡荡来去。这里所说的"坦荡"，不仅是心灵上的无所挂碍，而是身体也赤条条一丝不挂。毕竟是在军府里，他还不敢跑到大街上去，只是在屋子里来回走动，可免不了被人看见，有人就笑话他。想不到刘伶的一番话，说得义正词严：

"我以天地为栋宇，屋室为裈衣，诸君何为入我裈中？"——天地是我刘伶的房子，房屋就是我的衣服裤子，谁让你们钻到我裤裆里来的？

这句话如实反映了刘伶的世界观，正如他在《酒德颂》中所写："日月为扃牖，八荒为庭衢。行无辙迹，居无室庐。幕天席地，纵意所如。"几坛老酒把他送入的是一种融乾坤为一体的境界，浑似老庄一脉，是他向往和孜孜以求的。

"死便埋我！"——他的人生宣言

据《晋书》记载，刘伶经常乘坐一辆鹿车出行，车上当然免不了要装一坛老酒，他往往是边看风景，边走边喝。

后边有一个仆人累得够呛，他得扛着一把死沉的大铁锹跟着跑，因为主人有吩咐："死便埋我。"——如果我醉死了，就地把我埋了完事。

这才可以称之为"醉生梦死"，应该是一个酒鬼的最高境界了，不管天，不管地，不管老婆孩子（似乎他也没有子嗣），连死也看得这么轻描淡写，如风吹落叶，任意西东。这比走到绝路上就大哭而还的大哥阮籍似乎更洒脱一些。

人生一世，喝酒一事。刘伶真做到了，但还有一点需要他解释，如果人活一世，就是来践行他所推崇的"无为"，那喝酒也是种人为的举动，似乎也是多余的，应该清净到彻底躺平，直到呼吸停止。

所以，作为酒鬼，刘伶是纯粹的，作为人，他活得一点也不纯粹。

他对于有没有家产根本不介意，但对于有没有酒喝应该是很介意的。既然无为，不做事，酒从哪里来？从前文可以看出，他不仅有酒喝，还有鹿车，甚至还有仆人，他的经济来源是什么？所以"惟酒是务，焉及其余"是言不由衷的，难道靠别人的施舍过日子？

他未能免俗，前文写到他曾经当过曹魏时期建威将军王戎的参军，当然不是朝廷请他的，也不是谁硬逼着他干的。

后来晋朝初立，他也没有嵇康的风骨，恪守忠臣不事二主的信条。老大哥山涛举荐，朝廷召唤，他就去了，还宣讲了一番自己的政治主张，所谓"无为之化"，晋武帝司马炎听了他的策对，如坠入十里雾中，理解不了他那风马牛不相及的高论，认为大而无当，结果其他人陆续被擢拔重用，唯独他被逐出了朝门。

所以，个人严重怀疑他喝酒只是为了宣泄"吾谋不用"的惆怅、落寞和郁闷。他本来就自卑，沉默寡言，如此借酒浇愁，久而久之，嗜酒如命，定是得了酒精依赖症，痛快一时是一时，根本管不住自己。

据《晋书·刘伶传》，266年，刘伶都四十六岁了，朝廷忽然派特使来征召他入朝为官。此时的他，曾经看到嵇康的大好头颅被利刃斩下，滚落尘埃；看到阮籍满腹经纶却郁郁而死，尤其是在领教过王戎的老辣奸猾之后，回味了好多年，已经全想明白了。他知道自己纵然进了官场，也只是一只超级菜鸟，一个小白，他根本无能力应付官场的尔虞我诈，何必把自己还可以多喝几年美酒的大好生命投进去？

听说朝廷特使已到村口，刘伶自导自演了一场好戏。他抱起酒坛子把自己灌得大醉，然后脱光衣服，迎着特使的方向裸奔而来。

朝廷特使看到一个胡言乱语的光腚男，有人介绍，这便是刘伶先生！特使大惊，这难道不是个疯子么？于是作罢。

刘伶遂了愿，一生不再出仕，果然平安顺利地老死在家里。有个不太确切的记载，他居然活了80岁。以他的喝法，能活这岁数是个奇迹，看来低度酒对健康的副作用终究有限。

这差不多就是真实的刘伶了，本身就是个极边缘的人物，只当过那么一任小官，除了喝酒没有显示任何治世的才能，如果不是山涛有心提携，他根本就不在朝廷的视野里，那还玩什么"借酒避祸"和"消极避世"？是不是有点装蒜？就好比人家亿万富翁为了怕货币贬值购买黄金，一个工薪阶层月入三五千也跟着买，有这个必要吗？

不是嵇康和阮籍还看得起他，把他拉入竹林的圈子，他的作品估计也会被淹没在历史的泡沫之下了。

好在刘伶还侥幸留下了一篇骈文《酒德颂》和一首诗《北芒客舍》，能让人感受到他不凡的文学才华。《酒德颂》中有一句：

"静听不闻雷霆之声，熟视不睹泰山之形。不觉寒暑之切肌，利欲之感情。俯观万物，扰扰焉若江海之载浮萍。"

如果不是前文中交代，他写的是醉里乾坤，真让人怀疑他曾经偶入禅定之境，反复咀嚼，向往不已。

❋ 参考书籍

《晋书》《世说新语》《艺文类聚》《两晋南北朝史》

官场风谲云诡，山涛屹立不倒，靠的是三大法宝

前几篇文章里，陆续点到一些有关山涛的信息，如嵇康托孤、举荐阮咸和刘伶等，作为"竹林七贤"里的老大，他很仗义，有机会总想着照顾小兄弟们，贤明公道，令人敬服。

在西晋那个动荡错乱的时期，自己脚跟站得稳，深得皇上信任，还不忘身处底层的兄弟们，有心有力拉他们一把。山涛不仅做到了，且游刃有余，那他究竟有什么安身立命的良方？

知道些内情的人说，他是皇亲，是司马昭的表兄，就是晋武帝司马炎的表叔，当然得势。但皇亲自古以来多的是，皇家的表叔也数不清，能得到"贤"这个非常荣誉的有几个？

近看《晋书》和《世说新语》，还有山涛的一些相关记载，也比较有趣，从中可总结出山涛的为官之道与为人之道，即使一千七百余年之后，仍然可以镜鉴烛照，发蒙解惑。

法宝之一：谨而有节

景元五年（264年），钟会与蜀将姜维达成合作意向，打算据蜀自立，他还矫诏要起大军讨伐司马昭。昭大怒，亲自西征平乱。当时曹魏的宗室都在邺城，临行前，司马昭找来山涛，与之密语："老哥啊，西边的事我

亲自去摆平，后方的事可就拜托给您了。"当即拨付亲兵五百，助其镇守邺城。其实山涛主要的任务是监视宗室的动静，免得后院起火。当时山涛的职务是大将军的属官，名为从事中郎，月薪六百石，但司马昭给了他特权——"以本职行军司马"，"军司马"可就截然不同了，位次将军，掌本府军事，相当于后来的参谋长。

司马昭为什么敢把自己的后背交给山涛？他对山涛的评价是"在事清明，雅操迈时"，不过，山涛谨慎持重做事有度有节才是他最看重的。

一件有关喝酒的小事可以看出山涛的秉性。

据《晋书·卷四十三·列传第十三》："涛饮酒至八斗方醉，帝欲试之，乃以酒八斗饮涛，而密益其酒，涛极本量而止。"

身为"竹林七贤"之一，不会喝酒，似乎有点说不过去，山涛是老大哥，喝酒也是海量，据说得喝八斗以上才会醉。晋武帝司马炎表示不信，想试试这位表叔的酒量，于是召他进宫，准备了八斗好酒，让山涛开怀畅饮。

山涛快意挥洒，谈笑间好酒慢慢见了底，晋武帝命人悄悄添了一些，但山涛喝到八斗，就恭敬地放下酒杯，表示臣不能再喝了。

武帝认为他还有量，不妨再喝点。山涛回禀，臣喝酒过了八斗便有醉态，容易误事，所以自己立下了规矩，无论什么场合，以八斗为限，绝不逾越。

武帝信服，大为感慨：如此有度之人，做事断然没有胡作非为之理，让这样的人当官才最放心啊。

山涛饮酒，乃小事一桩，以小见大的是他立身行事有准则，八斗就是八斗，在皇上面前也是一样标准，这就不是一般人能做到的了。

法宝之二：正而无私

据《世说新语·政事第三》："山司徒前后选殆周遍百官，举无失才，凡所题目皆如其言。唯用陆亮，是诏所用，与公意异，争之不从。亮亦寻为贿败。"

咸宁初年，山涛已经七十多岁了，他深知急流勇退的道理，并不贪恋权位，几次上表陈情，请皇上让他这把老骨头退休，但是晋武帝司马炎还是对他很倚重，"匡佐之勋，朕所倚赖"，表示离不了他，于是又加官晋爵，让他任太子少傅，加散骑常侍，还被授为尚书仆射，加侍中，领吏部事务。

山涛在吏部干得非常出色，确实有慧眼识人之明。每逢官位有缺，他总会精心选出几个合适的人备用，当然其中有皇上想用的人，也有他认为可用的人。一些官员不了解详情，认为山涛凭自己的意愿和喜好随意用人，甚至有人在皇上面前编排他的不是，司马炎还亲手写了一封诏书警告他："用人的标准是才干，不该遗漏疏远孤贱的人，教化才能遍行于天下。"

但山涛心里有数，还是该怎么干就怎么干。一年以后，众人的意见自然平息。何故？山涛把他所荐拔上奏的人物，列名成册，当时称为《山公启事》。从中可以清楚看出，经他推荐取用的官员都贤能称职。最有意思的是，其中有一人名陆亮，上任不久因为贪污受贿而被罢免，可此人正是皇上自己选用的，当时山涛认为不可重用，还据理力争，但司马炎不听，果然砸了脚。

山涛任人唯贤，在朝中德高望重，年逾古稀，数次请退，皇上就是不准。那一年弟媳死了，他借着这个机会跑回家乡，赖着不肯上朝了。司马炎于是下诏说：叔啊，这边可是还虚席以待呢，您要是身体不舒服，我就派轿

子去把您给抬回来！

山涛没办法，只好又回来任职。当时的一些贵族子弟，如和峤、裴楷、王济等人都很仰慕推崇他。有人在阁道的柱子上题写："阁东有大牛，和峤鞅，裴楷鞦，王济剔嬲（niǎo）不得休。""大牛"指的是山涛，（一直以为"大牛"是一个网络词，哪里能想到，是人家一千七百年前用剩下的？）"鞅"：驾车时套在牛脖子上的皮套，"鞦"：拴在牛屁股后的皮带，"剔嬲"：插科打诨，纠缠不休，意思是这些青年才俊都愿意追随在他的鞍前马后。

山涛除了取仕公道之外，别人更佩服他的正派节俭，虽然位高权重，但他与糟糠之妻相濡以沫，从不养婢妾，俸禄赏赐，都散发给亲戚故人。

法宝之三：和而不同

所谓明眼人，眼睛揉不得一点沙子，但是处在山涛的位置上，如果是那样，估计早就锒铛入狱，甚至身首异处了。

钟会是个阴险奸邪的小人，山涛的好朋友、竹林七贤的领袖嵇康正是他劝说司马昭杀害的。

但山涛与这样的人却能和平共处，这也是后世一直有人诟病他的一点，但山涛自有他的行事方式。匹夫一怒，血溅五步，这不难；但要保住自己，保住友人的孤儿，用有限生命做更有价值的事情则不容易。

有一段时间，钟会和裴秀争权，不可开交，山涛居中自守，公平对待，不偏不倚，让两个人都"无恨"。

山涛的原则是：和光同尘，但绝不同流合污。这一点，据《晋书》记载，他还有一个"悬丝尚书"的典故。

他主持吏部多年，官员的升迁大权就掌握在手里，有多少人想给他行贿可想而知，但山涛基本是礼貌拒绝。

但有一个人例外，此人名袁毅，当过鬲县县令，性贪而行污，拿着大把的钱跑到京城来行贿。他认为有用的官邸都拜访到了，山涛当然也是重点。

山涛收到的礼物是"生丝百斤"，看官可别小看了这些丝，在古代它的价值堪比黄金。

山涛并不想要，但其他官员都收了，如果他拒绝，则在别人的眼里成为潜在的危险，招来敌视和对立。于是山涛决定还是收下，并且藏在阁楼上。

后来袁毅的事情败露，被槛车解送京师廷尉受审，受贿人的单子列了出来，赃物被一一追索。山涛取出生丝上交，丝上积满尘土，封条印章都未曾动过。

正因为他能够"在众乐同"，所以才能"游刃一世"，这是东晋史学家袁宏对他的评价。

公元282年，朝廷进山涛为司徒，位列三公。他已经官居极品，但还是上表"乞求骸骨以归故里"，皇上依然不准。

但这一回，已经年近八旬的老爷子知道时日不多了，执意辞官，终于拖着病体回到了家乡。

第二年，山涛去世，享年七十九岁，在"竹林七贤"中应该是高寿了。司马炎多有赏赐，下诏厚葬。有人上奏说："山涛老家仅有房屋十间，但子孙众多，容纳不下。"司马炎于是又下诏出资给修建了新院子。

王戎对山涛的评价是："如浑金璞玉，人皆钦其宝，莫知名其器"。

他说的是一般人，嵇康当然知道山涛的器量，故而在写了绝交书并大骂了他之后，临终前还把儿女托付给他，成就一段君子之交的千载佳话。

参考书籍

《晋书》《世说新语》《艺文类聚》《两晋南北朝史》

"洛阳纸贵"背后的三贵，中华民族优秀的人才及他们的精神

华夏文明数千年生生不息，靠的是什么？其他几个文明古国都没落了，为什么只有华夏文明传灯不绝？

有人说文明的内核是文化，但文化只是一个相对空泛的概念，文化的力量从哪里来？凭什么可以支撑一个民族屹立不倒？笔者以为，文化不会自己传播绵延并发展壮大，源动力一定还是人，人的精神。

华夏文明薪火相传，一脉相承，要说明这个问题只需要读懂一个典故——"洛阳纸贵"，简简单单的四个字背后所蕴含的、所折射的正是中国人独有的精神。

关于"洛阳纸贵"，成语词典的解释很简洁：左思写成《三都赋》之后，豪贵之家争相传写，洛阳为之纸贵。

何止是纸贵？背后似乎隐藏着大量信息，在细读左思创作《三都赋》的来龙去脉后，可以领教一个"丑男村夫"如何完成逆袭的励志人生，可以领悟这个典故里博大精深的内涵，从而领略中华民族最优秀的人群和他们身上不磷不缁的闪光品质。

"十年磨一剑，霜华映北辰"——创作者苦心孤诣

左思籍贯是齐国临淄，即今山东省淄博市临淄区。有文章说他出身寒

微，其实并非如此，他父亲左熹虽然是个小吏出身，但左思小时候又是鼓琴又是练书法，那都不是穷苦人家能负担的。后来左熹担任西晋武帝朝殿中侍御史，这个官儿级别不高，但后来出任的太原相（王国属官）和弋阳太守都是官俸二千石的高级官员，何况左思的妹妹左芬后来入宫，成为晋武帝司马炎的贵人，左思好歹也是堂堂皇亲国戚，还有官职在身，所以写作不是为了奋发图强改变命运，而是他一生的追求。

史书记载左思"貌寝口讷"，就是长得很不帅、说话很不利索，曾被街上的低素质妇女婆子们用唾沫攻击过，于是"委顿而返"，这在格外重视男人外貌的魏晋时期，也实在令人神伤。后来，左思就"不好交游，惟以闲居为事"，变成了一个钉子宅男。

左思身为皇上的大兄哥，想要个什么重要职务，向来喜欢给亲戚封官的妹夫也不难说话，但他只要求当了个小小的秘书郎，为的是能够查阅大量的宫禁藏书。为了潜心创作，左思闭门谢客，没有功利心，甘坐冷板凳，能做到这一点相当不容易。

家里堆满了他搜集来的大量历史资料，在屋里屋外，触手可及的地方包括茅厕里他都放着纸笔，只要一有感觉，想到得意的句子就马上记录下来。

三都，指的是魏国邺城、蜀国成都和吴国建业。邺城好说，其他两地相距遥远，纸上得来的认知左思又觉得肤浅，于是他多次拜访了曾经在吴蜀游历过的著作郎张载等人，详细询问当地的山川、物产、风俗民情等情况。

这种极严谨的创作精神，用时下最流利的一个词叫"匠心"，慢工出细活，三篇文章拿出十年的时间来打磨，这让今天在网上一天创作上万字的作家们情何以堪？

《世说新语·文学第四》注引《左思别传》云:"后数年,疾终。其《三都赋》改定,至终乃止。"左思把对《三都赋》的创作修改,当成毕生的事业,直到去世前,才确定了最终版。

没有这种铁杵磨针的韧劲,没有把创作融入生命的精神,如何能成就一篇震古烁今的皇皇巨作?

"好风凭借力,送我上青云"——伯乐们众星捧月

要说文人相轻也是有的。左思要了解吴都的情况,曾去拜访289年来到洛阳的吴中大才子陆机,当陆机知道了左思要创作《三都赋》的事,这位狷狂才子的态度是"抚掌而笑",并在给弟弟陆云的信里说:"此间有伧父,欲作《三都赋》,须其成,当以覆酒甍(瓮)耳。"——这里有个不知道天高地厚的村汉,竟然敢写《三都赋》,等他写成了,可以拿来盖我的酒缸哦!

十年之后,饱含着左思心血的《三都赋》终于收笔,他如释重负。十年中,他知道有很多人像陆机一样在等着看他的笑话,他也知道,在他之前,班固的《两都赋》和张衡的《二京赋》名满天下,万人敬仰,那他的《三都赋》能经得起比较和别人挑剔的目光吗?

左思把自己的文章翻来覆去地看,再去揣摩班张之作,自我感觉《三都赋》至少可以与他们分庭抗礼。但以他当时在文坛的影响力,实在微乎其微。虽然他曾用一年的时间写过《齐都赋》(惜已失传),但并没有激起多大的浪花来。

左思起初找了几个文人来看,结果均不识货,并没有引起足够的重视。这让左思的心里一阵凉过一阵,转念一想,不能被这几个人的话给废了呀,

还是得去找大咖来给掌眼才行。

左思直觉应该去找太常张华，此人乃留侯张良的十六世孙，爱惜人才，特别热衷于奖掖后学之士。当时的一些名士如陆机、陆云、刘卞、束皙、阎缵等人他都能帮则帮，从不踌躇，包括写《三国志》的陈寿，张华也曾不遗余力地提携过。

除此之外，张华的位置也十分特殊，身为太常，掌宗庙礼仪，乃九卿之首，地位崇高，正好又分管文化教育，去找他名正言顺。当然，更重要的原因是张华本人就是文学大家，工于辞赋，中国第一部博物学著作《博物志》就是出自他的手笔。

当张华看过《三都赋》后，不禁拍案叫绝，爱不释手，再三赞叹之后说："你别听那些俗人的，他们只重名气，看不懂文章，不值一提！这样的盖世名作决不能埋没，我一个人力量还有限，咱们去找皇甫谧先生，我和他一起把你的文章推荐给世人！"

这位皇甫谧又是何方高人呢？他是医学史和文学史上都闻名的巨匠。著有《针灸甲乙经》，还编撰了《历代帝王世纪》《高士传》《逸士传》《列女传》《元晏先生集》等多部著作。

皇甫谧自然也是识货的行家，看过《三都赋》后反复吟诵，诚意表示要为这篇文章写序。此外，他认为这是当朝盛事，必须营造更大声势，又亲自邀请著作郎张载为《魏都赋》作注，再请中书郎刘逵为《蜀都赋》和《吴都赋》作注，而尚书郎卫权又主动为这篇文章做了《略解》。

一时之间，都城洛阳的多位顶级大咖联袂出手，《三都赋》想不红、想不火、想不爆都难了。

再说当年曾嘲笑左思的陆机，读了《三都赋》后也大吃一惊，"绝叹伏"，卢照邻曾有诗句："纸贵洛城，陆生闻而罢笑。"陆机本想写洛阳赋的，现在觉得还是识趣点，"遂辍笔焉"。

真正的高手是惺惺相惜的，是互相推重的，张华和皇甫谧等几位襟怀坦荡，光风霁月，成就了中国文学史上的一段感人佳话。

"非必丝与竹，诗书滋味长"——追慕者重文好学

外国寓言说：花十年时间作一幅画，一天就可以卖出去，而花一天时间作一幅画，可能十年也卖不出去。

经过几位大咖的宣推，饱含着左思十年心血的《三都赋》一纸风行，名动洛城。

"豪贵之家竞相传写，洛阳为之纸贵。"《晋书》中这样记载1700多年前的这件热搜新闻和追星事件。

为什么纸贵了？也是一个有趣的问题。《三都赋》面世的时间约在元康六年，即公元296年前后。一方面是当时的印刷条件达不到，无法形成批量生产，但是大家一睹为快的心情又如此迫切，那就不如借来抄写更快捷，于是大家都会扑上街去买纸。不妙的是，虽然造纸术在西晋时期已经能够熟练运用，但生产能力有限，且生产周期比较长，一时求大于供，则跟风涨价，原来每刀千文的纸一下子涨到两三千文，后来竟然销售一空，还有不少人只能跑到外地去买，洛阳纸铺高挂售罄牌子遂成为千古奇观。

从这里我们又能品味出什么可贵的中国精神呢？

笔者注意到，不仅仅是士子学人去传抄，"豪贵之家"也争先恐后，这些人不去抢购奢侈品，不去比豪车，而是抢着抄写好文章，值得大书特书的两个标签是"重文"与"好学"，几千年历史中所仅见。这才是这个

族群最可贵的闪光点，是文明赖以生存的根本。简单地说，这是真正的"贵族"不可或缺的品质。

作者是一粒优良的种子，奋力发出芽来，伯乐们是阳光、水和空气，而广大的读者则是厚重肥沃的土壤。

左思，这个小时候因为贪玩不被父亲看好的丑小孩用尽一生的力量完成了他的逆袭，他的嬗变。

出了大名、成为巨星的左思并不膨胀。齐王司马冏专擅时，权倾朝野，仰慕左思的盛名，曾延请他为记室督，左思对此不感兴趣，称病不出。

左思在诗歌创作上也取得了极高的成就，他的《咏史八首》中有一句"振衣千仞岗，濯足万里流。"表达了他希图隐世而居，专心文学，不再参与那些世俗勾当的心愿。

太安二年（303年），河间王司马颙前锋振武将军张方率军攻克洛阳，纵兵大掠，都城遭遇大劫。左思为避祸而移居到冀州，不久病死，终年五十五岁。

"非必丝与竹，山水有清音。"也是左思的名句。他的诗与当时追逐的藻饰浮华的诗风大相径庭，如同一阵清泠又激越之风冲击着当时的文坛，后人称此为左思风力。

魏晋风骨，激荡后世，一直为人所称道，那在这自由而不羁的罡风中，左思的"风力"在八级以上。

✲ 参考书籍

《晋书》《资治通鉴》《三国志》《世说新语》《两晋南北朝史》

才高八斗的书生卷入政治斗争，他是怎么把自己玩死的？

可怜天下父母，唯愿儿女有才，有才之后再出人头地，家族都能跟着风光风光，这是人之常情。

但个人感觉是，也别太有才，才多了一是可能傲慢，二是藏在骨头里的书生呆气可能会误了自己，甚至误伤了整个家族。

在晋朝有一位大才子，论起他的才来，连当时工于诗赋的大文豪张华都非常佩服。南朝梁时期的钟嵘在他所著《诗品》中，用"潘江陆海"来形容，这里所说的"潘"当然是大名鼎鼎、才色双绝的潘安，他的才情如滔滔江水，但比起后边那位姓"陆"的来似乎还弱点，那位才华如洋洋海水一样的大才子必然就是陆机了。

简单交代一下陆机的出身和背景：陆家，江东名门望族，爷爷是孙吴丞相陆逊，曾经放了一把大火，烧得刘备魂飞魄散；父亲陆抗也是孙吴名将，官拜大司马。陆机声如洪钟，少有奇才，文章盖世。

虽然身长七尺，才高八斗，奈何生逢乱世。

公元280年，西晋大兵压境，当时陆抗已经过世，陆机担任的是个牙门将，也就是个偏将、副将之类。陆家兄弟几个各率所部保家卫国，大哥陆晏和二哥陆景都力战而死，因寡不敌众，陆机兵败，末代皇帝孙皓出降，东吴国破。

此后陆机兄弟三人回到祖屋隐居,那里叫华亭。(1700余年之后这里竟然变成了大上海的松江区,造化弄人不?)

"退居旧里,闭门勤学,积有十年。"其实这十年是他们生活得最优游自在的一段时间。学习之余,徜徉山水,看群鹤翩翩,听鹤唳声声,恍若仙境。他们吟诗作赋,纵情于九峰三泖(mǎo)之间。

国破之时,陆机刚刚二十岁,这个年龄本不适合隐居,先辈曾经叱咤风云,现在自己又是满腹经纶,难道就在这乡野之间等待生命慢慢枯萎?难道陆家这样世家大族的荣光就在书卷里消磨殆尽?

心中有一股不平之气在盘旋升腾,最后化为北上都城洛阳一展抱负的冲动。

陆机、陆云初到东都顺风顺水,当时的大名士、太常张华对他们非常推崇,说:"伐吴之役,利获二俊。"热情推荐给当时的名门,陆氏兄弟一时声名大振。

陆机进入官场,并没有敏锐的洞察力,连最起码的识人之术也不具备,他凭着一股子书生意气,一往无前地冲了上去。

起步是应太傅杨骏的征召,当个祭酒,祭酒不管喝酒的事儿,是个学官,是国子学或国子监的主管。杨骏此人虽然是东汉太尉杨震之后,又是晋武帝司马炎的老丈人,但他可没有祖上的人品和学品,大权独揽,执政严酷,又结党营私,刚愎自用。

第二年,宫廷里突然发生变故,晋惠帝皇后贾南风搞了个政变,无情诛杀杨骏一党。

陆机这么个芝麻粒小官,椅子都没坐热乎,当然也轮不到人家收拾他,但他马上意识到贾家才是实力派,于是转投到贾皇后外甥贾谧门下。当时有个著名的朋友圈，叫"金谷二十四友"，陆机也参与其中，还被任了个著作郎，负责编修国史。

第一次看人走了眼，第二次又差点闪了腰。陆机经常游走于权贵门第，某天突然看到了"螳螂"后面的"黄雀"，赵王司马伦蓄势待发，准备突袭贾氏一党。陆机关键时候倒戈，参与诛杀贾谧的行动，这次倒是把准了脉，因功被赐爵关中侯。

为了谋求进步之阶，三次改换门庭，还何谈一个读书人视若生命的"节"字？

后汉吕布因为三次反水而被蔑称为"三姓家奴"，此时的陆机也被许多人鄙视，说他"好游权门"，故"以进趣获讥"。但他一个从被灭的吴国来的，纵然有才华也被许多北方人看不起，为了争口气，他确实有点不择手段了。

接下来，他深度卷入"八王之乱"。

他新投的这位主子赵王司马伦野心很大，居然有篡位的想法，还付诸实施了。他逼迫晋惠帝退位，擅自称了帝，年号建始。可惜这个"建始"，也就刚开了个"始"，掌握雄兵的地方实力派当然不认他，"黄雀"的后面还有"猎人"，三王——齐王司马冏、河间王司马颙、成都王司马颖又轰轰烈烈起兵"打猎"。

一番窝里斗之后，司马伦被逼着喝下了金屑苦酒，正式驾崩歇菜，陆机也被拿获交付廷尉治罪。司马冏怀疑他参与起草了给加司马伦九锡和逼惠帝禅位的诏书，准备连他一块杀了，幸亏成都王司马颖从中斡旋，陆机侥幸逃过一劫。

当时与陆机交好的江南名士顾荣、戴渊等人都觉得他不是玩政治的料，

看人几乎没个准，劝他急流勇退，撤回江南避祸，陆机不想走，觉得自己一腔抱负还没施展，还有大把建功立业的机会。

其实在陆机的诗里已经很明白地表达了他在京城这个大染缸里不服水土：

"辞家远行游，悠悠三千里。

京洛多风尘，素衣化为缁。"

自己穿的素色衣服都染成黑色的了，他也曾想过"愿假归鸿翼，翻飞浙江汜。"像大雁一样飞回到江南故乡去，但是，明明还有机会可以一搏，为什么要白白放弃？

陆机分析天下形势，认为成都王司马颖对自己有知遇加活命之恩，此人又能礼贤下士，将来使晋室兴隆者必司马颖也，于是又委身于他。司马颖对他也不错，让他参大将军军事，任平原内史，这就是后世人称陆机为"陆平原"的出处。

此后，成都王司马颖与河间王司马颙又起兵征讨长沙王，陆机此番受了重用，被任命为前将军，前锋都督。司马颖还向陆机许诺，只要拿下洛阳，就起用他辅理朝政并晋爵为郡公。

陆机踌躇满志，似乎恢复祖辈的荣光就是这一步之遥了。

奈何老天并不帮忙，倒有陆机曾经得罪的不少人如卢志之流帮倒忙，再加上司马颖的部下大将多是北方人，从心里不服陆机的指挥。有个将军竟然敢当面顶撞他："貉奴（北方人对南方人的蔑称）能当都督吗？"

双方在鹿苑交战，因为将帅离心，陆机军大败，赴七里涧而死的士兵如同积薪，涧水为此不流。

卢志等人借机内外勾结，谗言诬陷，司马颖终于下了决心要诛杀陆机。

303年冬，一个平常的清晨，陆机刚从军帐中出来，即被人扣押。

随后，他脱下戎装换上一身白衣登上刑台领死，鬼头刀落下之前，他仰天而叹："华亭鹤唳，岂可复闻乎？"

在即将告别这个动荡而且浊恶的世界之前，他想到了"好随云鹤隐天涯"的华亭，那个本可以安身立命，诗意栖居的地方，怀恋与悔恨在这短短一句中流露得淋漓尽致。

随后，两个儿子陆蔚、陆夏及两个兄弟陆云、陆耽也相继遇害。

陆机行刑之日，记载称大雾弥合，大风折树，平地积雪厚逾一尺，有人认为这是为彰显陆氏之冤。

四十三岁的才子本想匡时济世，可惜连自己的脑袋也保不住，如果能安守田园，将留下多少锦绣文章？

三百年后，唐太宗李世民亲自为陆机写下史论"百代文宗，一人而已"，还认为他具备"廊庙蕴才，瑚琏标器"，可惜，陆机一生不曾遇上像太宗一样善识英才的明主。

近人蔡东藩认为陆机死得不冤："良禽择木而栖，良臣择主而事，谁令彼甘心事逆，自蹈死地？"

李白在他的《行路难》中也感叹："陆机雄才岂自保？李斯税驾苦不早。华亭鹤唳讵可闻？上蔡苍鹰何足道？"

陆机如此雄才可惜连自保的能力也没有，李斯如果知道自己悲惨的结局能不早早抽身而退吗？

李白写别人是很明白的，但其中字字都有不平之意，说明他也没有看开放下。

李白只是以自己的经历再次证明，不管你才有多高，以文人的理想化气质参与政治，注定是一场悲剧。

人常说，识时务者为俊杰。陆机死后，又过了百年，陶渊明突然醒悟，挂冠而去，他用尽全力，终于过上了平凡的生活。

"南国春草年年绿，华亭鹤唳声声苦。
尘网中一误再误，可怜人魂归何处？"

四句感言，遥祭陆机、陆云兄弟。

参考书籍

《晋书》《资治通鉴》《三国志》《两晋南北朝史》

才子进入官场五大坑，陆机用生命换来的滴血教训

先来给大家看一段脱口秀，这是晋朝两位顶级青年才俊的现挂。个人认为，时下非常火爆的脱口秀选手们在他们的手下，走不了一个回合。

人常说文人相轻，陆机和潘岳可以算是代表。这两位当时文章、才情风靡天下的人没有任何惺惺相惜之意，反而视若仇敌。

这一天，两人都参加文人聚会，陆机先到就座，看见潘岳来了，立马起身就要离开。潘岳见此情景，悠悠地吐出一句："清风至，尘飞扬。"——我潘岳像清风扑面而来，吹得陆机这等灰尘无地自容，只能灰溜溜地走人喽。

陆机是何等角色，潘岳的话音未落，他回怼的词已经脱口而出："众鸟集，凤凰翔！"——我陆机乃凤凰也，不与潘岳这等凡鸟为伍。

要论高下，语言都简短带刺，但都很智慧而不失优雅，都有回味不尽的韵味。但潘岳的话只精准打击陆机一人，陆机在痛快反击时却不留余地，把在场的人全得罪了。

逞口舌之利并不是多大的本事，这两位大才子都避长就短，不搞文学搞政治，结果都把自己赔进去了，尤其是陆机的结局让人扼腕叹息。

上一篇有关陆机的文章主要讲了他的生平，甚至都没有谈及他的文学成就。被称为"文章冠世"的他三十岁北上洛阳，一步步走进黑色的政治漩涡，最后用蔡东潘的话说是"自蹈死地"，年纪轻轻，四十三岁的生命

戛然而止。

陆机短暂的一生中，在文学上的探求达到令人惊叹的高度，他的赋今存二十七篇，辞采华丽，弘达典雅。他的诗也是奇峰陡出，与死对头潘岳同为西晋诗坛的代表，形成"太康诗风"，后人钟嵘将他们誉为"潘江陆海"。更为可贵的是，陆机还擅长书法，他的《平复帖》是迄今存世最早的名人书法真迹，也是历史上第一件流传有序的法帖墨迹，有"法帖之祖"的美誉，被评为九大"镇国之宝"。

有关陆机的死，历代都有文人为之叹息。有人归之于命，个人并不同意这个轻轻一推的观点，他的死是生不逢时，但每走一步都是他自己的决定，最后穷途末路，祸及全族，实是咎由自取。临刑前，他发出"华亭鹤唳，岂可复闻乎！"的哀叹，说明他不怨天不怨地，只是痛悔自己当初那个北上的选择而已。

后世，"华亭鹤唳"成为一个专用名词，形容像陆机这样的文人误入政坛之后的叹悔。

"学成文武艺，货于帝王家。"这几乎是千百年来中国文人的宿命，也似乎是唯一选择。其实人生有"三不朽"，在《左传》里明明白白地写着，博学多闻的陆机想必也一定知道："太上有立德，其次有立功，其次有立言，虽久不废，此之谓不朽。"他只是按捺不住地选择了名利双收的第二条，也是最险恶的一条。其实以他的才华，第三条更是一条坦途，力有及，则终其身力攻第一条，那他的成就就不仅仅是"太康之英"，而是华夏之英，可以为后世留下怎样灿烂的道德文章？无法想象。

这些都是假设，只能为之遗憾，现在想说的是，既然要身入官场，去谋求功名富贵，如果连一点自保之道都不明白，就那么一往无前地冲上去，无异于"暴虎冯河"。陆机用生命换取的教训不能不总结一下，以为后来如过江之鲫的衮衮诸公戒，也许有人会视为书生迂论，如此一笑可也。

概括一下，大致有五点：

一曰不能断其时，如长夜暗行。

对于出道时间的判断是否拿得准，迈出这第一步非常重要。孔子有言："危邦不入，乱邦不居。天下有道则见，无道则隐。"陆机本是生逢乱世，虽然西晋暂时统一，但晚年的晋武帝司马炎骄奢淫逸，怠惰政事，大肆分封诸王，已经为"八王之乱"埋下祸根。接位的晋惠帝司马衷暗弱，皇后贾南风擅权，"主少国疑，大臣未附，百姓不信"这几条都占了，宗室大臣争权夺位、钩心斗角，朝堂之上乌烟瘴气。此时的都城已经是山雨欲来风满楼，但陆机却在这样的时刻来到危机四伏的洛阳。

唐太宗李世民的评价很是中肯："不知世属未通，运钟方否，进不能辟昏匡乱，退不能屏迹全身，而奋力危邦，竭心庸主，忠抱实而不谅，谤缘虚而见疑，生在己而难长，死因人而易促。"

二曰不能知其主，如羊入虎口。

看了第一点也许有人不服，说张良和诸葛亮出山之时不是更乱？但看看张良跟的刘邦，诸葛亮跟的刘备，就知道跟对人是多么的重要。再看看陆机来到洛阳先后投靠的人，几乎没有一个是那种雄才大略的主。先是杨骏，刚愎自用；次为贾谧，飞扬跋扈；再为赵王司马伦，庸琐狂悖；最后是成都王司马颖，陆机认为此人"推功不居，劳谦下士"，"必能康隆晋室"，又感念他曾经救过自己的命，所以一心一意投身于他。但司马颖也是一个

扶不起来的自私贪鄙之徒，虽然没有孙惠在《为东海王讨成都王檄文》里所写得那么不堪，"为子则不孝，为臣则不忠，为弟则不顺，为主则不仁"，是具备"四恶"的"豺狼之性"，但重用陆机的人是他，听信谗言毁掉陆机的人也正是他。

良禽择木而栖，贤臣择主而事。陆机所"择"的四个人都是唐太宗所说的"庸主"。这只能说明，陆机对名位的渴求确实太急切了，见风使舵改换门庭这种污点先不论，贾谧的外祖母出行他都望尘而拜，被人讥讽也没话可说。

他的结局果然应了孟子那句话："是故知命者不立乎岩墙之下。尽其道而死者，正命也；桎梏死者，非正命也。"出来的时机不对，选择的主子也不对，陆机死于非命并非偶然。

三曰不能识其机，如负重春冰。

陆机四十一岁那年反戈一击，在赵王司马伦发动政变时参与诛杀贾谧，不仅当上了中书郎，还被赐爵为关中侯，可新鲜劲儿还没过，马上就面临灭顶之灾。齐王冏联合成都王颖、河间王颙，起兵打败赵王伦，执掌朝政大权。齐王冏怀疑陆机曾帮赵王伦起草禅让诏书，将陆机收捕下狱，准备杀掉。幸亏成都王帮忙，陆机在鬼门关上走了一遭，侥幸脱逃。

此时，已经领教过朝堂残酷无情的人纷纷退身避祸。主簿顾荣终日醉酒，不管职事，被任了闲职，远离是非中心。而西曹掾张翰借口起了"莼鲈之思"，索性弃官归乡，一走了之。这两位都是陆机的乡党，顾荣还提醒过他暂回吴郡避祸，再觅良机。但陆机看不清时局的险恶，要留下来坚持斗争。本来有悬崖勒马的机会，可以保全性命，但陆机不懂，或者不甘心。

在司马颖任命他为后将军、河北大都督，率军讨伐长沙王司马乂时，虽然名义上有二十万大军，但身为主将，既缺乏主子的绝对信任，又没有团队的精诚协作，部下大将多是北方人，没几个人服他。这样一支各怀鬼胎的军队如何能打胜仗？这些陆机应该清楚，前方有人使绊子，后方有人捅刀子，但他还得硬着头皮出战，鹿苑惨败则在所难免。

四曰不能敛其性，如堆出于岸。

来到洛阳，陆机经常表现出不合时宜的倨傲，人脉没著太多，梁子倒结下不少。圈子就那么大，这相当于处处给自己挖坑埋雷。文章开始的段子说明他跟潘岳合不来，写出《三都赋》使洛阳纸贵的左思也被他嘲笑为"伧父（村夫）"。

他曾经拜访侍中王济。此人是司马昭选中的女婿，才华横溢，风姿英爽，气盖一时。当时王济指着羊奶酪对陆机说："你们吴中有什么能比这更好吃的？"陆机回答说："千里莼羹，未下盐豉。"王济显然对南方美食颇为不屑，陆机用能让张翰说走就走的江南名菜莼菜羹回击王济的发难，还说不用调味就胜过了羊奶酪。因为这些鸡毛蒜皮的非原则问题，争了一口气，得罪一批人，陆机的狷介疏狂可见一斑。

还有一位卢志，当时是司马颖颇为倚重的重要谋士，但陆机不管他是谁，两人几乎发生正面冲突，结成死敌。

那是在司马颖府内的一次聚会上，卢志问陆机："陆逊、陆抗是你什么人？"陆机脸色大变，说："正如你和卢毓（卢志之祖父）、卢珽（卢志之父）的关系一样！"

在古代当着子弟的面直呼其祖父、父亲的名字是相当严重的忌讳。陆

机觉得卢志是明知故问,连我祖父陆逊和父亲陆抗都不知道,是何等鼠辈!陆机怒而回击,毫不客气。

后来陆机兵败,正是这位被陆机谑称为"鬼子"的卢志落井下石,他内外勾结,诬陷陆机有异心,终于将陆机推上了刑场。

五曰不能立其威,如羊驱群狼。

成都王司马颖曾对陆机寄予厚望,认为将门虎子必能克敌制胜,遂晋升他为河北大都督。陆机也曾"固辞",认为自己不足服众,但成都王不同意,还给他许诺,只要功成事定,一定封其爵为郡公,陆机于是登台拜将。

既然接了大印,想打胜仗必须令出如山。当时手下的北方将领们各怀心思,出工不出力,甚至不服从指挥,陆机此时却没有使出霹雳手段。他面临的形势与祖父陆逊当年完全不同,陆逊也是书生为将,可以谦让同仇敌忾的程普,但陆机再行怀柔之策,只能是养痈遗患。

非常之时必行非常手段。孙武训练女兵,执意杀掉吴王阖闾的爱姬,才能令行禁止。

部将牵秀进攻缑氏,战东阳门,打一场败一场,陆机无可奈何。更过分的是孟超,仗着兄长孟玖是成都王宠幸的宦官,纵兵抢掠,破坏军纪。陆机命人抓捕带队抢掠的将领,孟超竟然带人闯入大帐将其夺回,并骂陆机为"貉奴",公然不把主将放在眼里!此时果断召集诸将,当场杀掉孟超,传阅其首级,正是送上门的大好时机,但陆机不敢轻举妄动,居然听之任之。

此后孟超因为不听将令,冒险轻进全军覆没。但他却成了陆机的催命符,孟玖愤怒之下委过于陆机,向成都王告发陆机谋反,卢志也推波助澜。

一众将领本来就阿附孟玖，再加上为了减轻罪责，于是墙倒众人推。成都王大怒，命令牵秀秘密捕杀陆机。

有人说，杀孟超不怕炸了营？个人认为，同样都是孤注一掷，斩将立威尚有一线生机，兵败无非是死。

一代雄才不能自保，总是让人再三惋惜。唐太宗李世民也很感慨："睹其文章之诚，何知易而行难？……上蔡之犬，不诫于前，华亭之鹤，方悔于后。卒令覆宗绝祀，良可悲夫！"

陆机曾经养过一条骏犬名叫黄耳，能在洛阳与吴郡之间千里往返，但陆氏兄弟全部被杀，再没有家书可以传递了。

蔡东藩对陆机的诗评是：

"才高班马露英华，一误丧身并覆家。
何若当年先引去，好随云鹤隐天涯。"

✱ 参考书籍

《晋书》《资治通鉴》《三国志》《陆机年谱》《世说新语》《两晋南北朝史》

是老天妒忌还是自己作孽？西晋首富的取死之道

开端：生得聪明

西晋首富石崇斗奢的故事历来被津津乐道，以前认为此人无非是一无知无畏的暴发户，年岁跟"肉糜帝"司马衷相当，估计也是脑满肠肥的一路货色。但近来看《晋书》忽然发现，此人不仅长得伟岸俊朗，竟然还是个文武兼修的全才，诗赋也相当出色。再看其发家史，也不是躺在祖辈福荫下吃现成的啃爹一族，他积聚的巨量财富还算是白（黑）手起家。那他的人生轨迹就很值得探究一下，尤其是他发达之后，为什么会招来杀身之祸，甚至殃及满门？

石崇出身豪门，少年好学。父亲石苞是魏晋名将，官至大司马，位列三公。《晋书》记载："雅旷有智局，容仪伟丽"，是说他的老爹仪表堂堂，儒雅豁达。石崇是六个兄弟中年龄最小的，大有其父风范，人称为"风流豪俊"，有勇有谋，二十多岁出任修武县令，后参与伐吴有功，被封为安阳乡侯。晋武帝很看重他的才干，一路提拔他为南中郎将、荆州刺史等直至出任九卿之一的卫尉，负责宫廷禁卫，这是他当的最大的官。

石崇才气纵横，当时有一帮文人号称"二十四友"，都跟着外戚贾谧厮混，他也是其中之一，当然他不能算是滥竽充数，其作品《思归引》《明君辞》《金谷诗序》及《王明君词》等都是一时风行的佳作，有人赞他"不在潘（岳）陆（机）下"，这话有点吹嘘，但叫一声"才子"他还是当得起的。

总体来看，石崇是个聪明人，但为什么走上了不归路？笔者从相关记载中分析石崇"其兴也勃，其亡也忽"的全过程，总结他的教训共有四点可供镜鉴：

取死之道一：不义之财，悖入悖出

前文中说到石崇"白手起家"，有人觉得不可能，毕竟他爹位极人臣，怎可能不留下点财富？据《晋书》记载，石苞临终，确实把家产分给了儿子们，可偏偏就是一点也没给石崇。石崇的母亲还替小六子抱不平，石苞说："此儿虽小，后自能得。"这孩子虽然最小，但他将来很能挣钱，所以不用给他。

这就有点奇怪，难道这个儒将老爹还是个神算子？又查阅了一遍《石苞传》，并没有记载他有这种特异功能，倒是查出石崇身上长着一颗巨富痣。呵！有意思，这颗痣竟是以石崇来命名的，叫石崇痣，据说其位置在右肩胛骨最下端靠近脊椎的地方。

其实这颗痣未必那么神奇，石崇是因手黑而发家，"崇颖悟有才气，而任侠无行检。在荆州，劫远使商客，致富不赀"。这句话是说石崇不是那种死的不敢抓、活的不敢拿的文弱书生，他倒有一身邪气，说"任侠"是好听的，说行为不检是客气的。他当荆州刺史的时候，白道黑道的钱统统不放过，除了搜刮民脂民膏之外，他甚至干过杀人越货的勾当，组织了一帮人马专门抢劫来往客商，因而暴富。

刺史加劫匪，石崇的第一桶金是这么来的，泡在客商们的鲜血里。钱

来得如此肮脏血腥，他却能安享太平富贵，岂不成了咄咄怪事？

还有一种说法，石崇在讨伐吴国的过程中，也曾经大肆劫掠财物。不管他的钱是如何积聚起来的，到了一定的程度则"多财善贾"，用钱生钱就相对容易了，于是正如东晋时王隐所书："石崇百道营生，积财如山"。

取死之道二：望尘而拜，婢膝奴颜

要说石崇手黑，前面还有曹操是榜样，他曾经设立发丘中郎将，摸金校尉等军衔，专司盗墓取财，贴补军饷。但曹操与石崇相比，手黑脖子也硬，宁可我负天下人，算是贼里的硬骨头，但石崇的品性可就羞对先人了。

他当上了卫尉之后，晋惠帝暗弱，皇后贾南风专权，石崇也不看看那都是些什么德性的人，甘心依附于贾南风的侄儿鲁公贾谧。贾谧承袭其外祖贾充之爵，"权过人主，威福无比"，又好附庸风雅，还搞出一个声名远扬的文学圈子，名叫"文章二十四友"，其中就有号称天下第一的帅才子潘岳。潘岳也是个轻薄子弟，"性轻躁，趋势利"，和石崇沆瀣一气，很对撇子，一心巴结贾谧，"每候其出，与崇辄望尘而拜"——只要看见贾谧出来，他俩就迫不及待地跪倒，磕头如捣蒜。

不仅如此，更让人不齿的是，贾谧的外祖母广城君郭槐（贾充的老婆）每次出来，石崇遇到时总先下车在路边站好，整理衣冠，望尘而拜，"其卑佞如此"。

取死之道三：为富不仁，草菅人命

石崇与皇上的舅舅王恺斗富的段子不少，似乎总是他占上风。在数量上要取胜——王恺搞出四十里紫丝屏障，石崇就用更贵重的彩缎铺设五十里。另外，在速度和稀有程度上他也要压倒对方——客人来了，要喝难煮的豆粥，他吩咐一声，下人立马就端上来了热腾腾的；大冬天在他家还能吃到绿莹莹的韭菜末儿；同样是牛车（那时富豪耍个性），王恺家的跑起来总比石崇家的慢。石崇为此很得意，王恺就花了重金去贿赂石崇的下人，拿到了所谓秘籍。其实也没多么高明，煮豆粥是预先准备好了熟豆粉，韭菜末儿是把韭菜根捣碎后掺在麦苗里，而牛车跑得快，是司机技术好，对牛不加控制，让它撒开欢儿跑就完了。王恺知道后如法炮制，石崇失了优势，恼火异常，一追到底，竟然因为这么点破事将泄密的人给杀了！

据《世说新语》的一则消息：石崇每次请客，总要把他训练好的绝色女子们悉数派上用场，任务是给客人敬酒。他在金谷园有个酒令，做不出诗罚酒三斗，但在这里，客人不喝酒，那奉命来敬酒的美女可就魂飞魄散了。因为石崇的家法是，直接推出去杀了！一般人看到这种情况，就算不胜酒力，也得喝下去，比如后来成为东晋名相的王导就勉为其难，喝得大醉。但王导的堂兄王敦却是个桀骜不驯的家伙，偏不喝，连着来了三个美女都没用，他就要看看你石崇真会杀美女吗？石崇果真"霸气"，下令将美女全部拖出去砍了！但王敦依然表示不喝，王导觉得这太过分了！就劝王敦不过是喝个酒吗？何必如此？王敦却轻描淡写地说："自杀伊家人，何预卿事！"——他杀他自己家里的人，跟咱们有什么关系！难怪这家伙后来要造反。

一个是心如蛇蝎，一个心如铁石，这样视人命为草芥的人必然不得好死，后来，石崇被夷灭三族，王敦则被剖棺戮尸。

取死之道四：暴殄天物，骄奢淫逸

石崇后期经营出一个庞大的产业帝国，他的庄园里仅大型水碓就有

三十多个，拥有肥沃土地数千亩，财富自然滚滚而来。

石崇家的茅厕都极尽奢华，朝中有一位重臣刘寔，出身寒苦，这天来访。谈着谈着一时内急，就去了一趟厕所。结果这个厕所上得他眼花缭乱，里面不仅有大蚊帐、垫子、褥子等极为豪侈，还有各种稀有香水和香膏供客人洗手，更让他难堪的是，出来的时候有一众美女捧着香袋伺候，还要为他换一身新衣服。刘寔招架不住，脱身而走，回来对石崇说：我是不是进了你的内室？石崇摇头，那就是供客人使用的厕所而已。

石崇和王恺斗富的高潮是在晋武帝助阵之后。武帝看到舅舅在石崇的面前连连吃瘪，就想帮他扳回一阵，便把宫里收藏的一株两尺多高的珊瑚树赐给王恺，让他去石崇的面前好好显摆显摆。

结果石崇来了，看了看，微微一笑，竟然用手中拿着的铁如意直接把珊瑚树打个粉碎。

王恺大惊，石崇却说："不足恨，今还卿。"——别那么紧张，不就是棵珊瑚树嘛，还你就是了！

他转身命令手下搬来了一堆珊瑚树，高达三尺四尺、光彩夺目的就有六七棵，王恺也只有苦笑而已。

古人有言：天道忌盈，事情别做得太满。石崇穷奢极欲，丝毫不知内敛，"不生内变，必召外忧"。

结局：死得糊涂

《晋书·卷三十三·列传第三》："初，崇家稻米饭在地，经宿皆化为螺，时人以为族灭之应。"

公元 300 年，石崇的"外忧"果然来敲门了。

表面的起因是赵王司马伦发动政变后，诛杀贾后等人，石崇的靠山贾谧也被杀。司马伦的党羽孙秀索要石崇的爱妾绿珠，绿珠美艳而善吹笛，石崇一向宠爱有加，当然不肯应命。孙秀恼怒之下，劝司马伦杀掉他。

那天，石崇和绿珠正在楼上宴饮。看到收捕他的甲士们蜂拥而来，对绿珠说："我今为尔得罪。"

看问题确实很浅薄，竟然归罪于女人，根本没想想自己是如何恶贯满盈，即使没有绿珠他也难逃此劫。

让人敬佩的倒是绿珠，她大大方方地说："当效死于官前。"——既然是为我，那我就死给你看，于是"自投于楼下而死"。

石崇的无耻在于绿珠跳楼时他并不知道自己会被拉到东市砍头，以为只不过是被流放到南方的烟瘴之地，但他当时并没有阻止绿珠的自杀。所以两人的关系只是自私占有，上升不到爱情的高度，绿珠用生命维护了石崇的面子。

五十二岁的石崇把全家都推向了刑场。可惜他到死都没想明白自己因何而死，他叹息"奴辈利吾家财。"——以为人家是看上了他的财产，结果旁边的一个小兵一句话就怼得他哑口无言："知财致害，何不早散之？"——您也知道财产是祸害，为什么不及早散掉呢？

个人感言：有一个词叫"天妒英才"，一些满腹锦绣文章的才子年纪轻轻就没了，人们总觉得是被老天收走了。其实石崇也很有才，诗赋都很拿得出手，但他的死则纯属咎由自取。还有人替他开脱，说他是自污以自保，呵！这个观点笔者简直不敢苟同，觉得连那个小兵的水平都不如，穷欲、炫富可以糊弄朝廷，但抢劫、杀人可以蒙蔽老天吗？

参考书籍

《晋书》《魏氏春秋》《世说新语》《两晋南北朝史》

最帅的人也是最痛苦的人，潘安的名字貌似内涵讽刺？

"貌似潘安，情如宋玉，才比子建。"这应该是自古以来中国男人的最高理想了吧？长相、真情、才气都有了，"好看的皮囊"高配"有趣的灵魂"，这样的男人在世界上俯仰盘桓一世，岂不如意风流快活？然而事实并非如此，仔细翻阅有关潘安的史书记载，才发现这个大帅哥、大情圣、大才子其实活得很虚伪、很分裂、很失败，最帅的人正是最痛苦的人。

别的不说，就单从他这个名字来看，也含着极大的贬义，后世人只要提及一次"潘安"，他在九泉之下都得抽搐一下，那其中又藏着什么古老的梗呢？

潘安原不叫潘安，本名潘岳，字安仁。后世人为什么把那个"仁"丢了？有两种说法：一是源于唐代诗人杜甫《花底》诗句："恐是潘安县，堪留卫玠车。"原为诗律工稳，"岳"与"玠"两个仄字，失对，故杜甫取其字中的一个"安"字来替代，后人因袭，潘安渐渐比潘岳名气都大了。二是后世人认为，潘岳字安仁，但他的德行操守实在配不上"仁"字，因此将他的这个字取缔了，乃有潘安之名，其中当然含有极大的讽刺成分。

笔者重申这种说法似乎打碎了一块美玉，有焚琴煮鹤之嫌，与潘安一直以来给大家所留的形象不太符合，说帅，他有"掷果盈车"的辉煌历史；说情，他有"潘杨之好"的缠绵传说；说才，他有"潘才如江"的盛誉，

但这些都只是他光鲜的一面。张爱玲在《天才梦》写过很著名的句子："生命是一袭华美的袍，爬满了蚤子。"潘安这样的天才确如华丽的长袍，当然笔者也不是只想把它翻过来，给大家展示里面的蚤子，他是一个活生生的人，充满了矛盾，他的分裂和扭曲体现在以下四点：

这一面遁迹世外，那一面望尘而拜

潘安在他的《秋兴赋》里这样写道：

"逍遥乎山川之阿，放旷乎人间之世。优哉游哉，聊以卒岁。"

意思是想在青山绿水间逍遥自在，狂放任性地游戏人世，悠闲自得地四处溜达，就那么一年又一年过日子吧。他的笔下很是闲适，像是要隐迹于云林，但实际是发发牢骚而已。据《晋书·潘岳传》，当时他三十二岁，已经出道十余年，文章扬名于世，却被别人嫉妒，一直得不到重用，乃被"出为河阳令"。他自以为有经天纬地的才能，哪能想到不得不在一个小县里盘曲着，"郁郁不得志"，只能暂时寄兴于山水之间。到他五十岁，因为母亲生病又辞了官，当然也不是什么大官，只是个"博士"。回到家乡的他又心灰意懒，于是写了《闲居赋》，表达了他要归隐田园的意念："仰众妙而绝思，终优游以养拙。"

知天命之年，似乎是厌倦了官场的尔虞我诈，归隐写出了很高冷的范儿，谁知当他再看到权贵时，竟然低到了尘土里。

就在同年，他又跑到京城，投到了权臣贾谧的门下。这个贾谧是皇后贾南风的侄儿，当时权倾朝野。据《晋书·潘岳传》："岳性轻躁，趋势利，与石崇等谄事贾谧，每候其出，与崇辄望尘而拜。"为了追名逐利，性格轻薄浮躁的他几乎到了不顾廉耻的地步，每次只要看到贾谧出来，潘安和石崇二人就望着尘土下拜，奴颜婢膝谄事权贵，为人耻笑。

潘安"朝扣富儿门，暮随肥马尘"这些事当然也传到了老母亲的耳朵里，老人还是很有见识的，几次教育他，人要知足，不要那么不择手段地钻营。潘安倒是个孝子，母亲发话也唯唯诺诺，但转过脸，依然我行我素，"终不能改"。

于是，元好问《论诗绝句》讽刺他说：

"心画心声总失真，文章宁复见为人！

高情千古《闲居赋》，争信安仁拜路尘。"

意思是说一套，做一套，潘安是一个"失真"的双面人。

这一面弘道崇德，那一面助纣为虐

如何立身处世，潘安言不由衷，如何养身修德，潘安也文不对心。

在《闲居赋》中，他写得冠冕堂皇："是以资忠履信以进德，修辞立诚以居业。"意思是我要忠贞不渝地履信行义，以此来提高自己的道德修养，文章也要写出自己的真心诚意，才能澡雪精神，谋求生存发展。在《答挚虞新婚箴》中，他也谦虚地写道："女实存色，男实存德。德居正色，色在不惑。"——女子借以立身的是美色，男子借以立世的是美德。男子的美德贵在存心正大，笃厚恭谨，女子的美色贵在端庄得体，不媚不娇。

写作的时候他俨然端坐在道德高地上，侃侃而谈。但实际行动的时候，他的做法却让人大跌眼镜。

晋武帝司马炎的儿子司马衷有点智障，晋武帝给他娶了一个又黑又丑

的皇后贾南风，是开国功臣贾充的女儿，晋武帝对她的评价是"种妒而少子，丑而短黑"。"少子"的意思是她和司马衷共生了四个女儿，不会生儿子。后来立了惠帝司马衷的另一个儿子司马遹当太子，贾南风当然不干，她得弄死这个太子。

元康九年十二月，贾南风诈称惠帝有病，骗来太子觐见，又命人上酒，以皇帝所赐为由，让太子全部喝了。然后由潘安用草书撰写一文，看起来颇似祈祷之语，太子醉后不知，照样书写，其中有"陛下宜自了，不自了，吾当入了之。中宫又宜速自了，不了，吾当手了之。"晋惠帝看到太子要收拾他，大怒，太子于是被废。

《晋书》记载："构潜怀之文，岳之辞也。"这事虽然贾南风是主谋元凶，但潘安与她沆瀣一气，构陷太子，为虎作伥。所以明末大儒王夫之对他简直是破口大骂："潘岳之流，皆寡廉鲜耻贪冒骄奢之鄙夫……潘岳之死，自贼者也。""自贼"就是自己作死的。

这一面悼念亡妻，那一面整顿另娶

潘安的小名叫"檀郎""檀奴"。一直以来，大家都认为他对爱情是专一的，这样的一位超级美男不花心，对结发妻子一往情深，忠贞不渝很难得，史称"潘杨之好"。后来妻子离世，他就不再娶。简直就是女性心目中最完美的情人或夫君形象代言人，而"檀郎""檀奴"也演变成夫君、心上人或如意情郎的代名词。

潘安作品中，有三首《悼亡诗》，开悼亡诗作之先河，是他的名作。他12岁与杨氏定亲，婚后共同生活二十多年，妻子亡故后，潘安对她念念不忘，通过他的诗作寄托了无限哀思。

"望庐思其人，入室想所历；

帏屏无髣髴，翰墨有余迹。

……

如彼翰林鸟，双栖一朝只。

如彼游川鱼，比目中路析。"

凄凄惨惨戚戚，将夫妻间的真挚情感表达得淋漓尽致，深受唐朝诗人李商隐的推崇：

"只有安仁能作诔，何曾宋玉解招魂。"

既然诗写得如此伤悲，如此缠绵悱恻，他如果真没有再婚，不管他政治上如何幼稚、如何趋炎附势，但他毕竟有真性情的一面，然而可惜，笔者再三研读他和挚虞的信，可以遗憾地告诉大家，他再婚了。

直接上证据：挚虞是潘安的一位朋友，曾经也是贾谧那个"金谷二十四友"圈子中的一员，他在给潘安的《新婚箴》中写道："结发之丽，不同偕老。既纳新配，内芬外藻。"意思很明显，说潘安的前妻没能白头偕老，现在又娶了新人，新的生活又开始了。而潘岳在《答新婚箴》中也有过回应和认可："女无二归，男有再聘。""新旧兼弘，义申理得。"他坦然承认自己是再娶了，但这是合乎礼法的。其实没人说他不能再娶，何况前妻也没有留下儿子，但是根据时间推算，潘安再娶应该是在298年至300年之间，也就是说，他一边在深切地悼念亡人，一边已经张罗着另娶新欢了。

也有观点认为，挚虞的信是潘安与杨氏初婚的时候写的，不光是内容上说不通，两个人初入仕途时认不认识都难说，怎么会写出这么老气横秋的劝诫之语？

这一面辞官奉母，那一面祸及三族

当然潘安除了长得帅、有才之外，还有一个很大的优点，就是孝顺。

北宋之前《二十四孝》里有一则孝子故事名为"辞官奉母"，说的正是潘安。

晋武帝时，潘安出任河阳县令，当时父亲已去世，他就把母亲接到任所朝夕侍奉。

潘安结合当地地理环境，带领全县人民栽种桃树，年复一年，桃树成林成片。每年初春，花开一县，灿若云锦，他总是亲自搀扶母亲赏花游乐。李白《赠崔秋浦三首》中曾经用过潘安的典故：

"河阳花作县，秋浦玉为人。

地逐名贤好，风随惠化村。"

后来，母亲染病，思归故里。潘岳即辞官奉母回乡。回去后，母病痊愈，他耕田种菜以奉养老母亲，还喂了一群羊，每天挤奶给母亲喝。在他精心照顾下，母亲安度晚年。

《二十四孝》是唐宋时在民间流传的文本，与正史中的记载不太吻合。比如潘安任河阳令之后先是进京当官，后来转为怀县令，再后来被调往长安做县令时，才因母病辞官奉养。

可最令人唏嘘的是，这样的一个大孝子，七十多岁的老母亲却因他而死。

潘安曾参与谋划废立太子，被定"谋反罪"，诛灭三族，连他的老母亲都没有放过，一同押赴刑场处决。行刑当日，潘安看到刑场上的母亲，大哭不止："负阿母、负阿母……"——娘啊，是不孝儿子把您给害了！

可一切都太迟了。当年他的父亲在地方为官，手下有一位叫孙秀的人，谄媚狡黠。潘安看不惯，不光骂他，有时候还会拿着鞭子抽打。母亲常劝他不要欺负下人，潘安从没当回事。哪里知道风水轮流转，后来孙秀官至中书令，当然是要置他于死地而后快。

后来，宋人郭居敬重新校订《二十四孝》，因为潘安在政治上无操守导致夷灭三族，连七十余岁的高堂老母也未能幸免于难，虽孝，却有伤母之嫌，不足以列入，故把他从《二十四孝》中删去，替代他的是宋代孝子朱寿昌弃官寻母的故事。

综上所述，潘安，不，潘岳行节有亏，确属当不起一个"仁"字。

天才神童，初看是上天的格外垂青，看完他的人生经历才发现，后天因素也至关重要。吁！红颜薄命，才子运穷，在这里又一次被无情地验证。

✱ 参考书籍

《晋书》《两晋南北朝史》《全唐诗》《世说新语》《晋文》

根据古籍还原——鸩鸟究竟是怎样的剧毒鸟?

在《晋书》里发现一个很奇怪的情节:巨富石崇担任荆州刺史时,捕获过一只小鸩鸟,派人辛辛苦苦地运到京师,送给了他后来斗富的劲敌——后军将军王恺。可他没想到这事竟然引起了执法部门的注意,廷尉傅祇参了他一本。当时武帝已崩,惠帝没有深究石崇的责任,却命令兵士将那只小鸟在大街上当众烧死!

一只小鸟为什么会遭此噩运?犯得着如此兴师动众吗?

查了一下,晋朝曾经有过明令,严禁鸩鸟过江!石崇确实属于不知法而违法,没被追责可以叹一声侥幸。

可这不过是一只小鸟,至于上升到立法的高度吗?

如果您也这么认为,是仅意识到了它是一只鸟、一个生灵,而忽略了前面的"鸩",仔细看看这个字,您就不能不倒吸一口冷气,一些跟它有关的词语都触目惊心:鸩弑、赐鸩、饮鸩止渴、宴安鸩毒、惧鸩忍渴等,似乎它一出现就跟死字离得不远了。

石崇事件发生在290年。六十年后,东晋升平年间,有一武官叫王饶,官职是伙(cì)飞督,归右卫将军管辖,负责皇帝的保卫工作。他不知道怎么也弄到一只鸩鸟,还专门奉献给了晋穆帝,本想拍个马屁,哪想到皇帝大怒,"鞭之二百",整整被抽了二百鞭子,无知的王饶能不能活下来不知道，只知道那只鸟不能活，被当众烧死在京城的十字路口。

皇帝为什么闻鸩色变，对这么个小鸟如此恐惧？必置之死地而后快，是不是小题大做？

从情理上来说，也不是。因为在皇帝的认知里，这种鸟极毒，可以杀人于无形，处于宫斗漩涡中心的皇帝怎能不怕？

那么鸩鸟是如何杀人的呢？

《山海经》中郭璞云："鸩大如雕，紫绿色，长颈赤喙，食蝮蛇之头，雄名运日，雌名阴谐也。"

《汉书·高五王传》记载："太后怒，乃令人酌两卮鸩酒置前，令齐王为寿。"大意是汉惠帝二年，齐王刘肥入朝，惠帝对其礼遇有加，吕后不满，就想用鸩酒害死他。下面有颜师古的注，引用应劭的话："鸩鸟黑身赤目，食蝮蛇野葛，以其羽画（划）酒中，饮之立死。"

总结以上两处记载，不仅可以知道这种鸟的外形大小、羽毛颜色、主要食物，还知道它是怎么毒死人的，只需拔一根翅膀上的毛在酒中轻轻一划，喝了酒的人就会立刻倒地身亡。

李时珍在《本草纲目》里也承认了这个说法："其毛有大毒，入五脏，烂杀人。"

《史记》记载，秦朝权倾天下的吕不韦失势之后，全家被流放到蜀郡，自感日暮途穷，不如一死了之，"乃饮鸩而死"。这说明至少在两千多年以前，中国人就已经熟练地掌握用鸩制毒的方法了。

可一样是死，吕不韦为什么选择喝鸩酒？

"杀人于无形"，指的是被羽毛划过的酒无异色、无异味，喝酒的人根本看不出来，这也是皇帝怕它的主要原因，故而见一只杀一只，绝不手软。

而主动选择喝鸩酒的人则是想在死时少受五大离散的痛苦。据《辨证录·中毒门》："人有饮吞鸩酒，白眼朝天，身发寒颤，忽忽不知如大醉之状，心中明白但不能语言，至眼闭即死。"

喝了鸩酒之后的临床反应：先是翻了白眼，然后全身打寒战，接着就像大醉了一样，身体酥软，此时心里什么都清楚，却说不出话，一会儿眼睛一闭就宣告结束了。鸩酒下肚之后，顷刻间五脏俱溃，关键是能够麻木神经，让人无痛而死。

这应该是聪明人吕不韦的选择，也是历朝君主为了体现"善良人性"，才将其作为赐死大臣的上品。

还有传说，鸩鸟在水中洗浴，其水即有毒，被称为"文血浆"，人若误饮，即中毒而死，用它洗手则手上骨肉尽碎。还有更恐怖诡异的描述，不知是出于想象还是真有人见过，饮过鸩酒的人，吐出的鲜血凝结以后，会显现优美的纹理。

那鸩鸟为什么这么毒？

《朝野佥载》记载，"鸩鸟食水之处，即有犀牛，犀牛不濯角其水，物食之必死。为鸩食蛇之故。"

犀牛果然有灵犀，鸩鸟饮过水的地方，它都不肯在那里洗自己的角。凡生物喝了这水就难逃一死，而追究下去，是鸩鸟吃毒蛇的缘故。

唐代律法中对鸩毒的来历也有提及。《唐律疏议》附录《唐律释文》中说："鸩，鸟名也。此鸟能食蛇，故聚诸毒在其身，如将此鸟之翅搅酒，饮此酒者必死，故名此酒为鸩浆。"

这两种记载与《山海经》和《汉书》一脉相承，说鸩鸟身上的剧毒来自它的食物——蛇，不是一般的毒蛇，是蝮蛇，而且吃的是蝮蛇的头，如此天长日久，则毒性就累积在身体中。

很明显，问题又来了：鸩鸟为什么没把自己毒死？

有人解释，除了毒蛇，鸩鸟还喜食一种名叫皮茄的浆果，应该是皮茄有解毒的功用，故而保护了它。

这样的说法可以姑妄听之，包括鸩鸟的毒为什么会渗到羽毛上的问题，都没有合理的解释，随着鸩鸟的绝迹，只能暂且存疑。

曾经有人怀疑鸩鸟只是一种传说中的鸟类。个人认为，它一定存在过，只是因为奇货可居，人类便不断索取，直到最后成为"吉光片羽"，鸿飞冥冥。

除了前文中所说正史中言之凿凿的记录，到北宋仁宗至和（公元1054—1056年）年间，仍然有关于鸩鸟的消息。据《宋朝事实类苑·卷六一·风俗杂志》：有北方人去邕州（今广西南宁市）做官，宿于近城驿站。早晨听到有敲击腰鼓的声音，殊为不解，驿卒告诉他，这是鸩鸟寻找毒蛇时发出的鸣声。

仁宗时期的诗人梅尧臣也曾有一篇名为《语鸩》的作品：

"客语南方鸩，啄蛇掀巨石。

遂令山中人，多窃禹步迹。

谁云不可转，乌啄犹能掷。"

这首诗有两个很难解的地方，一个是"禹步"，当年大禹在南海之滨观察到鸩鸟踩着那样玄妙的步法，扇动翅膀"能令大石翻动"，正像梅尧臣所写的"掀巨石"。大禹就模仿了它的步法，也有了翻动大石的能力，后人称之为"禹步"，后来就发展为道教的罡步。

据《尔雅翼》记载，曾经还有人入山见过鸩鸟的步法，也学会了，回来给正在织布的老婆演示了一下，结果织布机当时就翻了。如此神奇的"禹步"到底是怎样的走法？葛洪《抱朴子·卷十六·登涉》篇中有介绍，感兴趣不妨移步往观。

另一个是"乌啄"，资料中介绍就是轭——牛马等运物时架在脖子上的器具，似乎毫无关联。但结合上下文来理解，山中的猎人为了能够捕获鸩鸟，不得不铤而走险，悄悄跟在后面伺机出手。虽然九死一生，但他们也有侥幸的机会，就是靠这个"乌啄"，将它投掷出去，是否可以理解为破解"禹步"的法器？

天知道。这种玄幻的东西太让人头疼了，还是看点与鸩鸟相关的有趣段子。

第一个叫："买鸩投江"。

据《尸子》记载：巫马其作为荆王的使者出访巴国，途中碰到一个挑担的人，他问挑的是什么？干啥用的？那人回答："是鸩酒，用来给人下毒的。"巫马其就把那毒酒全部买下，当时带的钱不够，便把随行的车马也押上了。毒酒到手，巫马其当即就把它全部倾倒到江里去了。这个仁者仁心的故事广为流传。

第二个是："罢棋饮鸩"。

南北朝时，南朝宋有一位重臣名王彧，乃东晋太傅王导的五世孙，出身著名的琅琊王氏。这一天，宋明帝派人拿着诏书和鸩酒登门，王彧正在跟客人下围棋，看过诏书，他若无其事地压在棋枰底下，面不改色继续对弈。一局罢，计算胜负子数，把棋子收入棋奁后，他才拿起诏书对客人说："我被皇上赐死了……"客人面如土色。王彧从容地写好呈给皇帝的谢表，交使者，然后接过鸩酒，向客人道："这酒可不能敬朋友同饮了。"说完一饮而尽。

宋代之后，鸩毒还在沿用，元、明、清三朝依然有零星记载，鸩鸟还在干着杀人的勾当。

因毒而生，因毒而亡。鸩鸟终于还是绝迹了，我们只能想象：

在晦暗的天幕下，它艳丽的翅膀划出令人丧魂落魄的轨迹；不寒而栗的鼓鸣声响起，山石乱滚，群蛇纷纷逃避……

✲ 参考书籍

《晋书》《朝野佥载》《史记》《山海经》《汉书》《本草纲目》《尸子》《南史》《两晋南北朝史》《尔雅翼》《宋朝事实类苑》《唐律疏议》《辨证录》

"劫富济贫"的裴氏宰相，被顾恺之多画了三根胡子

说到山西运城市闻喜县的裴柏村，知道的人也许并不多，但要说到"中华宰相村"，那是鼎鼎有名，世居于此的裴氏家族不仅是三晋望族，更是显赫的华夏名门巨族。

史料记载："自秦汉以来，历六朝而盛，至隋唐而盛极，五代以后，余芳犹存，在上下二千年间，豪杰俊迈，名卿贤相，摩肩接踵，辉耀前史，茂郁如林，代有伟人，彪炳史册。"

意思是说，自秦汉以来的两千多年间，裴家人物冠盖之盛，德业文章之隆，在中外历史上的大家族中都罕有其匹。如有不服，且看以下数据：裴家在正史立传或载列者，六百余人；名垂后世者，不下千余人；七品以上官员，三千余人；在上下两千余年间，先后出过宰相五十九人，大将军五十九人。这样的一张族谱列出来，叫"中华宰相村"都有点委屈，因为在很多时候，大将军的品秩还在宰相之上。

今天要说的主人公裴楷（字叔则）曾经官至西晋中书令（《通典·卷十九》：魏改丞相为司徒，而文帝复置中书监、令，并掌机密，自是中书多为枢机之任，亦宰相也），加侍中，身居要职，也是宰辅重臣。

裴家起家大致在东汉末年，裴茂官至尚书令，端的是紫衣金带的卿相。他的儿子裴徽出任曹魏的冀州刺史，而裴徽的儿子就是被称为"中州名士"

的裴楷先生了。

本文不是为裴楷公立传，不提他从小就颖悟过人，精通《老子》《易经》，也不说他曾经参与制定《晋律》，只说几件很有意思的事。

一、论长相，他帅出天际

有看官说，长得帅有意思吗？当然，帅和帅不一样。也有人说，魏晋时期帅哥辈出，著名的如潘安、嵇康、卫玠等，似乎也轮不到裴楷吧？十几年前，笔者曾经做过一篇《中国古代男神排行榜》，其中推裴楷居第四位，西晋时人对他的评价是："见裴叔则如近玉山，映照人也。"

一般人长得好，修养也好，大家赞个谦谦君子，温润如玉，只是拿玉打个比喻而已，而裴楷不仅是"玉人"，更像一座"玉山"，走到他的近前，就会被他的光芒照耀，这可就不是一般的帅哥所能达到的层次了。除了天生条件好之外，一定有学识内化于心，兼有气度外化于行。一般情况下，老天都是吝啬的，才、貌、寿不可得兼，但裴楷却得天之厚爱。《世说新语·容止·第十四》："裴令公有俊容仪，脱冠冕，粗服乱头皆好。"这是说，在那个人人爱美、爱化妆的时代，颜值高到他这种程度，外在的服饰冠冕都可有可无，就算他素面朝天走出来，依然能倾倒一大片。

普通老百姓经常盲目跟风，好像鉴别力差一些，出身琅琊王氏的王衍本也是超级大帅哥一枚，被同族的王戎赞叹为"瑶林琼树，自然是风尘外物"，二人相见之后，王衍由衷叹服，感慨是："双眸闪闪，若岩下电"，是说裴楷神清目秀；又说："见裴令公精明朗然，笼盖人上，非凡识也。"是说不仅仅表谈吐远在众人之上，其器识也含潘度陆，非同凡响。

二、论为人，他耿直如戟

参与灭蜀的魏国司徒钟会为人一般，倒有识人之明，他高度认可裴楷，评价是："裴楷清通，王戎简要。"并举荐过他。从这点来看，裴楷不像嵇康那样棱角分明，与钟会这样的人也能和平共处。

事实是钟会的举荐不错。在攻灭吴国一统天下之后，司马炎也雄心勃勃，想开拓一番盛世，每次与公卿大臣们坐而论道，探讨的都是施政方略。裴楷总是侃侃而谈，讲三皇五帝的先进经验，也讲汉魏盛衰的前车之鉴。既能针砭时弊，又能规劝皇帝，一众大臣都心悦诚服。

有一次，司马炎自信满满地说："我也是应天顺时的帝王，鼎新革故，治下也是四海升平，大家说说，我跟上古的贤君相比如何？"裴楷当时与山涛、和峤在朝中都德高望重，他们还没说话，裴楷就直愣愣地回答："陛下也算是一代明君，但肯定不能与尧舜相比哦！"晋武帝心里不痛快，还不能表现出来，追问一句何以见得？裴楷直言不讳地说："因为朝中有贾充这样的人在！"

这话倒也没有直接打皇帝的脸，言外之意也很清楚，您本来可以成为尧舜之君，但误用了贾充这样的人，所以影响了您的成就啊！陛下应该大开正道之门，征用天下贤才，不能让人看出您有私心啊！

贾充是司马炎的宠臣，当时是车骑将军加尚书令，气焰熏天，心狠手辣，连前皇帝都敢杀，裴楷的胆魄由此可见一斑。

好在司马炎大度，同时任恺、庾纯等重臣也进言请皇上摒斥贾充，他听进去了，准备让贾充出任关中都督，远离中枢。谁知道贾充江湖救急，玩了花招，把自己的丑女儿贾南风进献给太子，又站稳了脚跟。

三、说行事，他异乎常人

梁王和赵王都是皇室近亲，封地富庶，烜赫一时。有意思的是，裴楷每年都来向两位王爷借钱，且金额巨大，一张口动辄就是几百万。借到钱后，裴楷并不是自己用，而是都拿去救济贫寒的亲戚故友，还有一说是资助了那些皇室的穷亲戚，反正裴楷的钱是有借没还。当时有人笑他："好你个裴叔则，怎么能骗钱行惠呢？"裴楷也不在意，还振振有词地说："损有余以补不足，天之道也。我这是在劫富济贫啊。"好在梁王和赵王还都有点雅量，并不跟他真计较。

杨骏，东汉太尉杨震之后、武帝司马炎的岳父，一度大权独揽，唯我独尊。裴楷的儿子裴瓒也娶了杨骏的女儿，两人结了亲家。裴楷向来看不起他的这位亲家公，并不怎么来往，但杨骏在291年被晋惠帝的皇后贾南风诛杀时，却株连到他。

当时，裴楷被收捕入狱。事发突然，贾南风出手狠毒，不少人身首异处，被关押的人都惶惶不可终日。

裴楷面临劫难，神色不变，举动如常。他要来纸笔一一与亲戚故旧写信，从容诀别，把后事安排得井井有条。

也许是吉人自有天相，在侍中傅祗的保举下裴楷幸免于难。

东晋大画家顾恺之有"三绝"的美誉，指画绝、文绝和痴绝，是中国传统绘画的奠基人之一。他比裴公晚生了一百来年，但对其非常仰慕，曾经专门为裴公画过一幅像，画好之后，琢磨再三，在脸颊上添了三根胡子。

这就跟别人画的裴公明显有了出入，顾恺之解释说："画像意在传神，裴楷俊逸爽朗，很有才识，这三根胡子恰恰能表现他的超凡脱俗。"别人再对着画寻思，觉得加上三根胡子确实更有气度和神韵。可惜这幅作品没

有流传下来，我们无福得见。

对于裴楷这样的人，长得帅不足道，关键是有见识，有见识的人当然也很多，可贵的是他还有所作为，能为天下生民谋点福利，则善莫大焉，这是个人推崇他的原因。

裴家何以能出这么多的优秀人才，公侯将相世代冠缨不绝？

且看裴氏家风："重教守训，崇文尚武，德业并举，廉洁自律。"

把教育放在首位应该是决定性的因素，裴氏曾有家规，子孙考不中秀才者，不准进入宗祠大门。还有一条近乎严苛的裴氏家规，有劣迹的官员死了不能进祖坟。

一条为了子孙的出身，有尊严地开场；一条为了子孙的名节，有体面地谢幕。

裴氏先人的深谋远虑，不能不令人高山仰止。

❋ 参考书籍

《晋书》《资治通鉴》《魏书》《世说新语》《魏晋南北朝史》《魏晋世语》《山右石刻丛编》

胡马北风

贰

神州陆沉，中原濡血群魔舞

衣冠虽汉，腥膻万里犹如雾

看看人家大汉朝的影响，匈奴贵族以姓"刘"为荣？

汉高祖刘邦恐怕想不到，经他一手缔造的大汉，有那么旺的香火！

西汉享国二百一十年，被王莽捣乱，差点就正式歇菜了。但后代里有豪杰，刘邦的九世孙长沙定王刘发的后裔刘秀异军突起，轰轰烈烈地把王莽篡立的新朝打得一败涂地，承继了汉朝的宗祧，建立东汉。

差不多二百年后，汉室衰微，天下又大乱，曹氏家族乘势而上，把刘家子弟逼得退了位。原以为大汉就此止步了，没想到中山靖王刘胜的后人刘备不服，艰苦卓绝，他在巴蜀之地又打出了一片新天地，与曹魏、孙吴鼎足而立，国号仍然为"汉"，宣布"嗣武二祖"，声明这里继承的正是刘邦和刘秀的衣钵，后世称之为"蜀汉"。

后来，刘备那不争气的儿子刘禅光着膀子投降，本以为汉朝至此该是寿终正寝了，但是且慢，就在蜀汉灭亡的四十余年后，又有一位刘姓子孙正式称帝，再次打出了鲜明旗帜，立的国号依然是"汉"！

这位皇帝算是刘氏的哪一宗哪一脉？呵！没人能说清楚，追究其出身，竟然出自匈奴贵族，可一个匈奴人怎么会姓了刘？

您别以为是笑话，当皇帝他是认真的，不光立国号为"汉"，还尊汉高祖刘邦、光武帝刘秀、蜀汉昭烈帝刘备为"三祖"，文帝刘恒、武帝刘彻、宣帝刘询、明帝刘庄、章帝刘炟为"五宗"，正式进行祭祀大典，甚至连

刚死了三十多年的后主刘禅也没落下，追尊其为孝怀皇帝。从这一番架势看，他是要认祖归宗，光明正大地继承老刘家的香火了。

这位匈奴人姓刘名渊，公元304年，他在左国城（今山西离石）——自称汉王。四年之后，刘渊正式称帝，改年号为永凤，当年迁都到平阳（今山西临汾）。当时有人从汾水中捞出来一块玉玺，上书"有新保之"，没准是王莽的玉玺，刘渊认为是好兆头，特地改年号为河瑞。

称了帝，定了都，有了玉玺和年号，刘渊可就是正式的皇帝了。"十六国"的第一个政权，就这样粉墨登场。但疑问也明显存在，他一个匈奴人，本来姓的是挛鞮氏，怎么就硬要蹭人家老刘家的光芒呢？他这个大"汉"是不是有山寨版的嫌疑？

要说和大汉朝一点关系没有，纯粹给自己脸上贴金似乎也不对。刘渊和他的那些刘姓亲戚兄弟都振振有词，他们确实是刘氏的宗亲，还有一定的血缘关系！

笔者查来查去，不能否定刘渊的说法，他的依据如下：

这事一杆子要支到刘邦的身上，当年汉朝刚刚建立时，他曾经被匈奴的冒顿单于率大军包围在白登山，史称"白登之围"。整整困了七天七夜，刘邦用了陈平的计谋才侥幸逃出生天。为了休养生息，刘邦决定与匈奴和亲，从宗室女子中选出一人嫁给了冒顿单于，两人还相约为兄弟。

这位和亲公主嫁到匈奴后生了个儿子，名叫稽粥（jī yù），冒顿死后他当了家，被称为老上单于，刘渊就属于稽粥传下来的一支。在匈奴的传统里，后代跟母亲的姓氏，那这位宗室的小公主毕竟也是姓刘的，所以她的儿子以刘为姓也说得过去。

到了东汉后期，南匈奴内附于朝廷，单于于扶罗之子挛鞮豹曾经居留汉地。就是在从他开始，正式启用了刘姓，他自称为刘豹，一方面是自己的那个匈奴姓太复杂偏僻，另一方面也是想跟大汉套点近乎。后来刘豹接任左贤王，执掌匈奴左部，他的儿子就是大名鼎鼎的刘渊。

据《晋书》记载："魏武分其众为五部，以豹为左部帅，其余部帅皆以刘氏为之。"在曹操那个时代，统率匈奴五部的头领就都是姓刘的。如此来看，刘姓应当是匈奴贵族中的第一大姓，刘渊称帝时，手下重臣多数姓刘，比如丞相是刘宣、大司徒是刘欢乐、太尉是刘宏、卫尉是刘锐，由此也可以看出他们汉化的程度。

说到汉化，刘渊几乎和汉人没什么差别，从小就仰慕中原文明，酷爱读书，遍习儒家典籍。他生得高大伟岸，膂力过人，武艺精熟，深得河东名流们的推重。更难得的是，此人礼贤下士，轻财重义，在匈奴族中隐然有领袖的气度。

曹魏咸熙年间（264—265 年），刘渊被作为人质，留居洛阳。此时他已经长成身高八尺四寸的大汉，须长三尺，仪表堂堂。据传，他心口上有三根红毛，长三尺六寸，更神奇的是他左手上有"渊"字纹，他爹刘豹当年就是因此以"渊"为他取名。

呵！受命于天，必生异相，匈奴人连中原政客们喜欢玩弄的这一套把戏都学到了。

"八王之乱"造成的大动荡给了刘渊机会，让他成为晋朝的掘墓人。

西晋末年，司马家的子孙们打得一塌糊涂，有人想借重刘渊在匈奴的威望，让他回去募兵助战。刘渊喜不自禁，这不是放虎归山吗？

刘渊回到左国城，立刻被五部单于公推为大单于，开始谋划他们的"兴邦复业"大计，用他堂祖父刘宣的话来说："当年咱们的先人与汉朝约为

兄弟，可现在这所谓的单于只剩下个虚名了，咱们没有尺土之地，当年的贵族后裔现在跟普通老百姓没什么两样，现在司马氏骨肉相残，朝廷危殆，这正是我们恢复祖业的天赐良机！"

想成大事，得名正才能言顺，匈奴人毕竟是少数民族，怎么才能得到中原人民的拥戴？

一番密谋之后，他们决定打起"刘"字大旗，以汉高祖刘邦的后人自居，并以恢复汉朝为名号召天下，为此，又一个"汉朝"全新出炉，史称"汉赵"。

明眼人一看，这不是拉大旗，扯虎皮吗？但人家有效果啊，很快刘渊的手下就聚拢起数万军队，占据河东全境，有了与晋朝争夺天下的本钱。

刘渊还是很有皇帝样的，他任贤纳谏，恭俭勤劳。可惜天不假年，他没能把匈奴推向强盛，一统天下，310年，正当他的儿子刘聪和侄子刘曜等人率兵攻打洛阳的时候，他病死了。

强势开张的"汉赵"也没有实现长治久安，刘渊的儿子们在他死后展开不屈不挠的窝里斗，最后被石勒的后赵消灭，"汉赵"仅仅存在了25年。

到刘曜手里，他觉得大汉已经没有什么可利用的价值，一脚踢倒了刘家的牌位，索性又拜冒顿单于为祖了。

不仅如此，即使遇到正宗的汉家传人——汉献帝刘协的山阳公家族和刘禅的安乐公家族，他锋利的战刀一点也不犹豫，几乎把他们屠杀殆尽。

但大汉朝的影响是杀不掉的，不只是这个短命的"汉赵"，再后来的后汉、北汉和南汉等还是高擎着"汉"的大旗。

❋ 参考书籍

《晋书》《魏氏春秋》《魏晋世语》《两晋南北朝史》《资治通鉴》《十六国春秋·卷一·前赵录》

论治蜀的水平，这对搭档比刘备和诸葛亮高明

对一个帝王功业成就的评价，有两个观察角度：一，从他个人出发，看是否平定内乱，一统江山，并开拓了多大的版图。这方面，秦始皇和成吉思汗是个中翘楚。如果单看这点，晋武帝司马炎比曹操、刘备和孙权玩得大；二，从百姓出发，看能否带来安定，能否带来富裕和太平，这方面，佼佼者有三皇、周文王、汉文帝、汉景帝和宋仁宗等。当然，一手能勘定战乱，一手又能开创盛世的人更了不得，这也是汉光武和唐太宗备受后人景仰的根本原因。

西晋末年，一边是"烽火照帝京"，另一边却是"乱世桃花源"。有个小朝廷用三十年的时间，开创了"路不拾遗，夜不闭户"的太平盛世。可惜持续时间不够长，而且此朝比较低调，于是，一段值得大书特书的历史淹没在浮尘之下。

当时，司马家的子孙们为了争夺皇权打得六亲不认，狼奔豕突。304年，晋惠帝带人去打司马颖，在荡阴（今河南汤阴）战败，皇上也中了三箭，脸部还受了伤，百官及侍卫作鸟兽散，然后皇上被俘。八月，安北将军王浚终于打败了司马颖，惠帝又被裹挟到了洛阳。接下来，像快递包裹似的，皇上又被司马颙手下的将军张方劫持到长安，皇宫宝藏也被洗劫一空。

自己家的江山不珍惜，内战打得"方兴未艾"，外族就趁机下手了。

匈奴人刘渊异军突起，在河东自称"汉王"，野心勃勃要逐鹿中原。其实在他之前，有一个氐族人捷足先登，已经在成都称王，建立了"大成"国。

历史上"大成"的存在感很差，大家比较陌生，因为北方的刘渊太抢镜，西晋是他们家消灭的，洛阳是他们家攻破的，皇帝也是他们家弄死的。所以"大成"的面目一直比较模糊，但笔者阅读了相关资料之后发现，这个"大成"非常难得，大有成功之道。

"大成"闷着头就建设了一个太平盛世，他的掌舵人李雄更是一位不世出的豪杰。同样是占领了蜀地，若论治国，李雄和他搭档的水平应在刘备和诸葛亮之上。笔者甚至愿意把他和唐太宗相提并论，赞叹他为后世李唐家的"贞观之治"打了个样子，这还算不得偏爱与拔高。

先简单介绍一下这位乱世英雄——李雄。

西晋末年关西一带兵连祸结，十余万百姓流落入川来讨生活，因不甘于地方官的压迫和掠夺，流民不得不揭竿而起，共推素有威望的李特为首领。李氏本是略阳（今甘肃秦安县）氐人的望族，李特英武善射，有勇有谋。常璩的《华阳国志》记载一个段子，当年入川过剑阁时他曾经笑过刘禅："有如此之地而面缚于人，岂非庸才邪！"——刘阿斗据有这样的险关而叩头纳降，还不算是个庸才吗！

李雄是李特的三儿子，据《晋书·卷一百二十一·载记第二十一》："雄身长八尺三寸，美容貌。少以烈气闻，每周旋乡里，识达之士皆器重之。"仅从"外貌协会"的角度看，此人生得高大威猛，仪表非凡，从小就被人看重。有一个叫刘化的高人，看了他的相之后说："将来关陇地区的人向南方移民，到时候李家老三会做一番大事，做一方霸主。"

刘化真没走眼，李雄开始是父亲帐下的前将军。303 年，李特被益州刺史罗尚击杀。他的叔叔李流扛起大旗，但很快病故。此时，千钧重担就落在了李雄的身上。李雄不负众望，领导流民浴血奋战，终于打跑罗尚，攻占了成都。304年他在成都称王，改元"建兴"。

306年，李雄的重要搭档隆重登场。此人姓范名长生，本是成都一带天师道的首领，出生于汉建安二十三年的他此时已经是八十八岁的高龄，比在渭水钓鱼的姜子牙还老。《资治通鉴》云："长生博学多艺能，年近百岁，蜀人奉之如神。"诸葛亮死后在小说里被封神，这位范高人在生前就被蜀人敬若神灵了。

范长生威望素著，在青城山拥有武装，且有雄厚的经济实力，在川中一呼百应。在流民起义军最困难的时候，他曾经出粮资助，帮他们转危为安。

李雄据有成都之后，认为流民政府毕竟没有根，要立得稳必须得到蜀地土著的支持，于是他恭请范长生出山。李雄诚心表示，愿迎立范长生为君，自己甘为臣下。这就不仅是十足的诚意了，这种宽广博大的胸怀也让范长生感动并钦佩。

两人合作之初，即能坦诚相见，殊为难得。

范长生并不贪恋一把手的领导权，也并不认为自己有当皇帝的命，反过来劝李雄自立为帝，自己当丞相来辅佐他。

李雄于是正式即皇帝位，立国号为"大成"，具置百官，范长生被封西山侯。

这一年李雄年方三十，一老一少齐心协力，推动新生政权走上高速发展的道路。

范长生的涉世宗旨是"清心寡欲，敬天爱民"，他给皇上进献的八字真言是："休养生息，薄赋兴教"，另有六字金玉良言是："切莫穷兵黩武"。

这些施政方针既吸纳了文景之治的成功经验，又汲取了蜀汉亡国的惨痛教训。

李雄虚心受教，执行力很强。大成国"男丁一岁谷三斛，女丁一斛五斗，疾者减半；户调绢不过数丈，棉不过数两。"这算是相当轻的赋税了。在此基础上，国家宽和政役，简刑约法，罚不妄举，刑不滥及，狱无滞囚。政治清明，老百姓才能安居乐业。

只要踏踏实实种好了庄稼，天府之国就能迅速积累财富。据《华阳国志》载：李雄执政时期，"事少役稀，民多富实"。

与此同时，"大成"建官学，兴文教，端风化，"乃至闾门不闭，路不拾遗"，民风淳厚到这种地步，在中国历史上并不多见。李雄的年号，"晏平"用了六年，"玉衡"用了二十三年，所以，笔者称之为"平衡盛世"毫不为过。

这边战乱频仍，民不聊生，那边安定祥和，歌舞升平。各地民众纷纷逃往蜀地这块"安全岛"以避乱，"大成"对远道投奔的人统统给予优待。

李雄是一位宽宏大量的明君。族人苻成和隗文一度背叛，还伤了李雄的母亲，待他们归降时，李雄宽恕他们的罪行，再次接纳，真心对待。

公元318年，百岁老者范长生在给"大成"定好盘子之后，在成都"羽化升天"。

李雄继续贯彻执行既定的方针政策。

《晋书》记载李雄"手不释卷"，好学然后知不足，故能从谏如流。

立国之初，曾经有人因进献金银珍宝而得了官职。朝臣中有一位类似于魏征的直言诤臣名杨褒，时任左仆射，他认为此事很不妥，劝谏说："陛下是一国之君，手下的官员必须是从四海之内招纳的贤才，怎么能用官位卖钱呢！"

李雄认为杨褒说得在理，诚恳地向他认错道歉。

因为一次醉酒，李雄也办了糊涂事，不光是推搡了中书令，还杖打了太官令。酒醒后，杨褒进言："天子穆穆，诸侯皇皇，各有各的威仪，身为天子，酗酒闹事，像什么样子！"

李雄虚心纳谏，从此就滴酒不沾。

国家安定，经济繁荣，人口增长是一个显性参照。

史书记载，"大成"所辖汉族人口按户编组，置左、右司隶，各领户二十余万，因此汉户的总数在四五十万之间，依据蜀汉时期平均每户为3.99人来合计，那么，其汉族总人口当在二百万人左右，这已经是三国时刘氏政权人口的一倍。此外，入川的流民总数也在十数万，益州的少数民族部落人口尚未统计在内。

三国蜀汉，以一州之力与魏吴十二州抗衡，连年对外战争，耗空了国力。尽管诸葛亮治蜀有方，奈何百姓负担沉重，无法加增租税，不得不靠货币贬值来维持，但这仍然是一种变相盘剥，饮鸩止渴，结果使得蜀中"虚用其众，刻剥众羌，劳役无已，民不堪命"。

"穷兵黩武"是刘备与诸葛亮的致命伤，所谓"恢复汉朝"只是一个招牌而已，要实现的不过是自己的政治野心，可赌掉的却是蜀中百姓的幸福安康。

玉衡二十四年（334年），六十一岁的李雄驾崩，在位共三十年。他在位，百姓跟着过了三十年的太平日子，对他而言已经算是鞠躬尽瘁，他管不了身后的事。因为接班人问题没把握好，他死后，国势迅速由盛转衰。

李雄厚道了最后一把，没想到却埋下了祸患。他的遗命是让他大哥李荡的儿子李班继位，数月后他的儿子李期出手，杀李班自立。没过几年，

他的本家叔叔李骧之子李寿冒出来，又杀了李期。李寿奢侈荒淫，嗜杀成性。他死后，其子李势继位，这更是一个贪婪残暴的主，大肆杀伐，国势更加衰弱。

347年，东晋将领桓温率兵来攻，李势战无可战，只能投降，其残余势力在349年也被晋朝扫荡干净。

李雄的国号是"成"，后来的李寿又改称为"汉"，为了避免混乱难记，咱们还是叫他"成汉"较为准确。

✱ 参考书籍

《晋书》《资治通鉴》《华阳国志》《两晋南北朝史》《魏晋世语》《晋五胡指掌》《魏书》

夸夸其谈的西晋大元帅，怎么被胡人活埋了？

西晋曾有一个天生好皮囊的人，不是那种千篇一律的貌美，苍白无识，他的灵魂也很有趣，用万里挑一不足以形容其人才出众。喜欢月旦春秋、臧否人物的名流对他的品评是：

——"如瑶林琼树，自然是风尘外物。"

——"夷甫处众中，如珠玉在瓦石间。"

这位"夷甫"先生就是拥有无数青年粉丝的王衍。此人身出名门，位居三公，是名闻四海的清谈权威。

评价不是单方面的，"竹林七贤"之一的山涛先赞叹其杰出外表道："何物老妪，生宁馨儿！"——怎样的妈妈才能生出这么人见人爱的靓仔！接着却说了一番不祥的预言："然误天下苍生者，未必非此人也。"——将来如受重用，他可能会误国误民呢！这说明山涛确实有识人之明，但他左右不了朝廷走势，等王衍出道当官的时候，他已经告别人间，归于道山了。

再看别人的评价。东晋的桓温说得更尖锐："遂使神州陆沉，百年丘墟，王夷甫诸人不得不任其责！"——西晋被灭，王衍难辞其咎。后人蔡东藩说得更直接："王衍清谈误国……吾谓实一贼子！"干脆要把他钉在国贼的耻辱柱上。

王衍出身于魏晋高门琅邪王氏，他似乎天生是个当官的命，一路从太

子舍人、黄门侍郎、中领军、尚书令、尚书仆射升任为司空，次年又任司徒，随后转任太尉兼尚书令。

当时朝野中有不少人喜欢搞个清谈，这种清谈也不是天马行空吹牛侃大山，是一撮崇尚老庄的人在坐而论道，深入讨论的是老庄哲学和周易玄理，比如本和末、有和无、动和静、一和多、体和用、言和意、自然和名教等，都是无关国计民生的"脱俗"命题，时人认为是"高雅之事，风流之举"。

宋代苏辙认为，清谈始于何晏和邓飏，阮籍父子推波助澜，而王衍的时代，天资聪慧的他成为清谈大咖、名士大掌门。个人认为，盛名之下，其实难副，他这个清谈大师也有注水的嫌疑。

据《晋书·卷四十三·列传第十三》："每捉玉柄麈尾，与手同色。义理有所不安，随即改更，世号'口中雌黄'。"

清谈的人团团坐定，摆足了神仙一样的派头，手里不断挥动一把"麈尾"。"麈"是古书上所说的一种类似于鹿的动物。您可别以为"麈尾"是可以搭在肩上的拂尘，这种"名流雅器"是在一条细长的木条两边及上端插设兽毛，或直接让兽毛垂露外面，有点像马尾松的样子。而且，麈尾也不是说其形象类似于麈的尾巴，这里用的是比喻义。古人认为麈在迁徙时，以前麈之尾为方向标志。在清谈时，发话的人挥动麈尾，那就代表着谈话的主题方向，机锋所在。

回到王衍。他的皮肤白得像玉，所以当他拿着用玉柄麈尾时，手和玉柄浑然一色。但这不代表他的水平高妙，他喜欢老庄，但在清谈的过程中经常前言不搭后语，破绽太多，别人一旦质疑，他就随口更改，不以为意，时人说他"口中雌黄"。从字面看，这个"雌黄"似乎有点喷粪的意思，其实是误解，它是一种能做颜料的黄色矿物质，古人写字多用黄纸，要是写错了可以用雌黄涂抹后再重新写。故"雌黄"并不是骂他，后世把这个成语发挥成"信口雌黄"，那就有胡说八道的意思了。

清谈对于王衍来说，是在外交活动中装门面，回了家，他不嫌累，也继续装。

王衍的妻子郭氏，是晋惠帝皇后贾南风的亲戚，刚愎贪婪，性情暴戾。王衍是当朝名士，口中从来不提"钱"字，当然也看不上郭氏这么物质的女人。郭氏很不服，想试试他究竟说不说"钱"。一天早上，王衍还睡着，郭氏让奴婢把钱连起来绕床一周。王衍醒来，看到自己被钱困住，就对奴婢说："举阿堵物却！"——来人呐！把这些堵住我的玩意儿统统拿走！

呵！这里诞生了"阿堵物"的典故，也可谓是清高的顶级演出。

永嘉五年（311年）三月，一直掌控朝廷的东海王司马越据说是被北方的羯人石勒吓死了。朝臣想了想，现在也就是王衍官大了，那得推他为元帅，统领天下兵马跟石勒较量。可王衍一听被吓坏了，连忙推辞，表示自己不是那块料，甚至说他从小就不想当官什么的。但是大家环顾一下，他还算是矮子里的将军，不依不饶，王衍顶不住众人的盛情，只能就职。呵！富贵就是如此逼人。

此时的王衍，可谓一人之下，万人之上，独掌中枢。遗憾的是，他并不以国事为重，而是在山河破碎的危局中，左右逢源，极力保全家族，并给自己想好后路。他曾经安排弟弟王澄、族弟王敦分任荆州和青州刺史，还自鸣得意地称为"狡兔三窟"，被天下有见识的人耻笑唾弃。

王衍还是很了解自己的，他根本没有力挽狂澜的能力，这位大元帅做出的最昏聩的决策不是带兵出击与石勒决战，也不是修饬城池固守待

援，而是率领众人拉着司马越的棺材要去东海国把他埋了。结果，石勒的虎狼之师很快就在苦县追上了他们，十几万晋军一心逃跑，毫无战斗力，被两万多胡人打得草木皆兵，魂飞魄散。王衍和一群司马家的皇族都当了俘虏。

王衍被后人非议最多的不是他打了败仗，而是他与石勒的会面。

石勒跟一群西晋旧臣开了一个总结座谈会。王衍还侃侃而谈，深入分析了西晋败亡的原因，说自己向来就不喜欢参与政治，多次想辞官隐退以避免祸患，其实主要是想推脱责任。说着说着，石勒火了："君名盖四海，身居重任，少壮登朝，至于白首，何得言不豫世事邪！破坏天下，正是君罪。"

"你王衍的名气最大，官位最高，年轻时即被朝廷重用，干到满头白发，为官几十年，你怎么可能置身事外？西晋能有今天，罪过就在像你这样尸位素餐的人身上。"

王衍甚至讨好石勒，劝他称帝，这事干得也太没品了，一起被俘的襄阳王司马范对他嗤之以鼻。石勒也不是没有那份心，只是觉得时机还不成熟，被王衍说破又有点恼羞成怒，于是直接让人把他叉出去了。

石勒跟手下人一商量，这种人除了会空谈，留着还有什么用呢？有个叫孙苌的参谋说，那就杀了呗，也没什么可惜的。

结果，王衍在半夜里被人推倒墙壁直接活埋了，时年五十六岁。

同样好老庄之学，王衍在后世人苏轼的眼里也很不堪，认为他"既降石勒，自解无罪，且劝僭号"，投降辩解还奉迎人家，没有一点儿士大夫的骨气，甚至连他的女儿都不如。

王衍的女儿王惠风曾经当过愍怀太子妃，汉赵刘渊的人马攻陷洛阳之后，要把她指配给手下的将军乔属。惠风非常有气节，"拔剑大骂而死"。

"乃知夷甫之死非独惭见晋公卿,乃当羞见其女也。"——王衍死后,不光愧见西晋的公卿们,恐怕也羞见自己的女儿吧。

苏轼果然会骂人,对于一位名士来说,这算是最狠的了。

✱ 参考书籍

《晋书》《资治通鉴》《两晋南北朝史》《魏晋世语》

从九五之尊到跑堂小二，司马家的子孙受尽了侮辱

西晋后期，司马家凶残无道，百姓水深火热。后人激愤，甚至希望匈奴人刘渊能一统江山，开拓一番盛世。匈奴人其时汉化程度已经非常高，刘渊曾经拜上党人崔游为师，研读《史记》《汉书》《毛诗》等，他爱读《春秋左氏传》《孙吴兵法》，这两部书几乎能背下来。

但要说起学问，刘渊在他的儿子刘聪面前还得谦虚点，这孩子从小就好学，经、史、子、集，无所不通，《孙吴兵法》可以脱口而诵。提起笔来，不仅是草书、隶书写得龙飞凤舞，关键是笔头生花，文章也写得蹙金结绣，波澜老成。据《晋书》记载：刘聪的诗作有百余篇，赋颂也有五十余篇。

不仅能文，史书记载，刘聪的武艺也鲜有对手："猿臂善射，弯弓三百斤，膂力骁捷，冠绝一时"。历史上，这样文武兼备的能人确是寥若晨星。"魏晋八君子"之一的太原王浑非常欣赏他，曾经对刘渊说："此儿吾所不能测也。"意思这个孩子的前程远大，不可限量。

刘聪二十岁到洛阳一带游历，结交高人，开阔眼界。后来天下纷乱，他的老爹刘渊乘势而起，在河东开疆拓土。帮助父亲建国，南征北战，刘聪担当了重任。刘渊称帝时，刘聪升任车骑大将军，不久封为楚王。

可惜，很有帝王风范的刘渊登基仅两年就得了重病，他一死，萧墙祸起，儿子们开始血腥内讧。

好看到停不住的中国史

太子刘和即位后，被身边呼延攸等一群人忽悠，要剪除诸王势力，结果行事不密，坐拥十万雄兵的刘聪带人杀进皇宫，在光极殿西室把皇上哥哥杀死。当然，呼延攸等人也悉数被斩首示众。

刘聪杀兄登基，这种事历史上不乏先例，宫斗从来都是最绝情的。

总体来说，刘聪所走的路线跟后来的唐太宗相似，但他这皇帝的成色却与唐太宗有天壤之别。

今天不展开说他如何懈怠朝政、信任奸佞，不说他纵情声色、秽乱皇宫，也不说他肆意妄为、杀戮忠臣，让刚有点盛世迹象的国家急转直下。单说对西晋两位皇帝俘虏的态度，就暴露了他的本性，很有小人得志的猖狂气，让人怀疑读了那么多年书，对他简直毫无用处。

刘聪即位三个月，即派刘曜、王弥和其子河内王刘粲领兵进攻洛阳。破城后，他们纵兵抢掠，屠杀官员和宗室三万余人。刘曜是刘渊的养子，骁勇善战，看到晋惠帝司马衷的皇后羊献容很有姿色，强纳为妾。

晋怀帝司马炽在逃亡途中被俘，被送往平阳（今山西临汾）。一开始刘聪对他还过得去，先封为平阿公，后又改封为会稽郡公，仪同三司。

其实，刘聪和怀帝司马炽是老相识。当年怀帝还是豫章王时，曾见过刘聪，那时他不过是个番邦小子，但豫章王听说过他，还知道他文章写得不错。豫章王为人好学谦恭，还拿自己写的乐府诗让刘聪提意见。刘聪当时诚惶诚恐，卖弄精神写了一篇《盛德颂》，豫章王看后赞不绝口。

在一次宴会上，刘聪提到了这事，怀帝说记得，还很违心地说："只是当时眼拙，看不出来陛下的帝王之相。"

刘聪很得意，也不想想刚被自己所杀的哥哥尸骨未寒，还问怀帝："卿家骨血相残，何其甚也？"——你们家自相残杀，怎么那么厉害？

晋怀帝很伤感："这大概是天意吧。老天爷要让您坐江山，司马家才自己打得天昏地暗。要是我们家的人都能像开国的武皇一样，陛下也没有机会得到天下了。"

刘聪听了，觉得怀帝说得很实在，一激动，就把自己宠幸的刘贵人赐给了晋怀帝，封她为会稽国夫人。

但这种表面的尊重很有限，也就一年多的时间。313年元旦，刘聪大宴群臣，他忽然要耍个派头，命怀帝"青衣行酒"！

"青衣"是贱人的服色，"行酒"则是跑堂的活计。

这就是公开作践人了，不说司马炽是曾经的皇帝，在那个重视门阀的时代，这对普通人也是相当大的羞辱。一些晋朝老臣看到怀帝默默任人宰割，痛哭不止，刘聪见状老大不高兴。

此次宴会之后不久，有人举报有晋朝旧臣私通晋阳的刘琨。刘聪认为他们可能奉怀帝作乱，杀机顿起，于是怀帝被毒死，十几个晋臣也全部被诛杀。

怀帝遇害时年三十岁，葬处不明。送出去的女人刘贵人又被刘聪收回到身边。

四年之后，西晋的最后一位皇帝晋愍帝司马邺也被俘获送到了平阳。

不知道该说司马邺命好还是不好。说不好，人家是天潢贵胄，12岁就当了皇太子，晋怀帝死后，他在长安登基称帝。说是命好吧？内忧外患，这皇帝当得太惨淡，朝廷穷得连车马服饰都凑不齐。到了建兴四年（316年）八月，刘曜率军围攻长安，城内外断绝联系。自永嘉之乱后，天下分崩离析，皇帝这边马踩车，四方将帅无人搭理。

长安城被围困了两个月，连酿酒用的麴饼都拿来砸碎做粥给皇帝喝了。

晋愍帝也算有良心，哭着对当年拥立他的大臣麹允说，为社稷而死他是应该做的，如果能让将士免受屠戮，让百姓免受磨难，那就赶紧发书请降吧。

受降就是一场盛大的侮辱仪式，但是只能咬牙忍着。十一月十一日，晋愍帝乘坐羊车，脱去上衣，口衔玉璧，后面跟随的侍从抬着棺材，出城投降。"群臣号泣攀车，执帝之手，帝亦悲不自胜。"御史中丞吉朗实在看不下去，干脆自杀。

刘聪登殿，晋愍帝在他面前跪拜叩头，麹允看到这种情景，伏地痛哭，随即自杀。

晋愍帝是晋怀帝的侄儿，刘聪给他降了级，封为光禄大夫、怀安侯，但这个小小的怀安侯他也只当了一年。

按说，刘聪也是读过圣贤书的人，何况晋愍帝也曾是一国之君，人家投降过来，只要老实点别捣鬼，照理该给几分面子。但是刘聪大不同，他玩得野，简直不把大晋皇帝当盘菜，想怎么羞辱就怎么羞辱。

第二年十月，刘聪外出打猎，命令晋愍帝穿着戎装，手执戟矛，在前面给他开路。有些晋朝遗民，认出了晋愍帝，伤心得涕泗长流。

但这还不算太难堪，刘聪又要玩他对待怀帝的那一套，在酒宴上大声呼喝晋愍帝出来，穿上童仆的青衣给大家行酒。简直把他当成了店小二，还让他当洗碗工去清洗酒杯，最让晋朝旧臣不能接受的是，刘聪上厕所，竟然命令愍帝给他拿着马桶盖！

麹允应该庆幸自己死得早，没看见这历史上荒唐屈辱的一幕，要不还不得再自杀十次？有个叫辛宾的晋臣崩溃了，抱着愍帝号啕大哭，刘聪嫌他哭得烦躁，直接拖出去杀了。

忍辱对一般人来说是铠甲，是保命良方，但对司马邺却不是。尽管他

受尽了屈辱，熬到了公元 318 年，他还是被刘聪杀了。曾经的一国皇帝连葬处也没有，不知道他的遗体被扔到哪里去了。

司马懿父子当年谋夺曹家江山的时候，哪里能想到，短短五十二年的光景，他们的后人就被抓去，受尽了各种侮辱，想过一个平民的生活都不可得，饱受羞辱之后被处决，年仅 18 岁。

平阳之地，让人想起了"虎落平阳被犬欺"的俗语，虽然愍帝算不得"虎"，刘聪也曾叱咤风云，算不得"狗"，但他那种糟蹋人的丑态，实在算不得什么豪杰。

就在同一年，在位九年的刘聪得了重病，被老天爷收了。

司马光对他的评价是："聪承其故业遂陷两都，执辱二帝，矜夸淫纵，残暴无亲，幸以病终。坟草未生，家为屠戮矣。"

意思是他做了那么多的恶，得病而死算是幸运了吧？他死之后，太子刘粲承袭其位，这位皇帝跟他爹是一路神气，沉溺酒色，放荡不羁，把朝政都推给大将军靳准。哪里知道靳准是个脑后长反骨的家伙，他瞅准机会，发动兵变，刘粲被杀，刘氏子孙，不分男女老幼，全部被推上了刑场。已死的刘聪也不得安宁，死尸被从墓里拖出来又斩了首，刘氏宗庙被焚毁。

此后，刘渊的族侄刘曜称帝，又苟延残喘了几年，329 年被石勒消灭。

匈奴贵族刘渊建立的"汉赵"政权，也被称为前赵，但《晋书》则蔑称其为"伪汉"，这个朝廷只撑了 25 年，就灰飞烟灭。

✱ 参考书籍

《晋书》《资治通鉴》《两晋南北朝史》《魏晋世语》《十六国春秋·卷一·前赵录》

天将降大饼与寡人也，必须都得接住，晋元帝如是说

私生子运气好，就能混成一个王子

历代开国皇帝，一般是很有几把刷子的，要不谋略高，要不武功强，总之是雄才大略的多。但总有例外，像东晋的开国皇帝司马睿就属于吉星高照，命运开挂，好事应接不暇。

他本是个弱势的人，没什么过人的大本领，但居然能霸居江南，还开启了东晋的基业，一个野路子的皇帝真坐住了。命大运气好，神仙也没招，司马睿随遇而安的发家史，简直是成功学和奋斗学大师们心中的痛。

先说司马睿的出身，很诡异有趣。他生于276年，是司马觐的儿子，司马觐是司马伷的儿子，司马伷是司马懿的偏房儿子，被封为琅邪王，还算有本事，平吴立了大功，当过大将军。接下来碰巧的事儿就一连串儿地来了，司马伷五十七岁死了，司马觐碰巧是长子，当然接了位子，他碰巧又娶了夏侯渊的曾孙女夏侯光姬。《晋书》记载，"恭王妃夏侯氏竟通小吏牛氏而生元帝"，光姬不守妇道，和一个姓牛的小吏私通，生下了司马睿。于是，本该是牛睿的司马睿就含着金钥匙生在了王府里。

当年，给儿孙们创建基业的司马懿听说有个谶书《玄石图》很灵验，其中有句"牛继马后"，以为这是姓牛的要断他司马家的香火，竟然把一

位叫牛金的大将给毒杀了。那里想到,他死后二十五年,姓牛的人才动了手,所谓人算不如天算。也有人说,这是北朝人为了诋毁东晋的正统性而杜撰的,可有人很愿意承认这是司马氏欺人孤寡,夺人之位的报应。不光《晋书》记载了,《魏书》也没掖着,其他如《鹤林玉露》《容斋随笔》《宾退录》等书也有描述。反正明朝大学者李贽是信了,称东晋为"南朝晋牛氏"。

王子运气好,就能混成一个藩王

碰巧的事还在继续。司马觐三十五岁就死了,过了几年,十五岁的司马睿就当了琅琊王。大家可别小看这个王,他是拥有琅邪国的,下面统治九个县,约二万九千五百户,在众多的藩国里算是大的,不但经济富庶,军事地位也很重要。

如果出生是偷了别人的馅饼,那藩王就是从天上掉下来的一个大馅饼了,司马睿小心翼翼地接住。当时的皇帝是他的堂叔惠帝司马衷,可怜人,智商低点,接住的饼倒比司马睿还大,就是没能力吃。娶个丑老婆偏能作怪,使劲帮倒忙。朝政腐败,贪贿公行,很快就引发了"八王之乱",一家人杀得血肉横飞。

司马睿当时还在洛阳,被任命了一个左将军,每天眼睁睁看着惨剧上演,一个个皇室宗亲被诛杀。一向温良恭俭让的他很识趣地躲在角落,丝毫不敢稍露锋芒,以求免祸。大家都觉得此人怯懦,没啥出息。只有嵇康的儿子嵇绍慧眼识人,认为他"不会久在人臣之位"。

后来,司马睿被东海王司马越裹挟着去打成都王司马颖,他那年二十九岁。两军在荡阴(今河南汤阴)激战,结果司马越兵败,他撒腿跑了。晋惠帝和司马睿一干人等成了俘虏,被控制在邺城,司马睿知道命在旦夕。

那天晚上，先是大雾弥漫，接着大雨倾盆，守卫之人不免懈怠。司马睿冒雨潜出邺城，直奔洛阳，把家眷一接，急匆匆逃往自己的封国琅琊。

藩王运气好，就能遇见高人

在自己的地盘上，总是安全很多，但想置身乱世之外是不可能的，因为他的琅琊国与司马越的东海国是邻居。第二年，即公元305年，东海王司马越又起了兵，要去夺回被劫持了的晋惠帝。他给了司马睿一个平东将军监徐州诸军事的头衔，留守下邳，看管后方。

司马睿也不敢抗命，想想自己太需要帮手了，于是马上去请琅琊人王导王茂弘。

司马睿在洛阳时就认识王导了，算是他唯一的密友。他确实运气好，王导是大才，看不上一般人，也真不是一般人能用得起的。此人出身于北方头等士族的琅琊王氏，从小饱读诗书，风姿飘逸，见识弘远。因为王家所在的地界正是司马睿的封国，两人又同岁，情同手足。司马睿还在洛阳时，王导就劝他要尽快回到藩国。

不久，司马越掌控了朝廷，为所欲为。他可能看晋惠帝不顺眼，给晋惠帝吃了一块毒饼，可怜的惠帝就死在了显阳殿。接着司马越扶持皇太弟司马炽继位，是为晋怀帝。

王导当时静观天下形势，看到胡人势力难以遏制，局势日趋恶化，已经无可挽回，而下邳又是四战之地，不易防守。于是，王导献计司马睿，上书给司马越，允许他移镇建邺（今江苏南京）。

司马越一直把司马睿当自己人，想想也有理，他应该在江南地区培植势力，万一洛阳形势不利，也是一个退守之地，于是欣然同意。

307年，司马睿被提拔为安东将军都督扬州江南诸军事。得到命令之后，他马上任命王导为安东司马，并渡江南下。

藩王运气顶级好，就能变成开国皇帝

初到建邺时，江南大族压根不把司马睿当回事，还嘲笑他们是"伧父"。在这种情况下，王导又导演了一场声势浩大的演出：

时间：三月初三"修禊节"

地点：秦淮河边

剧情：在皇家仪仗的簇拥下，一队人马缓缓而来，在奢华的肩舆之上，坐着衮衣绣裳的琅琊王司马睿。王导和一众北方士族名流华冠丽服，毕恭毕敬地侍奉在后面，整个队伍威严肃穆。司马睿人长得也精神，很有威仪，这帮人把西晋王朝的泱泱皇家风范尽情展现在江南士人的面前。江东的纪氏和顾氏等著名大族被皇室的威严震住了，带头拜倒在路边。司马睿和王导让人拿来赏赐，种种礼仪物品也是江南人见所未见，不得不感叹，原来是自己浅薄，这帮人不可小看！

紧接着，各大族和当地名流都接到了聘书，共有一百六十多名有声望的人成为司马睿的幕僚，江南人士被迅速团结在身边。

王导在建邺协助司马睿笼络人心，他的族兄王敦则领兵四处攻城略地、扩充地盘，扬州、江州、荆州、广州和交州都被拿下。

在南方站稳脚跟后，311年，司马睿进位镇东大将军，成为江南地区的最高军政长官。316年，匈奴皇帝刘聪派大将刘曜包围长安，晋愍帝司马邺出城投降，西晋至此灭亡。次年，司马睿自封为晋王，东晋正式建立。318年4月，司马邺逝世的讣告传来，司马睿当即宣布即皇帝位，史称"晋元帝"。

　　一个血统疏远、声望不足、本无野心的人，接住了所有横着竖着飞来的馅饼，终于成为东晋的开国皇帝，王导也终成一代名相。

　　司马睿能接住所有的馅饼，毕竟有他的可取之处，比如知人善任，用好王导就是例证。但他当了皇帝之后，偏安于江南，不思进取、无意北伐也被历代史家诟病，连南宋的赵构都有脸批评他："若元帝，仅能保区区之江左，略无规取中原之心。"呵！要说赵构和晋元帝相比，只有一个长处，就是寿命长，他活了八十一岁。

✱ 参考书籍

　　《晋书》《资治通鉴》《魏书》《两晋南北朝史》《鹤林玉露》《容斋随笔》《宾退录》

刘琨可以称为著名军事家吗？吹笳退敌有几分真？

成语"闻鸡起舞"中的两个人，一个是中流击楫的祖逖，另一个就是吹笳退敌的刘琨。

刘琨很了不起，但后人有点过于吹捧了，称其为杰出政治家、文学家、音乐家、军事家云云。个人观点是，他本就是一个有点艺术范儿的人，文学和音乐的成就不低；说政治家有点勉为其难，不如说是忠臣烈士他更爱听；要说军事家，很遗憾他不好入选，恐怕及格都难。

所以，今天不说刘琨天赋异禀的文学和音乐才华；也不说"颇浮夸"的他年轻时候喜欢干谒豪门，厕身于以贾谧为核心的金谷园"二十四友"之中；也不说他攀附权贵，像墙头草一样先后追随贾南风、司马伦、司马冏、司马虓（xiāo）和司马越；再把《晋书》对于他的评价"佻巧"也放在一边，他一生的目标和志向是与汉赵及后赵作战，那我们就主要议一议他的军事才能。

刘琨首次参与的军事行动打了一个开门黑。那是在"八王之乱"期间的 301 年，齐王司马冏、成都王司马颖、河间王司马颙等讨伐司马伦，31 岁的刘琨被司马伦任命为冠军将军，与孙会领兵三万出战，结果在黄桥大败而回。

三年后，刘琨给司马虓当司马，张乔来攻，刘琨的父母皆被俘。过了两年，刘琨从幽州刺史王浚那儿借了八百骑兵，战败刘乔，才把父母救出来。随后，他率军斩杀司马颖麾下大将石超，又收降荥阳守将吕朗，这两次交手使刘琨扬眉吐气，声名鹊起，也正因为有此功绩，他被封为广武侯，食邑二千户。

306年，当权的司马越派刘琨出任并州刺史、加振威将军、领护匈奴中郎将。请注意，刘琨此时，爵号是广武侯，职务是并州刺史加振威将军，为一方最高军政长官，另有领护匈奴中郎将，"领"的意思是以地位较高的官员兼理较低的职务，中郎将本是四品，低于刘琨的官职品级，但有"拥节"的特权，负责处置南匈奴事务。

一堆名号挺唬人，好像大权在握，其实刘琨当时只带了可怜的一千余人辗转半年才北达晋阳（今山西太原）。战乱过后，晋阳近乎一座空城，"府寺焚毁，僵尸蔽地"。没有给养，没有后援，左右强敌环伺，距离石只有三百多里，刚建立"汉"朝的刘渊虎视眈眈，快马一夜就可赶到。刘琨迅速展开安抚流民的工作，恢复生产，并加强防御。

这个时期，显示出了刘琨的优点，决断果敢，处事有条不紊。其时，寇盗常来袭掠，百姓"负楯以耕，属鞬而耨"，只能边打仗边生产。幸赖于刘琨领导有方，没几年，满目疮痍的晋阳，"鸡犬之音复相闻"。仅此一点来看，刘琨若遇盛世明君，倒有可能成为治国能臣。

但在军事方面的扩展并不如人意。刘琨命族弟刘希在中山聚集兵众，幽州刺史王浚认为刘琨手伸得太长，侵占了他的领地，双方兵戎相见，自相残杀。王浚数次带兵前来攻打，刘琨兵少将寡，抵抗不住，结果刘希被杀，代郡、上谷、广宁三个郡的百姓被王浚掳走。

在此期间，河南来了一个叫徐润的势利人，喜欢出入权贵之门，有点

音乐方面的小才能,刘琨是大行家,两人比较投机,刘竟然让他当了晋阳令。徐润小人得志,骄横恣肆。另有一位奋威护军名叫令狐盛,性子耿直,看不惯徐润的傲慢,多次劝谏弃用徐润,刘琨不听。想不到徐润倒打一耙,一句话竟让刘琨起了杀心——"盛将劝公称帝矣"。这句话真是比鹤顶红都毒,刘琨是西汉中山靖王刘胜之后,心里最忌讳的就是这个,一怒之下,竟然把令狐盛给杀了。

枉杀老子,当然激反了儿子。令狐盛的儿子令狐泥当即投奔了刘聪。

此时上党太守袭醇也降了匈奴,雁门乌丸反叛,刘琨率兵去讨伐。令狐泥就带着刘聪的儿子刘粲乘虚偷袭晋阳大本营,太原太守高乔献城投降。最惨痛的是,刘琨的父母因此罹难。

刘琨一步走错,竟然赔上了父母的性命。他回军奋力击败了刘粲,却"屈于力弱",奈何不了刘聪,只能祭奠父母,"泣血尸立"。想起母亲责备他错杀令狐盛的话:你没有纵横之才,不能驾驭豪杰,这样下去,"祸必及我"。谁能想到此话在很最短的时间里就应验了!即使刘琨肝肠寸断,也噬脐莫及了。

翻检刘琨在并州的战绩,总体胜少败多,但他有一个有名的战例叫"吹笳退敌"。此战《晋书》并未在其生平中言及,只在最后提到他的音乐才能时,顺便说了一句:"在晋阳,常为胡骑所围数重,城中窘迫无计,琨乃乘月登楼清啸,贼闻之,皆凄然长叹。中夜奏胡笳,贼又流涕唏嘘,有怀土之切。向晓复吹之,贼并弃围而走。"

从兵法上来说,不战而屈人之兵,这属于上将之谋。但此事《资治通鉴》并没有收入,引起了笔者的警觉,司马光是一个平实严谨的历史学家,他兴许认为这件事过于传奇了。

笔者认为，杜撰的可能性极大：一是匈奴强势，如果被包围的他们，战则死，再也回不到家乡，吹个胡笳，有可能动摇军心，正如楚汉相争时的四面楚歌；二是匈奴兵有几个能听懂音乐？他们看你吹得悲凉，还以为你要投降呢？三是匈奴五部此时已在晋地盘踞多年，基本完成了汉化，连大单于都改叫刘渊了，这里就是他们的家乡，难道一曲胡笳能让他们退回大漠去吗？

事实是，晋阳已无可守，刘琨只能将驻地向北后撤至阳曲。

刘琨军事上的最大败着是被羯族人石勒所算计。

当时以石勒为首的羯族人正在迅速崛起。314年，石勒准备长途奔袭幽州王浚。刘琨本可以抄其后路，但他被石勒的一封信迷惑而按兵不动。石勒信中很诚恳地检讨错误，称消灭王浚是为了报效刘琨。

很快王浚被石勒吞并，羯族人随即掉转枪口指向刘琨。他被夹在匈奴人和羯族人之间，"进退维谷，首尾狼狈"。这几乎是当年假虞伐虢的翻版。

次年八月，刘琨的军队在襄垣被南下攻取长安的"汉"军击败。316年冬，石勒设伏，刘琨的军队几乎全军覆没。

刘琨只有依附鲜卑人段匹䃅（dī），此时的他成了名副其实的"光杆司令"，但他决意留在北方，纵然粉身碎骨，也要精忠报国。

遗憾的是，鲜卑人连他这样一个"象征性的存在"也杀掉了。本来段匹䃅很敬佩刘琨，二人约为兄弟，共辅晋室。其后，刘琨儿子刘群参与了鲜卑人内斗，作书约老爹为内应杀掉段匹䃅，事泄，段匹䃅犹豫再三，还是下决心将刘琨绞死。汉人有留全尸的观念，段认为这是对兄弟采取的一种"厚道"的杀人方式。刘琨时年四十八岁，子侄四人同时遇害。

更让人寒心的是，由于忌讳段匹䃅的强大势力，东晋政府"顾全大局"，

经研究决定，不为刘琨发丧。刘琨苦苦坚守北方领土十年，薄情寡义的晋国只是把他当作一枚孤悬域外的棋子，让他听天由命。

刘琨壮志未酬含恨去世，史上至黑暗的一页——五胡乱华拉开序幕。

个人观点：已经褪去光环的皇室背景，对于一心想当皇帝的刘备、刘渊等人来说，是加分项；可对于一心守护边疆，捍卫国土的忠臣刘琨来说，却是一个减分项。司马家虽然不是直接抢了他刘家的江山，但防止别人坐大是皇家第一要务，这是使刘琨成为孤臣，无法摆脱四面胡笳的内在原因。

刘琨的名句："何意百炼钢，化为绕指柔。"一个曾经佻巧油滑的人最终变成独守北疆为国捐躯的义士，如何不能反其意而用为"何意绕指柔，化为百炼钢？"英雄不问出处，也不论成败，要看的只是胆略和英雄气概。千年之后，刘琨的名字依然在史册中发出啸傲之声，撇开那些空洞的各种"家"不提，世之英雄豪杰，晋之孤臣赤子，有这样的评价也足以使他瞑目九泉了。

✱ 参考书籍

《晋书》《资治通鉴》《两晋南北朝史》《魏晋世语》

闻鸡起舞的祖逖是如何锤炼成东晋长城的？

"闻鸡起舞"，小时候读过的一则励志故事，现在需要修正自己几点错觉：一是听见鸡鸣起床练剑的不是祖逖一人，另有一个英雄刘琨；二是祖逖不是靠自强不息改变命运的苦孩子，他出自范阳名门，祖上不乏两千石以上的高官，他的父亲祖武，也当过上谷太守，所以他倒是个货真价实的官二代；三是他们当时都是成年人，祖逖当时二十四五，刘琨小他几岁，也有二十了；四是他们当时并不是蛰伏在什么地方，而是已经出仕，都是司州主簿。当然，这些修正并不会破坏对他们的好印象，就是八十岁的老爷子能闻鸡起舞，也一样令人敬佩。生而为人，总得自律，总得有点精神不是吗？

还有一个更大的错觉是祖逖高大上的形象，一个中流击楫的北伐英雄，曾经以为必是少怀壮志、洁身自爱、文武全能、光照千秋的人物，但历史不是这样的，他也是一个有血有肉有污点的人，当然他并不卑劣下流，污点也不影响他的英雄成色。

史书记载，祖逖出身世族，父亲去世早，兄弟六个守着祖业过日子，但在兄弟们的眼里，他无异于一个斗鸡走狗的浪荡公子，甚至就是个败家子。这公子好勇斗狠，不肯读书，每天东游西荡，穿衣服邋邋遢遢，"不修仪检"。更糟糕的是，他根本不知道家业艰难，散老爹攒下的家财很大方、

很慷慨。有时候他去收租,看见那些贫苦人家无法度日,大手一挥,索性就把租金送了人情。

当然这事得一分为二来看,兄弟们觉得他不靠谱,被免租的人可得感恩戴德,所以乡里也有不少人高看他一眼。

再长大一点,他开始意识到学问的重要性,不读书如处千年暗室,分不清是非曲直。既然有认知,学习起来他还是很自觉、很投入的,下苦功夫,遍阅古今,还来往于京师,广交朋友,开拓视野。几年下来,祖逖非复吴下阿蒙,文韬武略,皆有气象,有人刮目相看,夸他有"赞世才具",意思是有匡扶治理天下的才干。

应该就是在这个时期,祖逖和刘琨同时出任司州主簿,算是在仕途上迈出了第一步。西晋以京师周围地区为司州,而主簿可不单是掌管文书的小秘,不仅参与机要,还总领府事。此时的他们应该是意气风发,那闻鸡起舞才顺理成章。

英雄也是一步步历练出来的。304年,祖逖三十八岁,"八王之乱"旷日持久,荼毒苍生。他初入军旅,跟随东海王司马越去讨伐成都王司马颖,没想到在荡阴被打得大败。就是在此战中,侍中嵇绍(嵇康的儿子)誓死保护皇帝,忠臣的鲜血溅在晋惠帝的衣服上。史书记载:"百官侍御皆逃散",在抱头鼠窜的人群当中,应该也有祖逖的身影。他一口气跑回洛阳,躲在家里压了好几年的惊。

永嘉五年(311年),洛阳陷落,西晋气息奄奄,祖逖只能带着亲族乡党数百家南下避乱,来到淮泗一带。

祖逖感受到了国破家亡之痛,眼看藩王争权,自相残杀,给了夷狄可乘之机,山河破碎,家乡百姓备受蹂躏,以他那样的性格,怎么可能随遇而安？必然存有北伐平乱、兴复中原的志向和决心。

但此时的祖逖还是干了些非常出格的事。

《晋书》记载：祖逖手下养了不少人手，"皆暴杰勇士"，祖逖掏心窝子地对待他们。当时战乱未平，灾荒又起，祖逖的这些"门下宾客"经常出去抢劫，南塘是个富人区，成了他们的重点目标。祖逖非但不管，还主动问他们："要不咱们再去干一票？"这帮"劫匪"有时行事不秘，被官府捕获，祖逖则千方百计把他们营救出来。

《世说新语》也记有这样一则：祖逖初到江南时，衣着朴素，家无长物。有一天王导和庾亮等人来他家玩，意外发现很多裘袍珍玩，就有点好奇，祖逖也不隐瞒："昨夜又去了趟南塘。"

打劫行凶的事不能用"不拘小节"来打掩护吧？虽然劫的是有钱人，但有钱人也是百姓，就活该倒霉吗？再说，他们也没有"济贫"，而是"自肥"，所以说这是个污点，不必替他洗地。人家祖逖当得起"任侠"二字，敢做也敢承认。他很清楚，要养这些将来跟他一起干大事的人，不能光靠理想主义去激励，更多的人需要满足他们的欲望。明代思想家李贽对此说得一点也不客气："击楫渡江，誓清中原，使石勒畏避者，此盗也，俗儒岂知。"

南下之后，祖逖先被琅琊王司马睿任命为徐州刺史，不久又被征为军谘祭酒。313年，他终于劝动了希图偏安的司马睿，被任命为奋威将军、豫州刺史，带兵北伐。但朝廷能给的实在可怜，聊胜于无，也就是这一张空头委任状，外加千人的粮饷和三千匹布帛。一切都得靠自己，士兵得自己招募，连武器都得自己打造，但铁心北伐的祖逖明知中原就是龙潭虎穴，还是毅然率军北上。

在他的船行驶到江心时，他拍打着船桨，说了那句千载之下依然荡气回肠的名言："祖逖不能清中原而复济者，有如大江！"意思是我祖逖不能击退胡虏，廓清中原，就像这滚滚而去的长江一样永不回头！

经过几年的东征西讨，祖逖在绝境中不仅生存下来，还攻占了谯城，终于在豫州站住脚跟，打通了北伐的通道。

此时，祖逖的兵锋直指后赵石勒。他曾以少胜多，击败石虎所率的五万大军，接着又击退了能征惯战的老将桃豹。石勒在河南的势力范围迅速萎缩，祖逖成功收复黄河以南中原地区的大部分土地。

在接下来的对战中，祖逖始终处于主动，屡破赵军。晋元帝也下诏擢升祖逖为镇西将军。石勒见他的势力越来越强，不敢南侵。于是休兵，边境暂时平静了几年。

公元321年，晋元帝任命戴渊为征西将军、都督司兖豫并雍冀六州诸军事、司州刺史，出镇合肥。

艰苦卓绝才打下一片天地，忽然来了个顶头上司，说不是摘桃的有谁信呢？祖逖被封的这个镇西将军（四镇之一）虽然也是重号将军，但确实比征西将军（四征之一）低一级，祖逖心中的失望可想而知，而且祖逖并不认可这位戴大将军，认为他虽有名望，但打仗不行，以致忧心忡忡。

祖逖并不明白，他的一些做法已经犯了朝廷的忌讳。石勒退兵之后，在成皋县为祖逖的母亲修墓以示好；部将童建叛归后赵，石勒将其斩杀，也是在向祖逖传递和平信号；后来，石勒致信请求通商，祖逖没有回信，等于默认，于是双方互市，收利十倍，他的兵马日益强壮。

很难说这不是石勒的离间之计，朝廷不可能一无所知，也不可能容忍这种私下"修好"的存在，派出戴渊也就在情理之中了。

问心无愧的祖逖自然想不通，加上他听说王敦跋扈，朝廷内部矛盾日益尖锐，担心内乱爆发，他的北伐大业终究成空，以致忧愤成疾。

321 年，祖逖在雍丘病逝，时年五十六岁。豫州百姓如丧父母，为他兴建祠堂。

晋元帝追赠祖逖为车骑将军，可叹这个比征西将军高一级的车骑将军是死后追赠的，来得太迟了。如果能在生前给了祖逖，兴许他还大有可为。

一着不慎，满盘皆输。朝廷任命祖逖的弟弟祖约接掌他的部属。后赵石勒认你祖约是个谁？随即大举入侵河南，祖约打不过，退据寿春。最终，祖逖收复的河南大片土地再次沦陷。

祖逖病亡的负面效应还不止此，得知他死的消息，一直怀有异心的王敦窃喜，认为再无人可以在军事上威胁自己，最终决意举兵叛乱，本就岌岌可危的东晋朝廷又一次险遭倾覆之祸。

✱ **参考书籍**

《晋书》《资治通鉴》《两晋南北朝史》《世说新语》《魏晋世语》

没有这个汉人辅佐，石勒完不成统一北方的霸业

右侯其谁？面目模糊

掐死西晋的两只手，一只是前赵的刘聪，一只是后赵的石勒。

原本有个疑惑，石勒固然骁勇善射，可他毕竟是个奴隶出身，正宗草根，大字都不识几个，霸蛮而已，如何能在群魔乱舞的西晋末年横扫中原，逆天而立？

从《晋书》中细看石勒的发家史，在他的影子里，有一人面目模糊却被称之为"谋主"。此人用唐代贤相房玄龄的话来评价："机不虚发，算无遗策"，纵观古今中外史，能当得起这八个字的人屈指可数。房玄龄认为："成勒之基业，皆宾之勋也。"石勒能开创那么大的基业，几乎统一了中国北方，都是这个"宾"的功劳。

"宾"不是什么宾客，是指河北邢台人张宾，在石勒崛起的过程中，他纵横捭阖，屡出奇谋。石勒格外尊敬他，不直呼其名，总是亲切地称他为"右侯"，仅此一点，足见石勒对他的倚重。

张宾少年时期"博涉经史"。多谋善断不是天生的，是不断向前人学习，知识储备丰厚的结果。

他对一班小弟说过一句狂话："吾自言智算鉴识不后子房，但不遇高祖耳。"——我自认为谋略不在张良之下，但是汉高祖那样的明主在哪儿呢？

从他后来的成就看，这也不算吹大牛，不过石勒毕竟逊于刘邦，他也襟怀未展，仓促离世，统一大业只能半道而废。

提剑军门，大呼请见！

张宾初出道时，曾经在中丘王帐下当过都督，此时的中丘王应该是293年承继父位的司马铄，但此人绝非什么能成气候的主，张宾看不上他，找个借口挂冠而去。

隐身林下的张宾一直在静观天下大势。他也真能沉得住气，直到309年，石勒率军荡平邺城后又攻下巨鹿和常山，他才认为时机到了，想要辅佐的人已经来到眼前。他信心满满地说："历观中原诸将，皆为庸才，唯独这位胡将雄才大略，可望与其共成大业。"

胡将乃羯族人石勒，上党郡武乡县人，实实在在奴隶出身，因为好勇善战，此时他是汉赵皇帝刘渊麾下的安东大将军，手握兵马十万。

石勒在往年征战中屡遭暗算，备尝艰难，这才体会到"谋"的重要，他特地在军中建了一个"君子营"，诚心诚意招纳有识之士。此时，张宾毛遂自荐来到辕门前，"提剑军门，大呼请见！"

石勒当时看不出张宾有什么大能耐，等闲待之。张宾出手先整顿了他的军制，设置军功曹，让将军们各司其职，他的草台班子迅速有了正规军的模样。

第二年，石勒进军江汉平原，他有霸占长江和汉水的打算。时任参军都尉的张宾认为此地不利于骑兵展开，极力建议北还，石勒不听。结果，一方面军中缺粮，同时又遭到晋军攻击，损失不小，石勒只得采纳张宾的

建议，回师北上。在过沔水时，石勒听从张宾之计，先占新蔡，又克许昌，大败晋军。

自此之后，石勒对张宾言听计从，"乃引张宾为谋主"，他成了头号谋士，"君子营"的核心圈主。

概括前后，张宾协助石勒办成了这么几件大事：

笑里藏刀，诱杀王弥

石勒和王弥当时都依附在匈奴汉朝刘家的旗下，王弥是汉人，趁乱起兵，在东部地区实力足可与石勒抗衡。

两人各怀鬼胎，互相提防，表面上还很亲善。王弥攻陷洛阳后，把抢来的美女和财宝送给石勒，又附了一封措辞很谦卑的信，意图迷惑他。实际上他正与青州的曹嶷密谋挖坑，要干掉石勒。

石勒无意获知了王弥的诡计，大怒，决心收拾他。正好这时，王弥和东晋刘瑞作战，情况不妙，派人向石勒求援。

石勒只想隔岸观火，看个哈哈笑。张宾献计，只须如此如此，可取王弥头颅。

石勒依计，先出兵帮助王弥击杀刘瑞，取得信任，然后设宴，邀请王弥共饮，王弥不听手下的劝阻欣然赴约。

在宴席上，王弥喝得正快活，刀斧手冲出，顷刻间，人头落地。其部下或散或降，大部分被石勒吞并。

随后，石勒上报刘聪，说王弥谋反已经被他拿下斩首。刘聪怕石勒有异心，不仅没敢追究，还给他升了官。

声东击西，虎踞邺城

312年初，石勒在葛陂制造船只，准备跨江击建邺（282年，建业改称建邺）。

当时，江淮地区连降大雨，沥沥拉拉下了三个月。

东晋大军已经在寿春集结。

石勒的军队军粮不足，又加水土不服，士兵饿死病死的超过半数。

此时，有人建议屯军高处以避水，有人建议假降东晋以缓战，也有人建议突袭晋军以夺粮。

石勒进退两难，张宾建议马上北撤。他认为，天降淫雨，就是警告此地不可久留，犹豫盘桓就是死路。

石勒动心了，但是北撤到哪里好呢？张宾提议首选之地是邺城，那里有三台（即铜雀台、金虎台、冰井台）之固，西接平阳，四塞山河，扼天下咽喉。攻占邺城之后，再平定河朔，那黄河以北就没有人能与将军争锋了。

石勒此前作战都是流寇的做法，沿途劫掠，张宾要筹建一个根据地。石勒当然明白经营河北山东的重要性，但大军一动，晋军随后掩杀，岂不是大败亏输？

张宾请石勒放心，算定晋军没有那份胆气，他们只求自保，不敢追击。为妥善起见，辎重先取道北行，大军却向寿春运动，摆出求战态势，待辎重运走后，主力再徐徐引还。

石勒率军北撤，攻占襄国，并以此为老营，四处消灭各处地方势力。次年，石勒的侄子石虎攻克邺城，冀州尽入石勒的囊中。

从此，石勒的势力一发而不可收。

假道伐虢，奇袭王浚

邺城被拿下之后，石勒的地盘越来越大。攻定陵，破兖州，降青州，山东地区各个郡县都相继成为他的囊中之物，此时，盘踞在幽州的王浚成为首敌。

王浚本是西晋幽州都督，永嘉之乱后，萌生不臣之心，想过过当皇帝的瘾，他立了太子，设了行台，还封了百官。

张宾提出假投降，想不到石勒真是个好演员。王浚的书信到了，他恭恭敬敬朝北向使者下拜，还把王浚送来的麈尾高悬在堂，朝夕下拜。他还对王浚的使者说，见麈尾就如同见到王浚，礼数必须周全。王浚不是想称帝吗？石勒又派来使者，表示热烈支持。

王浚对石勒不再怀疑，可以下手了，张宾认为还需要稳住并州的刘琨，虽然刘琨与王浚有积怨，但毕竟都还是晋臣，如果刘在背后出兵，那石勒将会腹背受敌。

于是，石勒把人质送给刘琨，还写了一封情真意切的信，表示要为他出口恶气，灭了狗贼王浚。刘琨被骗，按兵不动。

进军至蓟县，王浚依然毫无防备，石勒命人赶着几千头牛羊入了城，说是送来的礼物。进城后，这些牛羊堵塞了道路，石勒的军队直扑进城，王浚被活捉，送到襄国处斩，首级被送给刘聪报功，刘聪又给石勒加官晋爵。

唇亡齿寒，王浚被攻，刘琨见死不救。随后，等石勒腾出手来，就磨刀霍霍杀向并州了。

一场大战，刘琨的兵马死伤惨重，并州守官投降，刘琨只有亡命幽州。

石勒哀叹，天不假年

在张宾的忠心辅佐下，石勒马鞭所指，黄河以北皆俯首称臣。

319年，张宾与石虎见时机已成熟，请石勒正式称帝。石勒即位称王，建立后赵。张宾被加封为大执法，居百僚之首，总揽朝政，又被加封为濮阳侯，但石勒还是一直敬称他为右侯。

后赵领土东接大海、北抵长城、西控陇西、南到江淮。冀州、并州、豫州、兖州、青州、司州、雍州、秦州、徐州、凉州及荆州和幽州部分地区都尽入版图。

张宾大权在握，尽展其学，定律令，整纪纲，建礼制，定九品，兴科举，后赵有了较为完备的政治体系。

规模初成。可仅仅三年之后的322年，当石勒终于拿下了祖逖坚守十年的豫州，立马长江，大军前锋直指东晋的时候，张宾去世了。

下葬时，石勒痛哭流涕："是老天不让我的统一大业成功吗？为什么要让右侯这么快离开我？"

张宾死后，石勒尽管贾其余勇，灭了前赵，并于330年正式称帝，但三年之后，他也步张宾后尘而去。石勒的儿子和侄孙们陷入自相残杀的魔咒，国势迅速衰落，统一大业遂成南柯一梦。

今天河北邢台的南和县有一个张相村，村东南有张宾墓，墓呈长方形，南北40米，东西30米，原有封土和墓碑。惜1965年时封土被挖平，墓碑被移去砌墙，其上残留文字"勒亲临哭之，张宾，张宾！天何丧其早也！……"

个人感言：古往今来，运筹帷幄之中，决胜千里之外的谋士并不少，但能得到主子完全信任者却寥寥无几。楚汉之争时的范增如何？三国争霸

时的陈宫和田丰又如何？十谋不一用，只能令人叹其不遇。但张宾遇石勒和稍后的王猛遇苻坚，却是两晋时期的异数，两位异族雄主能与两位汉人谋主风云际会，肝胆相照，君臣携手成就一段霸业宏图，时耶？命耶？非也，决定因素，人也。

✱ 参考书籍

《晋书》《资治通鉴》《两晋南北朝史》《魏晋世语》

天王冉闵，一勇之夫还是"千古一帝"？

五胡乱华，北方被糟蹋得没了样子，除了流亡南方的，剩下"汉家后辈几欲被数屠殆尽"。城头变幻大王旗，十六国走马灯一样生灭轮转，持续大约135年，"华夏士族十不存一"，富庶的中原大地十室九空，这是中华文明史上最黑暗的时期之一。

期间，汉人冉闵革了后赵的命，曾经开创过一个短命王朝，号大魏，都邺城，存续了三年时间，没有被学者们列入十六国的大名单。

对于冉闵，历来褒贬不一，冉粉把他推崇到天上，尊称为"千古一帝"；也有冉黑，认为他不过是一名暴虐嗜杀的屠夫。

冉闵究竟做过什么？为什么会赢得截然相反的评价？笔者不粉不黑，摒弃部分传说轶闻，以《晋书》为基础，结合《资治通鉴》，和大家一起来认识这位曾经令山河色变的人物。

千骑突邺北，十战败慕容

提起冉闵，人们津津乐道的是他的武力值。《晋书》记载：其人"身长八尺，善谋策，勇力绝人"。

勇冠三军是毋庸置疑的。

冉闵的处子作在338年5月完成。后赵的第三位皇帝石虎率军与前燕

国战于昌黎，慕容恪突袭，石虎大败，死三万余人，后赵各路军队弃甲溃逃，只有石虎的养孙游击将军冉闵（当时叫石闵）"军独全"。

俗话说"兵败如山倒"，一位青年将军临危不乱，指挥有方，全师而还，当然令人刮目相看。个人推算，冉闵的父亲生于300年，死于328年，按常人十八岁至二十岁生子，冉闵当时最多二十岁。

冉闵的成名战在349年。当时后赵东宫高力护卫都督梁犊率戍卒起义，四方响应，拥十万人进逼洛阳。石虎以李农为大都督，统兵出战，一败于新安，二败于洛阳，朝野震惊。时为征虏将军的冉闵与姚弋仲、苻洪联手斩杀梁犊，一鼓荡平其众，一时威名赫赫，"胡夏宿将莫不惮之"。

冉闵毕生最高光的一战是"千骑突邺北"。《晋书》记载：350年，石琨带七万军马来攻邺城，冉闵只率骑兵千余出北门。"闵执两刃矛，驰骑击之。"大敌当前，只带那么点人就敢出城搦战，冉闵确实胆气非凡。他左手执两刃长矛，右手执钩戟，冲锋陷阵，所向披靡，"斩级三千"。数万人胆寒，无人敢撄其锋芒。

最为后人称颂的代表作是与慕容恪的冀州大战，"十战皆败之"，冉闵十战连捷，打得慕容恪欲哭无泪。

其他胜利不再一一列举。冉闵一生叱咤疆场，气吞万里，谋略未见明确记载，勇猛是足够的，这位冉天王即使不能与楚霸王项羽比肩，也足可与后世的李存孝等分庭抗礼。有人把他归入古代十大勇将，他当然也有入围资格。

三年战相继，大雪悼英灵

石遵在当皇帝之前曾经许诺冉闵当太子，可等他坐上了皇位，却立了自己的儿子石衍。冉闵当然很不痛快，但他没有发作，后来杀了石遵自己也没有上位，还是立了石鉴。再后来，石鉴趁冉闵率军出征又在背后搞小动作，宦官告了密。冉闵杀回来废了石鉴，想想还不解气，于是命人杀了他，再想想还是生气，石家人一个都靠不住，不如斩草除根，于是石虎的孙子辈共三十八人全部掉了脑袋，石家被灭族。

这是公元350年的事，石家人几乎被杀光，还得立个新皇帝才行。冉闵表示要谦让给李农，把李农吓得以死抗争。

冉闵只好自己即位，大赦天下囚犯，改年号为永兴，国号大魏。既然当了皇帝，就不能再用石家赐给他的姓，他恢复了自己的本姓，后世把他这个王朝称为冉魏。

冉魏开张平静了没几天，石虎还有个逃过一劫的儿子石祗又自立为皇帝，不断跟冉闵叫板。冉闵出战，有苍亭大捷，也有襄国大败，双方攻伐不绝，再加上境内羌胡攻击，几乎"无月不战"。烽火连天，老百姓朝不保夕，根本没法种地，于是贼盗蜂起，整个国家成了一锅烂粥，到了"人相食"的恐怖境地。

等到杀出胜负，冉闵下令在大路口焚烧石祗首级的时候，冉魏的形势已经急转直下。

351年的8月，冉魏的徐州、兖州、豫州和荆州四大州的刺史结伴献城降了东晋，接着又有人控制了洛州刺史携三河归顺了司马氏。南方塌了，北方也频频告急，慕容氏攻陷中山，幽州刺史刘准被杀，前燕来势汹汹。

352年，慕容儁已攻下幽、蓟二州，兵锋直指冉魏都城。

双方攻战前文已有交代，冉闵初期打得慕容恪溃不成军。后来慕容恪发明了"铁甲连环马"，组织了五千敢死军结阵而来。冉闵此战轻敌，纵

马杀入阵中,力斩三百余人。前燕的骑兵死战不退,越围越多,冉闵仍能破围而出,可惜他的千里马朱龙跑了二十多里竟然暴毙,冉闵被生擒。

冉魏国灭。

被俘之后,慕容儁与冉闵曾有一段有趣对话:

慕容儁很傲娇,口气轻薄:"瞧你这一副草根的嘴脸,也敢妄称天子?"

冉闵则仰天而视,嗤之以鼻:"现在天下大乱,你们这等人面兽心的夷狄都好意思称帝,何况我中原英杰呢?"

慕容儁被怼得恼羞成怒,命人痛打冉闵三百皮鞭撒气儿。

接下来是一段有关冉闵之死的传奇,明确记载于《晋书》,信不信由你。

"送闵既至龙城,斩于遏陉山。山左右七里草木悉枯,蝗虫大起,五月不雨,至于十二月。儁遣使者祀之,谥曰武悼天王,其日大雪。"

个人感言:冉闵身为将军,勇武无匹,攻战无敌,足可傲视天下;身为帝王,有辟土兼国之功,却无安民好生之德,亦无布纲治纪之能。《尚书》曰:"天子作民父母,以为天下王。"胡狄凶顽,荼毒生灵,然以暴易暴,杀戮无辜,是为不仁;生身有命,养育有恩,然族灭石氏,竟无噍类,是为无义。冉魏三年而覆,亡不旋踵,天道无言,理在其中。

❋ 参考书籍

《晋书》《资治通鉴》《密斋笔记》《晋五胡指掌》《两晋南北朝史》《中国通史》《魏晋南北朝史纲》《魏书·卷九十五·列传第八十三》《十六国春秋别本·卷二·后赵录》

一个卖簸箕的功业超过诸葛亮,他究竟怎么做到的?

西晋覆灭,五胡乱华,北方大地苦难深重。奴隶出身的羯族人石勒抢占了一块地盘,当了后赵皇帝。当时他手下有一位高官叫徐统,担任司隶校尉,此人精通风鉴之术,尤其是相面功夫相当了得。

徐统第一次见到氐族首领苻洪的孙子苻坚时,大吃一惊:"这孩子竟然有霸王之相!"按时间来推算,苻坚当时也就七八岁。徐统断言他必成大器,只叹息自己看不到了。

不久之后,徐统在邺城的大街上遇见一个卖簸箕的,细看之下,这小伙子"瑰姿俊伟,谨重严毅,气度雄远",不仅人长得英俊伟岸,主要是气质太出类拔萃了。徐统不由得要认识一下,问知此人乃山东人氏,本是满腹才华的书生,此番来都城游历,目的是开阔眼界、长长见识。徐统当即表示:以你这样的才能还卖什么簸箕!来,先给我当个秘书吧,保你前程不可限量!

想不到小伙子只是微微一笑,施礼致谢,挑起簸箕,不紧不慢地走了。

这个给徐统留下一个高大背影的年轻人,比苻坚大十三岁。徐统能看出他卓尔不群,却不知道他后来和苻坚联手,不仅建立了兵精粮足的帝国,还给百姓带来了海晏河清的盛世。

这个书生就是被后世称为"功盖诸葛第一人"的王猛。

"功盖诸葛"这话说出来，很多人不服，毕竟诸葛亮的大名和功绩如日月经天，这个卖簸箕的王猛，究竟做出了什么泼天的大事业？且听在下慢慢道来。

扪虱而谈，大鹏鸟敛翼待时

话说王猛周游结束，回到西岳华山，继续过他耕田读书卖簸箕的隐居生活。

大约十年之后，公元354年，名将桓温北伐，势如破竹击败前秦苻健，驻军灞上（今陕西省西安市东南）。

王猛想看看这位东晋征西大将军的成色，身穿一件麻布短衣，来到桓温大营求见。

虽然粗服其外，但无法掩盖金玉内质。桓温是有眼力的，不敢小看这样一个一文不名的书生。在探讨时局的过程中，王猛很自然地伸手入怀，竟然捉出了一只虱子，他不以为意，把虱子按在手指上继续侃侃而谈。就这种旁若无人的气度，也让桓温赞服。这一段留在史册中的典故，后人称之为"扪虱而谈"。

一番对话之后，桓温感叹：您的才干江东无人可及！于是要送他香车宝马，还许下官职，盛情邀请王猛南下。王猛当时有点犹豫，回去给师父汇报——是的，他还有一位高蹈世外，首尾俱不见的师父。师父说了一句："卿与桓温岂并世哉！在此自可富贵，何为远乎！"

师父识见高远，能看清桓温的为人。你跟他没法合作，就在这儿踏踏实实地读书，自有富贵等着你，跑那么远干吗！

王猛听话，耐心等待时机，"敛翼待时，候风云而后动"。

一年之后，王猛三十三岁了。他知道，诸葛亮在这个岁数已经联孙抗曹成功，还帮刘备占了荆州，名震天下。

就在这时，王猛出山的机会来了。

前秦皇帝苻健驾崩，第三子苻生即位。此君残暴，杀人如麻，"群臣得保一日，如度十年"。眼看人心尽失，苻健的侄子东海王苻坚有心匡扶社稷，与尚书吕婆楼等秘商大事。这位吕尚书大力举荐"谋略不世出"的王猛，意思这种人才不仅当世无人可及，属于那种几百年才能出一个的！苻坚非常高兴，力邀王猛加入他的战队。

二十岁的苻坚饱读儒家经典，与王猛相见恨晚，谈起史上兴亡大事，二人见解高度一致，"若合一契"，再加意气相许，足以快慰平生。刘备当年请出诸葛亮说是如鱼得水，苻坚也赞叹自己得遇王猛，"若玄德之遇孔明也"。

那接下来，就看王猛如何在政坛上施展自己无与伦比的才能了。

牛刀小试，始平郡除暴治乱

357年6月，经过一番周密谋划，苻坚发动云龙门之变，带领亲兵深夜突入皇宫，本可徒手搏杀猛兽的皇上苻生喝醉了，被当场拿下软禁。苻坚坐上了"大秦天王"的宝座，王猛被任命为执掌军国机密的中书侍郎。

苻坚继位之初，京都西北门户始平郡豪强横行，百姓叫苦连天，王猛被授命前往治理。下车伊始，他就下令将一个作恶多端、民愤极大的奸吏处以鞭刑，当众打死，百姓奔走相告。谁知这奸吏也有通天的关系网，一帮狐朋狗党联名上告，廷尉将王猛逮捕下狱。

苻坚亲自审问："为政之体，德化为先，你怎能上任就杀人？太残酷

了吧？"

王猛从容回奏："臣听闻'治乱邦以法'，陛下把这样一个大郡交给臣，这只是杀了一个小奸而已，无法无天的恶人还有很多！陛下，臣不能把这些践踏法律的人全部肃清，还您一个清平安乐的始平郡，那就是辜负了您的信任，甘愿被扔进大锅给煮了！至于您说的'残酷'二字，臣不敢当！"一番话说得义正词严，也说得苻坚由衷赞叹："王猛真有管仲和子产的才干！"

当即赦免王猛，苻坚放手让他去"下猛药"。

大展宏图，推改革强国兴邦

因为政绩卓著，王猛三十六岁时已经出任中书令，另加侍中兼京兆尹，职高位隆，他的治国方略也一步步付诸实施。

为了使政令畅通，首先要打压豪强。王猛瞄准的第一个恶势力代表是光禄大夫强德，此人仗着自己是太后的弟弟，奸淫掳掠，肆意妄为，乃长安一霸。王猛突发制人，派人抓回来直接开刀问斩。苻坚知道消息，急派使者赶来时，强德已经陈尸在大道之上了。

紧接着，王猛与御史中丞邓羌联手，数旬之间，将二十几名豪横的王公贵戚推上刑场，随着一颗颗人头落地，曾经煊赫一时的人都学会了低调做人，朝堂风气为之肃然。

中央权威提升，令出如山，苻坚也感觉很爽，再进一步的改革就容易推行了。

王猛创立荐举赏罚制度和官吏考核新标准，他提出大兴文教，官员带头，俸禄百石以上的必须"学通一经，才成一艺"，否则就摘了帽子回家卖红薯去。

接下来，偃甲息兵，安定百姓，轻徭薄赋，发展农业。苻坚非常信任王猛，还高度配合，亲自耕作，皇后也到近郊养蚕。

王猛执政，廉洁自律，克己奉公，从不骄横凌人，也不让人抓住把柄。

几年之后的前秦帝国，四海升平，物阜民丰。民谣是这样唱的："长安大街，夹树杨槐。下走朱轮，上有鸾栖。英彦云集，诲我萌黎。"

开疆拓土，典雄兵决胜千里

随着国家实力的不断增强，苻坚和王猛开始筹划，横扫六合，一统天下。

367年，西部羌族叛乱，前凉君主张天锡想浑水摸鱼，出兵攻城略地。王猛亲自率军出征，几个回合下来，羌族被平，前凉官兵被斩杀一万七千多人，张天锡不得不俯首称臣。

就在王猛征战凉州的时候，后院起火。分别镇守军事要冲的四位国公同时起兵叛乱，苻坚的堂兄弟们也想火中取栗，扬言要会师攻取长安，一时风声鹤唳。王猛平叛之后迅速回师，首先将苻柳打得丢盔弃甲，再将其他三位各个击破，国公爷们兵败身死。

369年，东晋桓温讨伐前燕。王猛献策：先出兵与燕共退晋军，然后乘燕衰颓而取之。九月，燕、秦联军大败晋兵，杀敌四万余人，桓温狼狈逃归。事后，燕毁约不割虎牢关以西之地给秦。王猛统兵三万伐燕，一战破洛阳，再战克荥阳，秦军振旅而归。

370年夏，王猛统兵六万再举进攻前燕，辅政大臣慕容评率三十万大军迎战。面对五倍于己的强敌，王猛先拿下壶关要塞，接着攻占重镇晋阳，随后率军南下与慕容评决战，前燕军大败。王猛长驱东进，包围邺城，慕

容评和皇帝慕容暐弃城而逃，前燕灭亡。一百五十七个郡，近千万人口尽归前秦。

371年，前秦灭了西南方向的仇池国，进而降伏了附近的吐谷浑。373年，前秦军队杀入东晋地界，一举攻克梁州和益州。

至此，前秦基本统一北方并占领长江上游地区，十分天下居其七，王猛的事业发展到巅峰。

375年，王猛积劳成疾，抱憾离世，留给儿子的遗嘱是以十头牛耕田务农，其余一无所求。

有关王猛的文治武功，已经简述如上，他的功业能不能和辅佐刘备夺取荆益、建立蜀汉、安定南中、五次北伐的诸葛亮相比，相信读者心中自有掂量。

✻ 参考书籍

《晋书》《资治通鉴》《密斋笔记》《晋五胡指掌》《两晋南北朝史》《中国通史》《魏晋南北朝史纲》

王猛的金刀计共有哪五步？为什么说是天下第一反间计？

话说王猛与苻坚君臣同心，兢兢业业做成一番大事业，联手共建了当时中国北方最强大的帝国。前秦的日子蒸蒸日上，周边少数民族不断前来投诚，苻坚非常大度，一概予以接纳并优待。其中有两个豪强天子也暂时匍匐在前秦的大旗下，一个是来自鲜卑的慕容垂，一个是来自羌族的姚苌。所以，在前秦空前的繁荣之下，也潜伏着不可预知的危险。

王猛是出将入相的大才，以他的智商，看人也是十拿九准，尤其对于慕容垂，他深知此人不是池中之物，根本不可能久居人下，一旦有机会一准会反噬一口。所以他出手了四次，想除掉这个心腹大患。但非常可惜，一向对他言听计从的苻坚，在对待慕容垂这件事上，每次都自作主张，干脆利落地破掉了王猛的局。

第一次：直言进谏

369年，慕容垂在枋头大败东晋名将桓温，斩首三万级，威名大振，想不到振幅太大，把习惯起内讧的慕容家族都震惊了，于是前燕太后和主事的慕容评商量要卸磨杀驴，慕容垂只好带着儿子等人投奔了前秦。

一向爱才的苻坚大喜，亲自到郊外去迎接，大手一挥，赏赐巨万。

王猛却忧心忡忡。在无人时，他给苻坚进言：臣仔细观察了慕容垂，

此人有雄略,他的那几个儿子也都是豪杰,一群"蛟龙猛兽","非可驯之物",臣建议"不如除之"。

苻坚大摇其头,我一直想给外族人立个榜样,刚给人家说了要至诚相待,如果动手杀了他,别人会怎么看我?

苻坚坚信慕容垂可以为己所用。随后,他任命慕容垂为冠军将军,封宾都侯,食华阴五百户。

王猛只有暗自叹息。

第二次:金刀绝计

既然进谏无果,王猛决定另想办法,下点猛药。主子心慈手软,不愿杀慕容垂,我得制造一个必杀的机会。

在深思熟虑之后,借着369年出兵伐燕,王猛一步一步实施了环环相扣、层层深入的金刀反间计。

第一步,向苻坚请求批准慕容垂长子慕容令出任参军,作为向导;(这个请求合情合理,苻坚和慕容令都没有理由拒绝。)

第二步,去慕容垂的府上辞行,席间讨来他的一把随身金刀作为纪念;(这个请求也是人之常情,慕容垂不可能驳王猛的面子。)

第三步,王猛花钱买通了慕容垂的帐下亲信金熙;(有些人的忠诚是有标价的,背叛只需要足够的筹码。)

第四步,大军即将抵达洛阳,金熙给慕容令传达慕容垂的口信,说他已经逃归前燕,让儿子借打猎为名逃回燕国;(亲信加金刀,慕容令不能不信。)

第五步,在慕容令叛逃之后,王猛将消息传回长安,慕容垂不得不仓皇出逃，在蓝田被追上押回。（儿子背叛，自己再不跑，那就是俎上之肉。可一旦慕容垂逃走，他的反叛也被坐实，百口莫辩。）

至此，五步金刀连环计完美收官。

但在最后一环上，王猛又一次低估了苻坚的大度和善良，他不生气，也不责备慕容垂，还赞赏他是"贤人心不忘本"，于是"待之如旧"。

王猛得知消息，不能不仰天长叹。

第三次：天象示警

王猛率军灭掉前燕后，将前燕君臣押回长安，前秦已经统一中国北方的大部。

《晋书》记载：373年，有彗星出现，夜观天象的太史令张孟认为这不是好兆头，马上向苻坚汇报："彗星从箕星的尾部出现，向东掠过井星，臣认为这是燕将灭秦之象。"

苻坚将信将疑，张孟认为此象应于慕容垂身上，力劝将其诛杀。苻坚沉思之后，还是摇了头。

不仅不杀，苻坚还重用了慕容氏，让慕容暐当尚书，慕容垂当京兆尹，慕容冲出任为平阳太守。

王猛感觉事态越来越严重。

374年12月，京城开始有人传播谣言，说鲜卑人图谋复国。有人闯进了明光殿唱童谣："甲申乙酉，鱼羊（鱼羊即为鲜卑的鲜字）食人，悲哉无复遗。"

此事隐秘，个人推测出于王猛的授意，秘书监朱肜、秘书侍郎略阳赵整等乘机奏请苻坚诛杀鲜卑人。

这种童谣的杀伤力历来很强大，无异于谶纬之言，一般狐疑迷信的皇帝都无法容忍，但在苻坚这里依旧无效。

慕容垂再次逃过一劫。

第四次：临终遗言

375年6月，51岁的王猛病重，他知道大限将至，给苻坚留下遗言：

"晋虽僻陋吴、越，乃正朔相承。亲仁善邻，国之宝也。臣殁之后，愿不以晋为图。鲜卑、羌虏，我之仇也，终为人患，宜渐除之，以便社稷。"

王猛临终，没有考虑私事，挂念的依然是国家前途。遗言两个意思：一是晋朝是正朔，不要加兵侵犯；二是慕容垂和姚苌是大患，不能相信，还是除掉为好。

面对这位兄长、良师兼益友的最终嘱托，《晋书》没有记载苻坚当场是否答应，但确实没有执行。

两条遗言是王猛最后的社稷良谋，可惜苻坚一条也没听。

……

383年，苻坚在慕容垂的怂恿下，亲率百万大军去讨伐东晋，结果遭遇淝水之败，国家元气大伤。慕容垂趁机斩杀前秦大将，逃回前燕故地复国称王，史称后燕，随后派人抢夺前秦牧马数千匹，再反攻邺城，前秦境内狼烟四起。

留在长安城内的慕容暐、慕容肃等人也趁势作乱，他们聚集一千多名鲜卑人准备袭杀苻坚，消息泄露，苻坚这才诛杀慕容暐父子及其宗族。

曾经被苻坚宠幸过的平阳太守慕容冲在淝水之战后起兵于河东，成为西燕第二任皇帝。此时，打了败仗逃亡的羌族豪强姚苌得到古羌和西州豪族的推戴，也建立了后秦政权。双方合兵围攻长安。

长安被困日久，粮尽，突围出城的苻坚被姚苌的手下拿获。一代豪杰被绞死于新平佛寺内，时年四十八岁。

不听王猛的话，后果竟然是如此严重。

看到苻坚的悲惨结局，后人感叹："不知景略若在，苌等几上之肉，何能为哉！"——如果王猛还在，姚苌这样的人哪里能够兴风作浪？

金刀计的设计本是天衣无缝，可惜最后决策的人是东郭先生苻坚，他被自己轻信的人反噬以至付出身死国灭的代价，但后世还是有人对金刀计提出了批评。

其中以宋代司马光为代表，他认为王猛此计用得过了，是以猜忌杀人，其手段也是"市井鬻卖之行"，还说王猛一定要杀慕容垂是因为嫉妒，这不是"雅德君子"所为。

笔者则不赞同此种观点，司马温公何其迂也！苻坚和王猛这对君臣是史上最佳拍档之一，王猛所得到的信任慕容垂永远也不可能得到，他本是苻坚羁縻外族的一个样板，所以王猛根本不存在什么嫉妒。至于猜忌也谈不上，王猛能够判断出慕容垂和姚苌都是盛则服，衰则叛的两面人，事实也果然如他所料。他收买慕容垂亲信的事，为了国家利益而舍经从权，无可厚非。再说那顶"雅德君子"的帽子，王猛不愿戴，苻坚早就戴上了，如果王猛也和苻坚一样行"雅德"之事，其结果可想而知。

至于慕容垂不死的原因只有一个：人事可为，天命难违。

❋ 参考书籍

《晋书》《资治通鉴》《世说新语》《两晋南北朝史》《中国通史》《魏晋南北朝史纲》

两晋
胡马北风

君臣合作的最佳拍档，苻坚和王猛是怎么打配合的？

三国刘备和诸葛亮相遇相得，留下一段佳话，史上还有一对君臣堪称千古最佳拍档，那就是十六国时期缔造前秦帝国的苻坚和王猛。

对于这二人，有人知道王猛的邋遢——扪虱而谈，也有人知道苻坚的败笔——淝水之战。历代的史官们惜墨如金，不愿多说，盖因为苻坚是个氐族人。狭隘民族论者认为，非我族类，其心必异，但同样是外族人也需要区别对待。五胡十六国时期，有残酷暴虐，杀戮不息，让老百姓生不如死的；也有平定四方，励精图治，给整个北方都带来小康生活的。苻坚和王猛曾经联手打造了当时稳定和繁华的盛世，造福于万千黎民，那是一件大功德。对此要逾越"夷夏之别"的藩篱，对他们进行公正的评价。

一见长安结誓盟，折冲万里济苍生

起初，东海王苻坚把在华山隐居的王猛请到长安，一番畅谈,通宵达旦，相见恨晚。

苻坚能得到王猛的高度认可，一是他宅心仁厚；二是他有远见卓识。氐人的汉文化水平在当时各少数民族中是较高的，苻坚又是氐人中的佼佼者。他对汉史典籍十分熟悉，巡视太学问难五经，许多博士都不能对答。

于是，二人惺惺相惜，相约纵横天下，兼济苍生。

好看到停不住的中国史

十几年披肝沥胆，内则允厘百工，广兴教化，外则平燕定蜀，擒代吞凉，前秦由一个关中小国迅速发展成300多万平方公里的庞然大国，王猛厥功至伟。《晋书》评价："兵强国富，垂及升平，猛之力也。"前秦帝国十分天下居其七，政治廉明公正，百姓安居乐业，近悦远来，四夷宾服。"自长安至于诸州，二十里一亭，四十里一驿，旅行者取给于途，工商贾贩于道。"

"关中良相唯王猛"，说得不过分。个人认为，不仅是关中，就整个北方，甚至整个魏晋南北朝时期来说，王猛都是最杰出的丞相。能干出这么一番盛世伟业，前提和基础是苻坚的绝对信任和无条件支持，如果是在前任皇帝苻生的手下，估计十个王猛也被杀了。

苻坚即位之初，王猛出守始平郡，公开鞭杀一名奸吏。苻坚认为德政当以教化为先，但王猛认为治乱世必用重法，这是君臣之间的第一次磨合。一个回合下来，苻坚心服口服，不仅不治王猛的罪，还准他放手大胆去做。

笔者对这对君臣有一个"四相"的评价：见识相当，抱负相同，意气相投，肝胆相照。

王猛比苻坚大十三岁，像一位长兄，但两人之间有胜似兄弟的感情，那就是同道知己，平生莫逆。

立威京兆豪强死，正意明堂奸恶空

三十六岁那年，王猛出任中书令加侍中兼领京兆尹。当时氐族权贵在京城里横行不法，仗势欺人，民怨极大。

太后的弟弟强德一向为非作歹，曾经在光天化日之下抢掠别人的钱财子女。王猛擒贼擒王，一出手就瞄准了强德。王猛料到苻坚会碍于太后的面子出手干预，所以突击抓人，迅速斩首，一气呵成。等苻坚的使者赶到时，

强德已被处死。

百姓拍手称快，朝野上下震惊。顶破天的事，说干就干了，王猛连招呼都没打一个。因为他相信苻坚能理解，自己与强德没有私仇，一切都是为了国家。

在苻坚看来，我和王猛"义则君臣，亲逾骨肉"，那你一个前任皇上的小舅子，不给皇家争脸，不是作恶太多活该报应吗？何况杀一儆百不好吗？那就没必要追究王猛的责任，连装装样子都不用。

随后，王猛与御史中丞邓羌联手，将二十余名罪大恶极的权贵悉数诛杀。效果立竿见影，"百僚震肃，豪右屏气，路不拾遗"。

苻坚看到焕然一新的局面，很欣慰："今天，我才知道在法治的天空下，天子是何等的尊贵！"

但王猛毕竟是新人，改革必然要触痛既得利益者，自认为对苻氏有大功的姑臧侯樊世严重不服，几度扬言威胁。苻坚认为得灭掉这个老家伙的气焰，于是和王猛合演了一场大戏。

幕起——某日上朝，苻坚故意问大家："杨璧这小伙怎么样？公主不小了，该找人家了。"樊世一听就急了："杨璧是我女婿，都订婚啦，陛下！"王猛烧了一把火："陛下富有海内，姑臧侯怎么能跟天子抢婚呢？这还有上下尊卑吗？"樊世暴跳如雷，冲过去要打王猛，被侍卫拉住，于是破口大骂，咆哮朝堂。苻坚心内窃喜，表面大怒，喝令将樊世推出斩首。——剧终

樊世现身说法，教育元老们千万别再找王猛的晦气。他不仅丢了脑袋，还丢了女婿，杨璧真成了驸马，娶了苻坚的长女顺阳公主。

明着不敢挑衅，就暗里下绊子，尚书仇腾和丞相长史席宝几度诋毁王

猛。苻坚的做法是：统统贬官，赶出朝廷。

再后来，凡是来进谗言的，四个字如利剑高悬："间者必杀！"于是上下咸服，莫有敢言。

蜀代初平燕初灭，襟怀未改功未竟

君臣亲如一体，没有苻坚的知人善任，王猛改革必难成功。

自古改革者少善终，但王猛没有这样的担心，他只需要大刀阔斧，勇往直前。君臣同心，其利断金，前秦实力迅速壮大，成为诸国中最有生气的国家。

苻坚和王猛执行的民族政策是取消胡汉分治，"混六合以一家，同有形于赤子"，没有高低贵贱，一律平等对待，各民族人才一概加以重用。

匈奴左贤王刘卫辰遣使投降，苻坚同意他到内地耕种。想不到中间出了岔子，云中护军贾雍派人袭击刘卫辰，纵兵掠夺。这可是打了皇上的脸，贾雍被免官责罚，苻坚下令送还所有资产，并遣使致歉，示之信义。由是，鲜卑、乌桓、羌、羯等族先后归服，长安城内各民族融合杂居，共享太平。

与此同时，四面受敌的前秦迈出了统一北方的步伐。

367年2月，王猛率军讨平羌族叛乱头目敛歧；4月，王猛攻破前凉国主张天锡军，继而兵不血刃，智擒原张氏部将李俨，夺占重镇枹罕；368年春，王猛率诸将平定苻氏四公叛乱。

370年6月，王猛提军征伐前燕，苻坚要与他并肩作战。王猛说："荡平慕容，如风扫叶，陛下不必亲受风尘之苦，给燕国皇上准备好住房就行了。"随后，王猛以少胜多，六万大破三十万，真的兑现诺言，把燕国君臣带回了长安。

前燕被灭，一百五十七个郡，近千万人口纳入前秦版图。苻坚激动得都不知道该怎么奖励王猛，先封为清河郡侯，又赐五十五名美妾歌妓，良马百匹，华车十乘。王猛哪里在意这些东西，固辞不受。随后前秦再接再厉，371年，灭仇池国，降伏吐谷浑。373年，杀入东晋地界，一举攻克梁州和益州。

有这样得力的股肱之臣，苻坚感慨："卿夙夜匪懈，忧勤万机，吾将优游以卒岁。"工作都是你干了，干得还这么出色，我这个当皇帝的，就剩下好好玩了。

可就在前秦国力蒸蒸日上的时候，王猛的身体却每况愈下，留给他的时间不多了。

但行安济群黎事，何计生前身后名？

王猛积劳成疾。苻坚对他的信任，是一种激励，也是一种压力。王猛一度身兼六个重要职务：丞相、中书监、尚书令、太子太傅、司隶校尉、都督中外诸军事，这在历史上也是不多见的。王猛多次上书推让，苻坚不许，"事无巨细，莫不归之王猛"。

王猛镇守冀州期间，苻坚授予他管辖六州并"便宜从事"的特权。笔者也疑惑，难道苻坚就不怕王猛尾大不掉吗？王猛就不怕功高震主吗？反正刘备和苻坚都没怕过，诸葛亮和王猛也没有怕过，小心眼儿加近视眼儿的皇帝一般都很怕。

375年6月，王猛病倒。苻坚心急如焚，亲自祈祷，并下令在境内大赦，十恶重罪以下全部赦免。

可惜无力回天，弥留之际，王猛留下遗言：一是晋朝不可伐，二是鲜卑羌族不可信。"言终而死,终年五十一。"

长安城愁云惨雾,"朝野巷哭三日"。苻坚极度悲痛,经常潸然泪下,不到半年须发皆白。

其后,苻坚灭掉前凉和代国,北方完全统一。西域六十二国和西南部落都遣使前来朝贡,至此,前秦臻于极盛。

正是此时,苻坚膨胀了,毕竟一统天下太有诱惑。383年,他调集百万大军进攻东晋,结果淝水之战惨败。鲜卑、西羌果然趁机造反,割据自立,江山分崩离析,无法收拾,苻坚最终死在羌族姚苌之手。

非常遗憾的是,苻坚后来没听王猛的话,但他们的组合依然是最成功的:威烈振乎八荒,声教光乎六合。王猛出将入相,刚明清肃,功业不亚孔明,可他没有得到公正的评价,只因为苻坚是外族人,甚至有些偏激的人说王猛是"汉奸",这种说法确属有点荒唐,有点不知所谓。

王猛用尽了全部的心力去结束战乱,重建社会秩序,造福黎民百姓。他也许根本不在意这些杂音,连嗤笑都不给一个。

(四个小标题连起来,是笔者题为《咏苻坚和王猛君臣》的一首七律,敬请方家指教。)

✱ 参考书籍

《晋书》《资治通鉴》《密斋笔记》《晋五胡指掌》《两晋南北朝史》《中国通史》《魏晋南北朝史纲》

为了争夺高僧，前秦后秦发动了几场战争？

抢地盘、抢资源、抢百姓，这是历史上绝大部分战争的底裤，当然浪漫的外国人也曾为抢女人打过仗，但在大约一千六百年前的东晋时期，曾经有几场大规模战争打得很诡异，不抢美女不抢地，抢的竟然是一中一外两个僧人。

外来的和尚会念经。有一名外国高僧住在龟兹国，名叫鸠摩罗什。据载，此人天资超凡，半岁说话，三岁认字，五岁开始博览群书，七岁就看破红尘跟着母亲出家了。他踏破铁履寻访高师，云游西域三十六国直至印度。十二岁，回到龟兹国开始登坛讲法，二十一岁成为龟兹的国师。他深得西域国王们的敬重，由此声名远播，沿着丝绸之路传入中国内地，甚至传到前秦皇帝苻坚的耳朵里。

另一位高僧道安大师在襄阳，苻坚也久闻大名。道安大师是高僧佛图澄的弟子，佛教思想的集大成者，译著很多，慧远、慧持等名僧皆出其门下。道安大师出生时手臂多长一块皮肉，很像一个肉手钏，因此也被称为"印手菩萨"。

公元377年，负责夜观天象的太史前来报告：皇上！发现一颗大星，预示着有一位"大德智人"要来咱们国家了。苻坚是个非常爱才的人，一听很高兴——嗯……要说这等高人，据朕所知，东晋那边是释道安大师，西域也就是鸠摩罗什大师了,难道天象应的是他们吗?当即派出使者去请,可惜事都没办成。

这让苻坚有点恼火。软的不行只能来硬的,那就派兵去抢。

公元 379 年,第一场战争发动。

苻坚指派大军南下,占领樊城后,全力猛攻襄阳,城破,前秦官兵高奏凯歌。

接到捷报的苻坚得意地对大臣权翼说:"我用十万大军攻取襄阳,得到一个半人。"权翼不解,他解释:"安公(指道安)算一个完人,习凿齿算半人。"习凿齿是东晋的一位大贤,但在他眼里,只能算半个,由此可见苻坚对道安大师的推崇。

来到长安的道安大师随遇而安,在哪里无非都是弘法。他给苻坚建议要请龟兹国师鸠摩罗什来研讨教义。道安其时已近七十岁,竟然如此重视一个三十多岁的僧人,那就必须把这位高人请来。苻坚马上派出使者远赴西域,想不到人家龟兹国王不乐意,撅了苻坚的面子。

没过几年,机会来了。跟龟兹不对付的鄯善王等人来请兵助战,苻坚也想经略西域,正好把大师给请回来。

公元 382 年,第二场战争启动。

苻坚派出了他最能打硬仗的七万精锐部队(要是这些人留下,淝水之战谁赢还真不好说),主帅是名将吕光。此人英勇善战,深得宰相王猛赏识。当年在征讨并州牧张平的大战中,吕光在万马军中如入无人之境,曾经将万人敌张蚝刺于马下!

在大军出征前,苻坚交代吕光:"朕闻西国有鸠摩罗什,深解法相,善阐阴阳,为后学之宗,朕甚思之。"——罗什大师朕仰慕很久了,这样

的高贤是"国之大宝"，我想让他做咱们大秦国的国师。如果你攻克了龟兹，就第一时间把他送到长安来。

前秦军队在西域如汤沃雪，横扫万里。次年，七万虎狼之师荡平龟兹和西域各国的七十万乌合之众，龟兹国被灭，龟兹王白纯被杀。令吕光惊喜的是不仅征服了三十多个国家，西域尽归前秦掌控，更在于他抓到了鸠摩罗什，可以向皇上完美交差了。

385年3月，吕光的大军带着二万多头骆驼和一万多匹骏马，满载西域珍宝东归，在其中的一头骆驼上还坐着奇货可居的鸠摩罗什。

然而，天有不测风云，就在他们浩浩荡荡的归途中，中原一场世纪大战已经黯然收场。

苻坚不听已故宰相王猛的金玉良言，也不听道安大师等人的劝谏，执意发动灭晋战争，结果在淝水大败。随后，一切就像多米诺骨牌一样倒得不可收拾，前秦不光是国家垮了，连雄才大略的皇帝苻坚也死在了羌族枭雄姚苌的手里。

吕光的大军走到凉州姑臧（今甘肃武威），突然听到了前秦的噩耗，七万人全傻了，国破了，他们无家可归了！

聊可安慰的是，有人有马有武器有珠宝，吕光就在凉州另起炉灶，建立了后凉，龟兹和西域各国都归他辖制。

鸠摩罗什也只能在凉州扎下来。吕光打仗是个行家，却并不信佛，他不断羞辱鸠摩罗什，甚至把他灌醉后逼他破戒。

整整十七年，鸠摩罗什过着半囚徒的生活。然而福祸相倚，这段时间，鸠摩罗什的汉语读写能力突飞猛进，为以后翻译佛经奠定了坚实的基础。

在此期间，姚苌杀掉苻坚自立为皇帝，他死后儿子姚兴继位。新上任的皇帝笃信佛法，他知道鸠摩罗什大师在吕光的手里，屡次派人前来交涉讨要。吕光不知道鸠摩罗什的价值，但知道他智慧过人，又怕放走他对后凉不利，何况，你姚家还是杀害皇帝陛下的凶手呢！

商讨无果，只能再起刀兵。

公元401年5月，第三场战争打响。

后秦主姚兴一怒之下派出十万大军直扑凉州。此时吕光已死，他的儿子吕隆根本不是对手，上表请降。

至此，鸠摩罗什的磨砺结束，一位风度翩翩的青年才俊被岁月打磨成了一个满脸沧桑的凉州老僧，但历尽千辛万苦，五十八岁的他终于走进了长安城，来到他一直向往弘法的东土圣地。

姚兴以国家最高礼遇迎接了鸠摩罗什，等待他的还有沉默了两百多年的大量佛经和中国有史以来最大的译经场。在这个专门为他打造的译经场里，姚兴为他配备了五百多名僧人组成的庞大译经队伍。

大师精通经藏、律藏、论藏，是中国三藏法师第一人。十三年后，他和弟子们译出380多卷重要的佛家经典，如《大品般若经》《妙法莲华经》《维摩诘经》《阿弥陀经》《金刚经》《中论》《百论》《十二门论》《大智度论》《成实论》等。他与玄奘、不空、真谛并称中国佛教四大译经家，且位列其首。

他的一生本就是传奇，在临终之时又留下了一个不解之谜。

公元413年，鸠摩罗什大师知道，他离开娑婆世界的时间到了。在临终前，他发了一个誓："我一生所译的经文如果没有错误，那么死后火化，我的舌头就不会烧坏。"——"若所传无谬者，当使焚身之后舌不燋烂。"

4月13日，鸠摩罗什在长安草堂寺圆寂，终年70岁。姚兴极为悲痛，

亲自参加荼毗追思会，几千弟子为大师送行。

火化过程中果然出现了奇迹："薪灭形碎，唯舌不灰。"正像他所言，肉身在烈火中尽化，舌头没有焦烂，且不断放出形如莲花的光芒。

如今，在甘肃省武威市凉州区，有一座鸠摩罗什寺，其中有塔专为安奉他的舌舍利而建，历代统治者奉若神明，这也是世间唯一的舌舍利塔。

✳ 参考书籍

《晋书》《魏书》《高僧传》《鸠摩罗什传》

南渡衣冠 叁

牛山对泣，寄居南土理残妆

金瓯瓦裂，多少枭雄窥庙堂

好朋友不是这样的，王丞相，伯仁就是被你所杀

公元322年，控制长江中下游各州的大将军王敦从武昌起兵，顺流而下，以"清君侧"诛杀刘隗刁协为名，攻打东晋都城建康。

王敦的堂弟王导此时担任丞相重职。在王敦起兵之前，王导曾写信一再劝他罢手，可王敦认为东晋的江山都是他王家打下来的，现在日子稍微好过一点，你司马睿（晋元帝）就想卸磨杀驴，要打压俺们王家，老弟你能忍，我王敦决不能忍！

王导无奈，晋元帝称自己为"仲父"，还把自己比作"萧何"，辛苦多年扶起来的主子再取而代之，这事不能干，或者说，想干现在也不是时候。于是，王导带着本族二十多人，主动前来谢罪，每天跪在宫门前，希望皇帝知道并体谅他的一片忠心和苦心。

连着几天，宫里没有动静，长跪乞命的滋味实在难受。

这一天，王导突然看见了好朋友周顗（字伯仁），似乎看到了一线生机，必须抓住这根救命稻草！

情急之下，王导顾不得什么威仪，大声哭喊："伯仁！伯仁兄！救我！这一家老小一百余口的性命，都拜托仁兄了！"

想不到，周伯仁连看都没看他一眼，昂着头从他身边径直进宫去了。

周伯仁此时的官职是尚书仆射，相当于副丞相，号称端副，有纠弹百

官之权，也是晋元帝倚赖的重臣。

王导满怀希望地等着，直到晚饭过后，才看见周伯仁醉醺醺地出来了，赶紧叫他，周伯仁不理，喷着酒气说："这回，我要杀尽那些乱臣贼子，换取一颗斗大的金印！"说完扬长而去。

周伯仁在有意躲他，王导心里暗恨，是不是真朋友，事上见分晓，平时多么投机，现在装不认识吗？

王导想起当年他和周顗、庾亮等人在新亭（今南京市雨花台区软件大道一带）宴饮，周伯仁能喝也爱喝，喝着喝着不由得感叹："这风景跟当年在洛河边一样的美好，可惜不是那时候的江山了。"大家听了，一时都起了乡愁，忍不住流泪。王导在座，看着这帮人哭得惨兮兮没出息的样子，愀然变色："当共戮力王室，克复神州，何至作楚囚相对泣邪！"——正因为这样，咱们才得齐心协力收复北方大好河山！怎么能像囚犯一样地相对哭泣！

周伯仁觉得王导说得正气凛然，赶紧擦干了眼泪认错。

这是一段有名的典故叫"新亭对泣"。那时候，大家在一起肝胆相照，也看不出来周伯仁如此无情无义！

王导又想起两人在一起喝酒，都喝得有点大了，他把头枕在周伯仁的腿上，还指着他的肚子问里面装的是什么？周伯仁笑答："里面也没什么，像你这样的人足可容纳数百个。"王导当时官比周伯仁大，并不觉得他骄狂，现在看来，此人从那时候起就不把自己放在眼里了？

那次周伯仁当了护军将军，尚书纪瞻摆酒祝贺，请自己赴宴。期间周伯仁酒醉失态，违背礼仪，被人参奏。晋元帝是听了自己的解释，应该也是看在自己的面子上，才免于对他的处罚，这些事难道他都忘了吗？

往事历历，王导越想越觉得伤心。

王敦多年征战，兵多将广，建康城挡不住他，很快他就带兵杀进城内。接着，刁协伏诛、刘隗北逃，朝中的一干"奸臣"都被清除了，他却拥兵不去，还纵兵四处劫掠。

晋元帝司马睿毫无办法，朝中一应事务都是王敦说了算。对于如何处理周伯仁的问题，王敦专门来征求王导的意见。

第一方案："周顗这人还是很有声望的，位列三司，没啥问题吧？"王导默不作声。

第二方案："就算不列三司，至少也得给个仆射吧？"王导依旧不吱声。

第三方案："如果不能用，那就只能杀了！"王导还是没有说话。

于是，王敦一声令下，周伯仁即将人头落地。

当行刑队伍路过太庙时，周伯仁大喊："天地先帝之灵在上：贼臣王敦倾覆社稷，枉杀忠臣，凌虐天下，神祇有灵，当速杀敦，无令纵毒，以倾王室。"

在周伯仁大喊的过程中，士兵用戟刺伤了他的嘴，血流满面，周伯仁面不改色，从容赴死，时年五十四岁……

王敦之乱被平定之后，王导不但没受牵连，还加官晋爵，被封为始兴郡公，食邑三千户，赐绢九千匹，晋位太保。

这一天，王导浏览以往的宫中奏折，忽然看到了周伯仁的折子，言辞恳切，感人至深，他一力担保跪在宫门外王导的清白，谏言皇上决不可错杀忠良！

王导此时才慢慢反应过来，原来周伯仁表面跟自己撇清关系，其实是为了摆脱嫌疑，以增加他说话的分量。

再了解一下才知道，周伯仁那天进宫，正是刘隗等人劝晋元帝将王氏一族满门抄斩之时，是他力挽狂澜，在陪皇上用餐喝酒时一再进言，随后又上了这份折子力挺王导，元帝才动了恻隐之心，把已经扬起的屠刀缓缓放下。

王导此时拿着周伯仁的奏折，当真有噬脐之悔，一时悲从中来，痛哭失声！之后，他沉痛地对儿子们说："吾虽不杀伯仁，伯仁由我而死。幽冥之中，负此良友！"

个人认为，哪里是什么"幽冥之中"，似乎王导还把周伯仁的死推给了命运，其实伯仁就是你王导杀的。当时王敦征求你的意见，他和周伯仁本来还有点交情，并没有要杀他的意思，甚至还想给他一个极品的官做，你可以不给他官，当时你只要轻轻地摇一摇头，就能把周伯仁的命保下来，是你心胸狭隘，又缺乏知人之明，是你的沉默一手制造了周伯仁的悲剧。再说，你还不了解你这个堂兄是个什么样的人？那是一个凶悍残暴之人，杀十个周伯仁也不会眨眼的。

周伯仁被杀之后，王敦派人抄了他的家，只收得空篓子几只，里面装的是旧絮，另有酒五瓮，米数石，堂堂副丞相清贫如斯，这就是一代贤臣周伯仁的操守。

✱ 参考书籍

《晋书》《资治通鉴》《世说新语》《两晋南北朝史》《中国通史》《魏晋南北朝史纲》

点燃犀角，东晋大将军温峤在长江水下看到了什么？

说到诗仙李白之死，有"醉酒捉月，骑鲸升天"的传说，这很符合诗仙的性格，让他的死也带上了一层极神秘的"仙"的色彩。

有不少人知道李白捉月的地方，在他很偏爱且多次写诗的牛渚矶，即今天安徽省马鞍山市西南五公里处的长江东岸，又叫采石矶，与岳阳城陵矶、南京燕子矶并称为"长江三矶"。这里绝壁临江，扼守天险，历来为兵家必争，发生在此的著名大战就有二十余次。

那么，有一个小小的问题就产生了，长江万里，月光普照，李白为什么单单选择在这里捉月呢？

从他的《牛渚矶》中，似乎能找到一点端倪。

"绝壁临巨川，连峰势相向。
乱石流洑间，回波自成浪。
但惊群木秀，莫测精灵状。
更听猿夜啼，忧心醉江上。"

前两句是牛渚矶的风貌，写"壁""川""峰""石""流""波""浪"，容易理解，不多解释。第三句先写山麓间树木竞秀，后写"莫测精灵状"。

有人望文生义，认为是树木长得怪异，像是精灵一样，其实理解差了。

这句诗里藏着一个李白深知的典故——"犀照牛渚"，与精灵有莫大的关系。个人认为，正是这个典故诱得李白"醉酒捉月"，坠江而死，甚至可以说，这才是杀害诗仙的"凶手"。

牛渚矶还有一个名字就叫犀照矶，由此可见其与"犀"的渊源。

犀照者谁？温峤也。

温峤出身太原温氏世家，今祁县人。在西晋末东晋初的乱世风烟中，文武兼备的他出将入相，是挽狂澜于既倒的国之勋臣。

西晋末年，他曾尽心辅佐他的姨父刘琨（就是参与闻鸡起舞的那位励志模范）治理并州，抵御前赵侵扰。南渡之后，他率军平定王敦和苏峻的叛乱，让脆弱的东晋王朝得以喘息并渐渐站稳脚跟。因为功绩丰伟，他官拜骠骑将军，册封始安郡公。

在唐代房玄龄等人合著的《晋书·卷六十七·温峤列传》中有这样一段记载：

"朝议将留辅政，峤以导先帝所任，固辞还藩。复以京邑荒残，资用不给，峤借资蓄，具器用，而后旋于武昌。至牛渚矶，水深不可测，世云其下多怪物，峤遂毁犀角而照之。须臾，见水族覆火，奇形异状，或乘马车著赤衣者。"

在平定苏峻的叛乱之后，温峤并不想留在朝中辅政，认为先帝已经将重任托付了王导，他应足以胜任，于是为残破的宫廷筹措了一大批物资之后，就沿江北上前往武昌（时任江州牧）。

船行至牛渚矶，温峤看到此地形势险要，水深浪阔，随行人都说这幽深的水下有很多怪物，温峤一时好奇，又听人说点着犀角，就可以看到怪物的模样，于是命人找来犀牛角点上，下水为他照看。

具体是怎么照看的？是在水面上还是在水下？在水下犀角可以不灭吗？没试过，不敢妄加推断。

为了查证这一点，又在南朝宋刘敬叔的《异苑》卷七中看到了相关记载，说温峤到了牛渚矶，是先听到水底有音乐之声才命人用犀角去照看的。

"须臾见水族覆火，奇形异状，或乘马车著赤衣帻。"

犀角果然是通灵的，很快温峤就看到了水底的怪物，长相很奇怪，有穿红衣服戴红头巾还乘着马车的，还有怪物扑上来要把犀角上的火灭掉！

以此分析，犀角应该是在水下燃烧才行。阴阳殊途，怪物有可能大白天跃出水面吗？

"峤其夜梦人谓己曰：'与君幽明道别，何意相照也？'意甚恶之。峤先有齿疾，至是拔之，因中风，至镇未旬而卒，时年四十二。"

《温峤列传》记载：当天夜里，温峤梦见一个人对他说："我们和你阴阳殊途，本来各不相扰，为什么要来窥探？"那个人的样子很是愤怒。

接下来的事情相当诡异，温峤的牙本来有点问题，到达江州之后，就找人把牙拔了，哪里想到就因为拔了个牙而中风，没过十天，温峤竟然一病不起，撒手人寰，年仅四十二岁。

死后，温峤获赠持节、侍中、大将军，谥号忠武，这些且不多说。

只因为看到了不该看的世界，温峤壮年暴毙。非常可疑，他是被收走了吗？还有特别好奇的一点：灵犀灵犀，难道犀牛角真有这样不可思议的用途？

人常说，心有灵犀一点通，想想是有来处的。

点燃犀角可以起到照妖镜的作用，可以打通维次，隐隐照亮遥不可知

的冥冥世界，这似乎是古人的共识。所以，宋代辛弃疾的词《水龙吟·过南剑双溪楼》中也写道："待燃犀下看，凭栏却怕，风雷怒，鱼龙惨。"

民间还有传说：点燃犀牛角蜡烛，可以和死去的亲人相会，不知道后人有没有试过。不过，"燃犀"或"犀照"的意思却慢慢演变，我们现在用它表达明察事物，洞察奸邪。

回头再说四百多年之后的李白，还是他的那首诗《牛渚矶》，最后一句写道：

"更听猿夜啼，忧心醉江上。"

当时的李白被流放夜郎，遇赦得还，月下酌酒，花甲之年，鬓发皤然，一生怀抱不得舒展，再听到猿猴在长夜里的清啼，不能不求得一醉解千愁。

醉了之后，本来就一心修道的他兴许是在朦胧间想到了水下的精灵，莫不是想邀而共饮，举身赴水，于是为世上留下了"醉酒捉月，骑鲸升天"的传说。

✽ 参考书籍

《晋书》《异苑》《李太白集》《稼轩长短句》

陶渊明曾祖手握八州重兵，一个梦就打消了称帝的野心？

陶渊明的祖上一直都有驰骋沙场的名将，据《陶氏远祖世系表》，其远祖为西汉名将陶舍，曾被汉高祖授为开封侯，食二千户，难能可贵的是他文武兼修，著有《用军策》52章传世。

后人世代簪缨，至陶同、陶丹，均为三国吴之扬武将军，陶丹的二子陶侃是东晋初年中流砥柱，有人评价他"机神明鉴似魏武，忠顺勤劳似孔明"，说他既有曹操的神武决断与识人之明，又有诸葛亮的鞠躬尽瘁忠诚为国，故有后人称他为东晋文武全能的第一名将，信不为过。陶侃死后一百余年，曾孙陶渊明出生，其时家道已经没落，此是后话不提。

据《晋书·列传第三十六·卷六十六》记载：陶侃的祖上虽然也曾煊赫过，但朝代更迭，物是人非，加上他年少时父亲就去世了，没有什么余荫可供躺受，为了维生，他只能到县里去当一个小吏。

有趣的是陶侃在官场起步时，干的是督邮。

先说说这个有趣的督邮，这是当时督邮书掾、督邮曹掾的简称，并不是个多大的官儿，但能狐假虎威，因为他是郡守的重要属吏，可以代表太守督察县乡。这就能从字面上理解了，他像个邮差一样巡视监督大家。在《三国演义》里那位贪图贿赂，被张飞吊打的倒霉家伙就是一个督邮。实际上，史书里真正出手的人是刘备，他比张飞狠多了，差点把那个督邮给打死。

陶渊明41岁那年，咬着牙最后一次出仕，当了个七品芝麻官彭泽令，又是因为郡里来了一位检查督导工作的督邮，手下人提醒他得打扮得齐齐整整去迎接。陶渊明不愿再为五斗米而向这种趾高气扬的小人物折腰，干脆挂冠辞职，去过自由而贫穷的田园生活。

陶渊明可以潇洒地辞官而去，但他的曾祖父陶侃当初为了当个七品官却含辛茹苦。

一天，鄱阳郡的孝廉范逵途经陶侃家，贫寒的陶家竟无以待客。陶侃的老母亲毅然剪下长发卖掉，换来了酒菜，宾主之间才得畅饮一番。告别时，陶侃把范逵送到百里之外。范逵问："您想过到郡里去谋个职位吗？"陶侃老实回答："想过，只是苦于无人引荐。"于是，范逵专程拜见庐江太守张夔，极力推荐陶侃。张夔乃召陶侃前去，一见之下，也认为陶侃是个贤良方正的人，就命他当了个督邮，还兼任了枞阳县令。

陶侃从此渐露头角，后来他被张夔举荐为孝廉。当然他的这个孝廉是经得起考验的，陶侃事母极孝，母亲对他也教导有方，传为美谈。

陶侃进京之后得到了当时的重臣张华和孙秀等人的垂青，又得到江南名士顾荣的器重，但他似乎不是个当太平官的料，在武冈县令的任上，因为与太守吕岳不和，干脆弃官回家。

八王之乱，给陶侃从军提供了机会。

太安二年（303年），陶侃眼看已经四十五岁了，当时义阳人张昌在江夏聚众造反，旬月之间，发展到数万人，荆、江、扬等州大部分地区为其控制。

朝廷任命刘弘为南蛮校尉、荆州刺史前去镇压。刘弘是陶侃的伯乐，他上任后马上就请来陶侃，任命他为南蛮校尉长史，领大都护，担任先锋官率军开赴襄阳。

陶侃在征战中显示出了卓越的军事才干,屡次大败张昌,前后斩杀数万人。于是张昌逃窜,部众投降,荆州被平定。陶侃因军功被封为东乡侯,食邑一千户。

初出茅庐,旗开得胜,陶侃一发而不可收。随后,他被朝廷任命为江夏太守、鹰扬将军,剿平扬州刺史陈敏的叛乱。在他升任龙骧将军、武昌太守之后,又迅速打垮了占据长江上游荆、湘两州的杜弢流民起义军。

陶侃的军队能打胜仗,除了他治军严明,精通韬略之外,还与他大公无私有极大关系。军队得胜,凡有缴获,他就下令全部赏给将士们,自己倒是个空手掌柜,身无私财。

平定苏峻之乱时,陶侃是勤王军的盟主。他因功升任侍中、太尉,加授都督交州、广州、宁州等七州军事,封爵长沙郡公,食邑三千户。至此,七十岁的他才登上了人生的巅峰,成为朝廷柱石。

然而他作为军事家的代表作是七十一岁才完成的。

当时,后将军郭默擅自杀害江州刺史刘胤,丞相王导认为郭默骁勇难制,反任命他接了刘胤的江州刺史。陶侃认为此事绝不能纵容,毅然决定出兵征讨。

陶侃带兵抵达江州,两军接战,郭默不是对手,于是进城准备固守。他别有用心地用米袋堆成堡垒,以显示自己兵精粮足。

陶侃不以为意,修筑土山与他对垒。次年三月,朝廷各路军队陆续到达。

正当陶侃准备展开进攻时,郭默部下反叛,部将宗侯发动突袭,一举擒获了郭默父子,并捆绑他们出城投降。

陶侃兵不血刃就拿下了不可一世的郭默,命令在军门前将其斩首,首

级传至建康。

当郭默被陶侃斩杀的消息传到后赵时，石勒坐不住了。他曾经与郭默交过手，多次被打得狼狈不堪，难以招架，现在听说陶侃取郭默首级如探囊取物，不能不敬若天神。

他一直担心有一件事冒犯过陶侃。当年苏峻的部将冯铁曾经杀了陶侃的儿子陶瞻，投奔后赵，他还让冯铁担任了边将。

此时，陶侃一封信来，轻描淡写地讲述了与郭默之战，石勒知道轻重在哪边，干脆杀了冯铁以减轻罪责。

仅此一件小事，可见当时陶侃的威名。他坐镇荆州，则后赵不敢轻犯。

由此，称陶侃为东晋第一名将，不算虚言。唐德宗时，陶侃成为武成王庙六十四将之一。宋徽宗时，位列武庙七十二将之中。与他共享此等荣誉的东晋名将只有谢玄。

当然，位高权重难免引起朝廷猜忌。想他一人手握八州强兵，如果有异心，要砸了司马家的锅，另起炉灶，凭他的实力，应该不难。

唐代房玄龄等人所著的《晋书·陶侃列传》中说他有不臣之心，"及都督八州，据上流，握强兵，潜有窥窬之志"。

至于陶侃为什么没有造了司马家的反，书中记载仅仅是因为他做了一个梦："梦生八翼，飞而上天，见天门九重，已登其八，唯一门不得入。阍者以杖击之，因坠地，折其左翼。"

这就有点离奇，陶侃梦见自己长了八个翅膀，这是否暗指他手握八州重兵？飞上天是说他想登基自己当个皇帝，但是上了天才发现，天门共有九重，这是否暗指天子执掌九个州，或者天子九鼎？陶侃梦到他已经进了八重门，进最后一个门的时候被看门的老头打了一闷棍，于是就栽倒了地上，还把自己左边的翅膀伤了。

所以，陶侃后来一想到这个折翼的梦，就打消了当皇帝的念头。"每思折翼之祥，自抑而止。"

您觉得这可能吗？一个人一旦有了那种野心，岂是一个小小的虚无的梦所能挡得住的？

个人认为陶侃一生尽心于国，"折翼"的梦是《晋书》作者的诬枉。

陶侃被朝廷拜为大将军后，赐予他"剑履上殿，入朝不趋，赞拜不名"的特权被他坚决辞让。这种顶级特权王莽和曹操都坦然享受了，谢玄没这个福分，所以称陶侃为东晋第一名将也是有理有据的。当时，陶侃已经是七十多岁的老人，不想参与朝政，多次想告老还乡，总被苦苦挽留。

咸和九年（334年）六月，陶侃在病中上表逊位，派左长史殷羡将官印节传等送还朝廷。他在离开荆州前，军资、器仗、牛马、舟船等，都有簿录统计，封存仓库，他还亲自上了锁。

请问，这样的一个人像是要造反的样子吗？

✱ 参考书籍

《晋书》《资治通鉴》《三国志》《三国演义》《全宋文》《陶氏远祖世系表》

魏晋人事制度"九品官人法"持续四百年,公平公开公正?

前篇文章谈到经过范逵举荐,庐江太守张夔任命陶侃当了个督邮,兼任枞阳县令,因为才能出众他还被升任为主簿。您可别小看主簿这个职务,在魏晋时,他可不是什么记账先生,而是长官的亲吏,参谋机要,总领府事,很有权势。但是后来陶侃又被张夔举荐为孝廉,进京去当个郎中之类的小官,接着又被任命为武冈县令。

这就有点纳闷了,从枞阳到武冈,陶侃同样是当县令,怎么要绕这么个大弯子?

这事得从汉代的察举制说起,看官您要不嫌烦,且听在下慢慢道来。

陶侃被太守举为孝廉,这是汉代以来,学子走入仕途的重要路径。单从字面上来看,"孝廉"是指孝顺父母、办事廉正的意思,似乎只是做人的基本准则,但实际操作并不是那么简单。

察举孝廉,要的是贤良方正的人,是汉代各郡为国家选拔人才的重要任务。

据《汉书》,公元前196年,汉高祖刘邦曾经就下过求贤诏,令从郡国推举有治国才能的"贤士大夫",由此开察举制的先河。把察举作为选官的一项制度是从汉文帝开始的,他曾下诏"举贤良方正能直言极谏者";又诏"诸侯王、公卿、郡守举贤良能直言极谏者"。

好看到停不住的中国史

建元初年，汉武帝采纳了董仲舒的建议，"令郡县岁举孝廉各一人"——每个郡县都有了具体指标，每年得举荐"孝"和"廉"者各一人。这些人会被送至朝廷，成为选拔官吏和任用升迁的清流正途。

请注意"清流正途"四个字，这对一个读书人来说，就是你的来路出身。原来陶侃的官职只是州郡长官的任命，现在是国家备案，吏部正式认可，委任状不一样，轻重当然不一样。

察举孝廉在西汉时考核比较严格，吏治也还算清明。通过举孝廉，在社会上造成"在家为孝子，出仕做廉吏"的舆论和风尚，起到了移风易俗的社会教育作用。

比如陶侃这个孝廉就是经得起考验的，他事母极孝，母亲也教导有方。直到东汉中期之后，考核松弛，察举不实者比比皆是，闹出不少笑话，就不多说了。

那选拔孝廉究竟有没有个标准呢？难道是个模糊概念？

那倒不是，根据董仲舒的建议，要"限以四科"，汉武帝于是正式下诏要求各县以此四项标准来取士：

第一："德行高洁，志节清白"。

第二："学通行修，经中博士"。就是学问通达，举止得当，是研习经书的博学之士。

第三："明习法令，足以决疑，按章复问，文中御史"。大意是熟悉法令，可判案决疑，还会写文书。

第四："刚毅多略，遭事不惑，明足决断，材任三辅"。意思是性格刚毅，多有智略，明谋善断，像这样的人才，可以在京城三辅给个职务了。

当然，这些被各地举荐的孝廉来到中央之后，并不是马上就授一个实

职，而是先进入郎署当个小郎官之类，需要承担宫廷宿卫的任务，目的是使之"观大臣之能"，熟悉朝廷行政事务。这跟小学徒进了商号，得先学些基本的规矩一样。

所以，陶侃也得走这个程序，得给皇上当警卫员，手持大戟站个岗？其实让你一个候补官员站在那儿，主要是观摩，看人家那些正式官员的言行举止。

然后还有一个选拔过程，根据考核的结果再任命不同的职位，有的留在中央，其余的就像陶侃一样，到地方去当个县令之类级别相近的官职。

那被举荐者有没有年龄的限制？

汉武帝的诏书中似乎规定得不够详尽，估计是有些郡县推举了太年轻的人，办事不够牢靠。

到了东汉顺帝年间，根据尚书令左雄的建议，规定"自今孝廉年不满四十，不得察举"，似乎又有些太老了。个人所知，秦汉间人的平均寿命为52岁左右，能为国家服务的时间已经不多了。

这且不说，左雄的建议里还制定了"诸生试家法、文吏课笺奏"这一重要制度，由此，孝廉科由一种地方长官的推荐制度，开始向中央考试制度过渡，即中央对儒生出身的孝廉，要考试经术，文吏出身的则考试笺奏。

意思是这一群四十多岁的准老汉们想得个一官半职还得经过正规考试。有个成语叫"白首穷经"，以前的理解是年纪老了还在钻研经籍，人啊，要活到老，学到老。现在看来，这群两鬓斑白的老汉还在认真学习，原来为的是应付考试！

所以，到公元303年，陶侃被请出山带兵打仗的时候，他已经是四十五的老人了。

在陶侃生活的那个时期，察举制已经基本完成使命。魏晋时期，官员的选举制度采纳的是九品官人法，也就是九品中正制。

这个制度在黄初元年（220年）曹丕的手里就开始制定实施，提出此建议的是尚书令陈群。

实际操作的步骤是：由各州郡分别推选大中正一人，大中正必须是在中央任职官员且德名俱高者。大中正再产生小中正。中正就是品评人才的官职名称。大、小中正产生后，由中央分发一张人才调查表，表里把人才共分为九等，上上、上中、上下、中上、中中、中下、下上、下中、下下。

这张宝贵的表格由各地大小中正把自己所知的优秀人才都登记上，包括年龄籍贯、是否出仕等，再根据此人的品第，加注评语。大中正审核后，将表呈交吏部，依此来选拔官员。

这项制度存在极大的人为因素，比如《晋书·刘毅传》就写道："爱恶随心，荣辱在手，上品无寒门，下品无士族，公无考校之实，私无告诉之意。"但它至少解决了两汉察举制选拔官员标准模糊的问题，既有中正的推举，也得参考地方群众舆论和公共意见，一个时期内使混沌的吏治得以澄清。

九品官人法创立之初，评议人物的标准是家世、道德、才能三者并重。它是中国封建社会三大选官制度之一，发展到西晋时渐趋完备，约存在了四百年之久。

按说，这也算是一种相对公平合理、相互制衡的人事制度，但没有哪一项制度是包用万年的，制度并没有好坏，关键是使用的人中不中，正不正。

随着时间推移，九品官人法的弊端也显露出来了。后来，选举权完全被操纵在地方豪强之手，世家大族居然控制了朝廷官吏的任免，于是才被

人诟病为"上品无寒门，下品无士族"，最后催生了门阀制度，由此又导致了魏晋南北朝的混乱局面。

下层人士上升的通道基本被锁死，此时的官人法已经没有什么公平可言了，很快也就寿终正寝。

时间来到了隋朝，门阀士族制度轰然崩塌，九品官人法也被废除，而代之以科举制，下层读书人又迎来了出人头地的机会。

参考书籍

《汉书》《晋书》《资治通鉴》

"不能流芳百世，不妨遗臭万年"，这话不是桓温的本意

公元 354 年 2 月，东晋征西大将军桓温率领四万精兵北伐前秦。

大军自江陵出发，浩浩荡荡，势不可挡，直逼关中锁钥武关（今陕西丹凤东南）。几番血战之后，晋军占了上风，生擒荆州刺史郭敬，又击退了力举千钧的淮南王苻生。4 月，桓温驻军灞上，虎视长安。

形势对桓温极为有利。老百姓牵羊担酒沿路迎接，周边郡县纷纷纳城投降。前秦开国皇帝苻健自领六千老弱残兵固守内城，三万主力秦军退守长安城南。

然而，就在这奋勇前进一步就足以名垂青史的关键时刻，桓温却裹步不前了。

此时的他羽翼已丰，轻兵远袭平定成汉之后，手握八州之地，私招军卒，任命官吏，雄踞一方，自成一体。偏安于江南的东晋朝廷已经不能奈何于他，放眼四海，还有哪个是对手！所以他萌生了一个大胆的想法。

取司马氏而代之！

虽然桓温一生都在遮遮掩掩，不曾响亮地说出自己的想法，但他的不臣之心已经和当年的司马昭一样，全国人民都心照不宣了。

此时，站在长安城下的他，如果一鼓作气把前秦拿下，固然是奇功一件，但是否用力过猛？前秦一灭，只怕朝廷就会开始想办法对付他。如果留下

敌人，就是挟制朝廷的工具，他的荆州武力集团继续招兵买马就没人敢说三道四。

把前秦灭掉变成功勋还是留下成为筹码？在桓温举棋不定的时候，隐居华山的高人王猛来了。

交谈过后，桓温非常欣赏王猛的才能，认为江南无人可及，力邀加盟，愿直接封其为督护。

当然，王猛也猜出了桓温的小心思——将军在这里逡巡不前，是为了养贼自重吗？

桓温当时应该笑得很尴尬。

本以为他是为收复汉家河山而鞠躬尽瘁的英雄，那就助他一臂之力，既然他是这样的小格局，未必能成大事。王猛谢绝了桓温的邀请，飘然而去。

桓温依然犹疑不决，他心思极重又很敏感，对于"流芳百世"还是"遗臭万年"一直举棋不定。现在，前进一步，攻取前秦，就是"流芳百世"的功业，而且他向来很佩服矢志北伐的刘琨，还因为自己长得像他而沾沾自喜。可他现在的位置不是刘琨所能相比的，重兵在手，权倾朝野，正像他某次对手下幕僚们所说的，如果不能克成帝业，岂不被司马师和司马昭之辈耻笑？

《晋书》记载如下："（桓温）以雄武专朝，窥觎非望，或卧对亲僚曰：'为尔寂寂，将为文景所笑。'众莫敢对。既而抚枕起曰：'既不能流芳后世，不足复遗臭万载邪！'"

他的原意本是首鼠两端，如果不能流芳后世，那也不能遗臭万年吧！谁曾想这句话流传到后世变了味，演变成了"大丈夫不能流芳百世，不妨遗臭万年！"这是一句糟糕透顶的话，为多少后来人做坏事提供了借口和勇气。

他也没想到，他这句话正是自己一生的写照，成了一句谶言。

再说灞上。就在桓温摇摆不定的时候，大好时机已经丧失。符健派人抢收了麦子，实行坚壁清野，晋军粮秣不继，桓温只能收兵。前秦军随后追杀，晋军大败，桓温狼狈撤回江陵。

在此之后，他又搞了两次虎头蛇尾的北伐，但都功亏一篑。

性格决定了他的命运走向。

他有不少优点，本是个孝子，为父报仇枕戈泣血整整三年；自解权柄为母送葬；在伐蜀时，他曾在绝壁下高呼：既为忠臣则不得为孝子！他俭约朴素，每次宴饮仅以茶果待客；他还举荐了很多有识之士入朝为官；他推动改革，稳定税收，提高了国家的经济与军事实力。

如果没有动那个有点邪恶的小心思，他有希望成为诸葛亮一样光昭日月的名臣，配享历代太庙，成为后世敬仰的楷模。只是念头一转，私欲膨胀，他的举措就乱了方寸。刘琨和祖逖当年是没有条件创造条件也要北伐，他是有条件、有优势却葬送了大好局面。

公元371年11月，桓温带兵入朝，强行废掉了晋废帝（海西公）司马奕，改立司马昱，是为简文帝。这位可怜的简文帝处处受桓温制约，在位仅仅八个月就忧愤而亡。

桓温本以为简文帝会禅让给他，结果大失所望，在他扭扭捏捏的时候，群臣又扶起了一个尴尬的傀儡孝武帝。373年2月，桓温再次带兵入朝，大家都以为他要血洗朝堂，可他仍然没有直接上位。

但是，老天爷已经不打算再给桓温机会了，他病了，抓紧时间逼迫朝廷给他加九锡之礼。在朝中主事的谢安、王坦之等人就用了一个"拖"字

诀，推说锡文不好正在修改。直到 7 月，锡文还没写好，桓温已经等不到了，他很不甘地咽了气，终年六十二岁。

设想一下，如果他要来横的，谢安等人想必也无可奈何，他最终没有采取篡位的行动。他的儿子桓玄却不管那一套，他敢称帝。

403 年，桓玄把皇帝司马德宗废掉，自己登基，建立"桓楚"，他的老爹被追尊为宣武皇帝。桓温如果地下有知，不知道是不是在苦笑？他本可以自己称帝，现在却被摁在了皇帝的位置上，羞答答的面纱被儿子一把扯下，野心似乎被坐实了。

桓玄的皇帝梦只做了六个月，他的朝廷被另一个野心勃勃的人推翻，东晋真正的掘墓人刘裕横空出世。他手段强硬，在加了九锡之后，先杀晋安帝，再一脚踢开晋恭帝，熬了一百余年的东晋正式灭亡。

❋ **参考书籍**

《晋书》《资治通鉴》《中国通史》《宋史》《世说新语》《魏晋世语》

淝水之战：东晋真是八万破百万吗？

公元383年，淝水之战，东晋对前秦，八万破百万，这是提起这场战役大家常提及的数据。说实话，对这场经典战例，笔者一直存有疑惑，大于10∶1的双方兵力比毕竟悬殊。近来查阅了一些史料，综合各方面数据，可知前秦确实动员投入了近百万的兵力，而东晋投入前线的兵力却不止八万。那发生在淝水的巅峰对决，双方投入主战场的兵力究竟是多少呢？

据《资治通鉴》："坚遣阳平公（苻）融督张蚝、慕容垂等步骑二十五万为前锋……甲子，坚发长安，戎卒六十余万，骑二十七万……"

要按这个数来算，苻坚的兵力何止百万，那是可怕的一百一十二万！

其中可以明确的是：征南大将军苻融的前锋军团共二十五万人、苻坚亲率的羽林军三万人、幽冀军团二十二万人、龙骧将军姚苌所率的梁益（水）军七万人、凉州刺史梁熙率领的凉州军团三十万人，这加起来共是八十七万。那还有二十五万乌合之众从哪里来的？是否将前锋军团的人数重复计算？只能暂时存疑。

需要重点交代的一点，苻坚临时征集了三万羽林军，何以出此下策？因为在383年春，他忽然派大将吕光率七万大军远征西域，这支雄师才是前秦的百战精锐，在西域攻无不克，却一时调不回来。

再者，前秦虽号称百万大军，其实大部分还分散在各个兵站，正向河

南项城一带慢慢集结，真正到达前线的只有苻融的前锋军团。其他的拉拉杂杂，"旗鼓相望，前后千里"，如幽冀军团行军缓慢，还没走到彭城（今江苏徐州），远一点的部队，如凉州军团，还没走到咸阳。

现在单说扑向淮西的苻坚嫡系部队。据《晋书·苻坚载记》的数据，前锋军团为二十五万人，以阳平公苻融为帅，手下包括名将张蚝、梁成、慕容垂等人率领的步、骑兵。大军到达颍口时，给慕容垂分兵三万人前往荆州侧翼方向，用以割断桓冲的荆州军与谢石、谢玄所率领的北府军之间的联系；在攻占寿阳之后，苻融命梁成率五万人进驻洛涧；得知东晋龙骧将军胡彬所率水军缺粮，困守在硖石，苻融又派兵前往攻打（未有史料记载派出兵力，个人推算需要一到两万人）；再留郭褒率军驻守寿阳（少说一到两万人）。这样，就按《资治通鉴》所说的三十万人来算，淝水阵前的前锋军团兵力总数也不到二十万人。

《九家旧晋书辑本·陈郡谢录》所载与此相符："太元八年，秦主苻坚倾国大出，众号百万。先遣苻融、慕容暐、张蚝、苻方四师至颍口，梁成、王先等守洛涧。"说明前锋兵团在分出慕容垂部与梁成部后只剩四部人马，而且，这些兵力被分布在西至郧城、东至洛涧五百余里长的战线上，所以与晋军主力对敌的寿阳一带的兵力即使加上苻坚从项城带来的"轻骑八千"，充其量十万人左右。以寿县和八公山一带的地形来看，大规模军团作战也无法展开。

而东晋的前线兵力远不止八万，前文提到了桓冲的荆州军，这是桓温给弟弟留下的精锐部队，达十万人之众。荆州军处于前秦军的包围之中，压力也相当大。即将杀来的梁益水军、凉州军团也有几十万人，再加上从东面迂回过来的慕容垂的三万人，桓冲要对付前秦大约一半的人马。

在苻坚的这盘大棋中，如果中路进展顺利，在淮南成功歼灭北府军，即可直捣建康。一旦中部战场开打，前秦军东西夹击，桓冲的荆州军也将是他的囊中之物。

东晋军沿淮河西上，迎击前秦前锋军团的八万人正是谢家北府军的主力，但同时北上的还有龙骧将军胡彬带领的五千水军，再加上其他配属在前线的常驻军，这样，东晋前线的参战总兵力也在二十万人以上。

战役打响，东晋先发制人。

刘牢之仅率五千精兵扑向洛涧，向梁成军发起疯狂进攻。梁成根本没想到杀到面前的北府兵如此凶猛，手下根本招架不住，五万人被打得溃不成军，四散而逃。梁成和他的弟弟梁云以及弋阳太守王咏阵亡。

初战大捷，东晋军威大振。随后，前锋谢玄提兵西渡清洛，谢石所率主力跟进抵达淝水东岸。

此时，在军队总数上，东晋处于1∶10的绝对劣势，但在淝水隔岸对峙的双方兵力约为1∶2。

我们再来审视一下这两支部队的整体情况：

论军事素质：东晋北府兵经过七年的严苛训练，战斗力极强；前秦军不说那些外族的杂牌军，前锋军团算是苻坚的氐族嫡系，但王牌军去了西域，现在是"民每十丁遣一兵"，这些民兵训练有限，不少人都是初上战场，其战斗力自然要弱很多。

论士气：东晋军要保家卫国，当然同仇敌忾，斗志昂扬；前秦军虽然人多，但刚经历了洛涧之败，士气受到明显影响。另外，前秦军经过长途跋涉，立足未稳；而东晋军以逸待劳，士气如虹。

论指挥决策：前秦倾巢出动，苻坚一意孤行，"愎谏违谋"，再加上

苻融本就反对伐晋，慕容垂、慕容暐和姚苌等人又各有打算，所以整个指挥体系不是一个坚定团结的班子。苻坚虽是主帅，之前统一北方的仗基本上是王猛带人打的，他的作战经验并不丰富。一开始盲目自信，玩什么"投鞭断流"。在洛涧之败后，他登上寿阳城楼，望见晋军"部阵齐整，将士精锐"，又被吓得"草木皆兵"。反观东晋一方，主将有能，指挥若定，临危不乱，上下齐心。

在这样的基础上，前秦军虽有绝对数量，但不能转化为绝对优势。

决战开始，晋军士气很盛，在前秦大军尚未全部到位之前要先挫其锋芒，打蛇就打苻坚所在的蛇头。

谢玄派人对苻融下战书："你们大老远跑来，却占住河对岸结个阵，是不想跟我们开打吗？你们稍往后退一点，拉开个战场，咱们好好打一仗，你我坐镇观战，不亦乐乎！"

说得就跟打游戏一样轻松。前秦的人一商量，也想耍个鬼心眼儿。苻坚想趁晋军半渡而击，苻融也以为然。

于是，前秦军开始后撤，哪里能想到一撤就撤得稀里哗啦，阵脚大乱，有人乱喊："前军败啦！"这下全军都开始溃退。苻融一看急了，纵马冲入乱军中，试图维持秩序，不幸堕马被杀。士兵一看主将都死了，更加惊慌失措。

谢石、谢玄本来先派八千精兵过河，一看这不天赐良机嘛，果断命令全线奋勇出击。

兵败如山倒，前秦军只剩下了逃跑的份儿，还跑出一个著名的成语"风声鹤唳"。苻坚自己也中了箭，一口气跑到淮北才刹住。

总之，淝水之战以少胜多，仍然是精彩战例，足以载入军事史。只是实际战况没有想象得那么波澜壮阔，也没有那么出神入化。双方都犯过不少错，只不过是苻坚的错犯得更多一些，生生把自己的优势一点点化解了，于是，胜利的天平向犯错少的那一方倾斜。

还看到一些资料：在淝水之战后，东晋的势力范围扩张到黄河一线。黄河以南收复区百姓盼来的王师，带来的却是劫难。东晋军队四处抄掠，驱赶大量人口到江南，进入世族庄园成为奴婢，过着非人生活。史料记载："苻坚既败，长安百姓有千余家，南走归晋，为镇戍所拘，谓为游寇，杀其男丁，虏其子女。"

所以，单从老百姓的角度来说，苻坚如果打赢淝水战役，灭了东晋，完成统一大业，也未必就是坏事。前秦治理国家的水平明显比东晋高，老百姓的幸福指数也高，且氐族汉化程度在少数民族中也是最高的。再退一步说，苻坚不败，北方也不会大乱，鲜卑和羌族等也不可能趁乱崛起，又一次把老百姓推入水深火热之中。

✱ **参考书籍**

《晋书》《资治通鉴》《九家旧晋书辑本·陈郡谢录》《魏晋世语》《魏晋南北朝史》

当官竟穷到卖狗嫁女的地步？

可怜吴主簿，清苦同贫庶

一场淝水大捷，把前秦大军打得草木皆兵，东晋名将谢石一战成名，由征虏将军升为中军将军，两年后又晋升为二品卫将军，金印紫绶，总领南北军，当上了京城卫戍部队的总司令。

在谢石手下，有一个特意请来的名士叫吴隐之，给他当主簿，相当于办公室主任或秘书处主任。在今天看来，那应该是炙手可热的职位。

这一天，谢石听说吴隐之家大喜，女儿要出嫁。他心里一动，就吩咐手下人去看看，再采办一些婚礼用品送去，还派了账房先生和厨子等人去帮忙。

出身高门大族的谢总司令过得一向奢华，他知道这位吴主簿清贫如洗，可嫁女毕竟是大事，不能太过寒酸，也不能太丢卫将军的面子不是？

结果真如他所料，手下人来到吴家看到，一点没有办喜事的气氛，冷冷清清，还看见一个小丫鬟很无奈地抱着一条狗往外走。一打听才知道，吴家确实穷到了难以想象的程度，没有一点儿余钱给女儿办嫁妆，只能把家里唯一的一条狗卖掉！

这些人真有点疑惑，按说你吴隐之出仕时间也不短了，先当过辅国功曹（辅国将军的属官，掌管考查记录功劳），又给征虏将军当过参谋，后来升官当了尚书郎，也是帮皇上处理过政务的人，怎么就能穷到要卖狗嫁女的地步？

但吴隐之很坦然，并不觉得难堪，也不接受别人的馈赠。他自小就决意要做一个"有清操"的人，家贫到如此窘迫的地步不是俸禄太微薄，而是每个月一开支，他除了留下家里的基本生活费用，剩下的钱全都接济穷亲戚了。

吴隐之就是这么一路走过来的，直到他当了左卫将军一级的高官，依然"勤苦同于贫庶"，跟穷百姓没两样，身上的衣服脏了，连换洗的都没有，只能披着棉絮等着衣服晾干。

这就让人有些想不通了。人常说，千里当官，为了吃穿，他为什么要自苦如此呢？

先人之耻辱，后人之规铭

说到根上，不得不提吴隐之祖上一段不算光彩的旧事。

吴家并不是小户人家，吴隐之的六世祖吴质有才，曾经在魏文帝曹丕上位当皇帝的斗争中立过大功，与司马懿、陈群、朱铄一起被称作曹丕"四友"，官至振威将军，加侍中，成为辅弼大臣。因为喜欢结交权贵，在乡里名声不好，当了官又作威作福，不仁义，以至吴质病故之后，朝廷竟然赐了一个谥号叫"丑侯"。在《谥法》中，"怙威肆行曰丑"，一般"用之奸夷，用之小人"。这个盖棺之论让吴家人蒙受奇耻大辱，儿子吴应一再上书申诉，二十多年之后，才改谥为"威侯"，算是勉强平反吧。

所以，在吴隐之成长的过程中，就立下一个大志："不取非其道"，

不是正道来的东西，绝不伸手。

世道轮转，从吴质到吴隐之，不过六代人，朱门大户没落成了蓬门荜户，家无余粮。吴隐之不以为忧，该读书不耽误。

那他是怎么一步步走入官场的呢？也有点意思，他的官竟然是哭来的。

吴隐之十几岁父亲就没了。他和兄长吴坦之事母极孝，等母亲过世之后，兄弟二人"哀毁过礼"，伤痛欲绝，几乎不能自持，每到祭祀母亲的时候，就又忍不住放声痛哭。

邻居家住着一位太常名叫韩康伯，太常是专管国家祭祀、礼仪的高官。他的母亲则是大名鼎鼎的中军将军殷浩的姐姐，也是一位善良贤明的女人，每听到吴氏兄弟的哭声，她就吃不下饭，放下筷子还得陪着哭一场。她曾经对儿子交代：以后你要当了分管人事的官，就要举荐吴家这样的孝子。后来韩康伯果然当了吏部尚书，马上就推举吴隐之为辅国功曹。

出仕是因为孝，升迁则是因为悌。孟子曰："入则孝，出则悌。""悌"指的是兄弟友爱。

兄长吴坦之是豫州刺史袁真的手下。袁真出身陈郡袁氏大族，369年，跟随大司马桓温北伐，因为作战不力，桓温将在枋头大败的责任归罪于他，上表要杀了他，袁真当然很不服气，于是占据寿阳反叛，还私通前燕。

370年，袁真死，儿子袁瑾立。371年，桓温大军攻克寿阳，杀袁瑾。

此时，吴坦之也将大祸临头，难免一死。时任征虏将军参军的吴隐之听说之后，立即飞马赶到桓温大营，求见大司马并跪求替兄领罪！

桓温也是不世出的豪杰，看到这样情深义重的兄弟，也深为感动，不但释放了坦之，还对吴隐之刮目相看，他由此而出任尚书郎。

敢饮贪泉水，千金不易心

谢石将军也因为敬重吴隐之的人品，特地延请他来当自己的主簿。吴隐之因为志行高洁，一尘不染，不断被提拔，至出任晋陵郡（江苏常州）太守时，已经是两千石的高官，但他本色不改，清廉自守。妻子荆钗布裙，还得担柴做饭。

他是官场中的另类，却深得孝武帝司马曜的器重，不断被委以重任，历任御史中丞及右卫将军等职。

隆安年间（397—402），广州出现了坍塌式的腐败，几任官员都因为一个贪字被拿下。

广州天高皇帝远，又是瘴疠之地，却因通海贸易而富，象牙珍珠及名贵药材随便带走一箱，就够几辈人生活用度。

朝廷想革除贪腐之弊，吴隐之成为当然人选，他被提升为三品龙骧将军、广州刺史，出镇南粤，成为封疆大吏。

当时广州的首府在番禺，距之二十里有一泉，名为贪泉，大家都说只要喝了贪泉的水，原来不贪的人都会变得贪婪。

吴隐之赴任经过，却指名要喝一喝这贪泉的水。手下人百般劝说，千万别冒险，万一这泉真邪性，不就污了大人的一世清名吗？

吴隐之不怕，很自信地喝了泉水，还赋诗一首：

"古人云此水，一饮怀千金。

试使夷齐饮，终当不易心。"

走马上任，吴隐之依然粗衣简食，日常吃的也就是蔬菜和鱼干。他公

私分明，官家财物，一毫不取。开始周围的人都觉得这位老爷无非是作秀矫情，但时间长了就发现，他真不是沽名钓誉的人，这就是他的性格。

有一个属下偷偷给他送鱼，事先还剔除了鱼骨只留下肉。吴隐之察觉其用意，呵！几条鱼就能买走本官的清名吗？这种蝇营狗苟的小人不能留，直接开除！

吴隐之在广州，如冰壶秋月，纤尘不染，贪泉确实失灵了。朝廷对他的评价是："处可欲之地，而能不改其操，飨帷縠之富，而家人不易其服。"有他以身作则，他的治下"革奢务啬，南域改观"，皇上很欣慰。

离开广州时，除了上任时所带的一点东西，他意外发现妻子买了一斤沉香。吴隐之认为这东西说不清道不明，何必授人口舌，于是将其投入湖水中。

贪财的人孜孜以求，往往为财而死；不贪的人无欲无求，财物却从天而降。回到京城，吴隐之被晋号为前将军。朝廷一出手，"赐钱五十万、谷千斛"。当然这些东西还是和他每月的俸禄一样，"裁留身粮，其余悉分赈亲族"，这位将军永远一身布衣，夫人未曾穿过一缕丝绸，还得亲自纺线以贴补家用。

个人感言：清朝早年，山西人于成龙被康熙皇帝大加褒奖："实天下廉吏第一！"他被称为"半鸭知县"，又称为"于青菜"，这是老百姓赠送他的美誉。二十余年如一日，勤政爱民，两袖清风，于成龙实为官场楷模，也可以与历朝历代高风亮节的清官廉吏比肩，如汉代的杨震、唐代的陆贽、宋代的包拯、明代的海瑞等。

在《晋史》中发现的吴隐之，为官一世，清操不渝，称之为"天下第一廉吏"毫不逊色。看官可能会说，怎么又出来一个"天下第一"？笔者没有要摘掉于成龙桂冠的意思，当然也没有这样的能力。自古文无第一，廉也无第一，第一多了其实是大好事，老百姓不嫌多。笔者盛赞吴隐之，在于当清官廉吏，于盛世则易，于乱世更难，在贪腐成风的两晋时期，他是出淤泥而不染的一枝荷花，芬芳独秀，傲立千年。

✸ **参考书籍**
《晋书》《魏晋世语》

五千年华夏文明毛笔为证，王羲之用的毛笔是老鼠胡须所制？

毛笔，中国人发明的独门书写利器，一路伴随着华夏文明，保驾护航并使之宣流广布，而且自身也发展出一种顶级艺术形式——书法。书法，单从技术层面说，是写字的人把毛笔用到了随心所欲的程度，被尊称为书圣的王羲之，则是把毛笔用得出神入化，甚至可以抒情达意。可惜发展到今天，毛笔的毛捋不顺了，大多数人对它敬而远之。

关于毛笔的起源，宋朝《太平御览》引用西晋学者张华的《博物志》："蒙恬造笔"，认为造笔的始祖是秦将蒙恬。

倒是与张华同时期的经学博士崔豹在《古今注》中说得较详细：

"古之笔，不论以竹以木，但能染墨成字即谓之笔。蒙恬造笔，即秦笔耳。以枯木为管，鹿毛为柱，羊毛为被，所谓苍毫也。"

崔豹说蒙恬造出了苍毫笔，不能据此说他是始创者。他是毛笔改良者，应该更准确一些。因为随着考古发掘的步步紧逼，毛笔的始祖正在露出庐山真面目。

我们求知的目光已经眺望到新石器时代。1980年在陕西临潼姜寨村的出土文物中发现了凹形石砚、研杵等，从出土彩陶的纹饰上可辨认出毛笔描绘的痕迹。由此推断，在5000年前，中国已有毛笔或类似毛笔的绘图工具出现。

好看到停不住的中国史

我们常自豪地说中华文明上下五千年，不管外国人怎么摇脑袋，我们心里一点也不虚，一脉相承的毛笔就是证物。

再把目光聚焦到3000多年前的商代，在河南安阳殷墟出土的甲骨上，不仅发现了残留着的朱书与墨迹，还在其中很惊喜地找到一个"𦘒"（聿）字，而"聿"就是古"笔"字。这说明，彼时毛笔不仅成了型，还起了大名。

1965年出土于山西省侯马市秦村的5000余片玉片"盟书"，经考古专家鉴定，这是最早用毛笔书写而成的盟书，时间应为春秋时期。

时间再推移到战国时期。湖南长沙左家公山出土了一支杆长18.5厘米、毫长2.5厘米的毛笔，笔毫为上好的兔箭毫，这可能是目前存世最古的毛笔实物。

所以，清代学者赵翼在《陔余丛考》中所考证的"造笔不始蒙恬"是有道理的。毛笔毕竟不是蒙恬突发奇想就造成了，是我们历代的老祖先们集体发明的。在使用的过程中，蒙恬也许做得更精致，也许有所创新，"遂独擅其名耳"，这顶桂冠也就戴在他的头上了。

除了实物，文字记录也能印证。《笔铭》云："毫毛茂茂，陷水可脱，陷文不活。"——文意为：用毫毛做成的笔比兵器厉害，落水的人还有救，而谗言构陷能把人害死。这句话说明至少在周代，就有人摇着毛笔含沙射影了。

到了春秋的时候，在《援神契》中有记载："孔子作《孝经》，簪缥笔"，又说"绝笔于获麟"。而《庄子》里也写道："画者吮笔和墨。"这些都说明，在蒙恬之前，毛笔已经灵活自如地服务于中国人了。

随着毛笔的广泛应用，不仅能描个眉，画个符，记个事，还能写诗作赋，那写字的水平就分了高下，书法艺术就由钟鼎而籀篆、而隶草、而楷行，

开始大放异彩。

大家都知道王羲之书法冠绝天下,兰亭一序风流千古。近来读了明代薛肇淛的《五杂组》,才知道书圣的毛笔也非同凡响。

"钟繇、张芝、王右军皆用鼠须,欧阳通用狸毛为心,萧祭酒用胎发为柱,张华用鹿毛,岭南郡牧用人须,陶景行用羊须。"

我们现在写书法无非是羊毫、狼毫,兔毫就相当不赖,想不到前辈们用的笔竟然如此驳杂诡异。

就说这位"萧祭酒",应该是南朝梁的书法家萧子云吧,也是大腕,但是用胎毛也够别出心裁的,只是心疼谁家孩子那么倒霉?"内惟胎发外秋毫,绿玉新栽管束牢。"唐朝还有人写赞美诗。

再说那位更怪的"岭南郡牧",用人的胡须来做笔!也算是匪夷所思了。《岭表录异》记录其事:岭南本没兔子,这位郡守搞到一块兔皮要做笔。结果笔匠吃醉酒,将兔皮弄丢了,怕受罚,就割下自己的胡子来冒充。想不到郡守用了觉得很好使,于是命令他再做一支。笔匠这回傻了,只好道出实情。郡守挺有意思,下了一道命令,哪位老人要看不惯自己的山羊胡子,可以割下来顶捐税。

比较起来,人须和胎发容易搞到,"狸手""鹿毛"和"羊须"之类也能想办法,但有人更异想天开,用的是什么丰狐、龙筋、虎仆、猩猩毛及雀雉毛,难以想象,估计作用也不是很大,起不到决定性作用,要不"书圣"也得让贤了。

回头就得细说一下王羲之了,"尝叹江东下湿,兔毛不及中山"。他觉得江南潮湿,兔毛长得不好,不如北地中山的,可见他也用过兔毫。兔毫也有讲究,秋天的最好,正是诗句中说的"秋毫"。

但说到《兰亭集序》，有人认为王羲之用的是柔中带刚的鼠须笔。这种笔也不是他首创，汉代就开始用了。王羲之在《笔经》里写道："世传张芝、钟繇用鼠须笔，笔锋强劲有锋芒。"《世说》记载："王羲之得用笔法于白云先生，先生遗之鼠须笔。"原来书圣除了卫夫人还有一个师父，鼠须笔是继承来的。

第一次见到"鼠须笔"三个字，吃了一惊，查了《辞源》："用老鼠胡须做成的毛笔。"难道那些"翩若惊鸿，矫若游龙"的字真是用老鼠胡须写出来的？而且老鼠也有许多种，是家鼠、黄鼠还是地老鼠？

有人真试过，发现家鼠胡子不好用，并不适合做笔。

再查资料，在宋代陆游的爷爷陆佃的《埤（pí）雅》里说道："栗鼠苍黑而小，取其毫于尾，可以制笔，世所谓鼠须，栗尾者也，其锋乃健于兔。"看明白了吧？鼠须笔来自栗鼠，用的也不是它的胡子，而是尾巴上的毛，这毛比兔毛还"健"。

那栗鼠究竟是何方高鼠？据薛肇渻推测应该是鼺（léi）鼠，生活在江南地区。估计这种鼠少而不好抓，宋人苏易简的《文房谱卷一》说："鼠须甚难得。"

说到鼠须的"健"，文中还说，"右军用鼠须，相当苦劲，非神手不能用也。"意思是这种高级笔，我们一般人连想也别想用，根本驾驭不了。据说是宋四家之一蔡襄用过，以他的功力似堪用之，所以敢大言不惭地说："宣州诸葛高造鼠须及长心笔绝佳……"

但下面这个小故事就说明，这鼠须笔不好驾驭。

相传宣州陈氏世代制笔，到了唐代，著名书法家柳公权先生前来求笔。陈某人拿出两支笔来，对他的儿子说："如果这位柳学士能用这支，就给他；

如果退回来,那给他这支普通的好了。"

结果呢,儿子拿笔出来,这位柳学士试了第一支认为不好,又给他试用普通的笔,他却大加赞赏。

于是,陈老爹发了一通感慨,时人和古人差得太远了!为什么呢?因为最先拿出来的,就是王羲之先生爱用的鼠须笔呀!

薛肇洖认为,也不能说柳公权就差得太远,他和王羲之根本不是一个路子,一刚一柔,所以柳公权用不了鼠须,也不可深怪之。

薛肇洖之所以肯替柳公权说话,因为他也用过鼠须笔,感受是:"圆劲殊甚,然稍觉肥笨,用之亦苦不能自由,不知右军、端明(蔡襄)所用法度若何耳。"

意思是这种笔太"健",力道足够,只是字写得肥厚粗笨,很难做到灵活自如。到最后,他也没弄清王羲之和蔡襄用笔的诀窍。

所以,尽管说,"工欲善其事,必先利其器。"工具是重要,但能不能用得了好工具还是个问题,就像骑惯了毛驴,怕是一下骑不了千里马。真给一支王羲之的鼠须笔,以我这等书法家协会门外的三脚猫功夫,还真对付不了。

✻ 参考书籍

《五杂组》《埤雅》《笔经》《陔余丛考》《太平御览》《博物志》《世说》《岭表录异》

我们还能看到《兰亭集序》，得感谢这两个人？

农历三月初三，修禊节，中国人传统的全民性节日，也叫上巳节，始于西周。这一天，有隆重的巫觋祈禳仪式，仪式后，大家趁着天朗气清，可以玩玩，那就来个踏青或登高。在草长莺飞的江南，还可以赏花、沐浴一番。尤其是青年男女，憋闷了一个冬天，更可以放飞一下。再后来，文人们都认为天气好，心情好，能出好作品，于是就成了雅集的经典范式。

公元353年的这一天，应会稽内史王羲之的邀请，来自东晋各大家族的四十多位军政官员和名流，会聚于会稽郡山阴城（绍兴）的兰亭，曲水流觞，饮酒赋诗，玩得很雅致，也很尽兴，写出了不少诗，于是结了一个《兰亭集》。王羲之在喝了小酒之后，意气风发，铺开蚕茧纸，挥洒鼠须笔，锦上添花写了一篇序，结果诗没怎么出名，这篇写得"矫若游龙，翩若惊鸿"的序倒名播海内，誉满天下。经宋代书法大家米芾提议，大家一致认可，当选为"天下第一行书"。

据说王羲之后来还写过几次，都达不到那种微醺而游刃有余的境界。他再看原作，曾经感叹："此神助耳，何吾能力致。"意思是当时如有神助，这种神品也只可偶一为之。于是，《兰亭集序》成为琅琊王氏传家宝，一直传到他的第七代孙智永。

智永原名王法极，生活在南朝末年到隋朝时期，是山阴云门寺（原名

永欣寺）的僧人，人称"永禅师"。他把祖上秘藏的书法真迹带到了寺里，在一间书阁之上临写三十年，退笔成冢，乃尽得其精髓。他创立的"永字八法"，为后代楷书立下典范。他的《真草千字文》，也是殿堂级书法瑰宝。

写书法的人长寿，智永活了一百来岁，临终前将《兰亭集序》传给弟子辩才。辩才俗姓袁，是梁朝司空袁昂的玄孙，也是书法行家，当然对《兰亭集序》极其珍惜，密藏在卧室梁上凿好的一个洞里，从不示人。

不怕家有宝，就怕贼惦记。辩才和尚哪里知道他会遇上天下第一等的贼人。

时间来到了大唐的贞观盛世。上巳节还是那个上巳节，如杜甫的《丽人行》所写："三月三日天气新，长安水边多丽人。"在长安城的曲江边上，唐朝人也玩得不亦乐乎，但唐太宗就有点小郁闷。

这又让他想起了王羲之的《兰亭集序》，唐太宗也是一位书法大家，有人甚至把他推为唐初四大家之一。一直以来，他最崇拜的就是王羲之，曾经亲自撰写《晋书》中的《王羲之传论》，推颂为"尽善尽美"，而且也搜罗了不少王羲之的作品，但他日思夜想的《兰亭集序》始终不曾到手。

后来，他终于得到消息，《兰亭集序》在云门寺的辩才和尚手里。唐太宗大喜过望，马上派人带旨去请。辩才和尚怎么可能将师父的珍宝拱手让人，只能撒谎，说他也不知道真迹下落。

太宗看硬要不成，改为智取。监察御史萧翼装扮成书生，伺机与辩才结识。萧翼本是皇室后人，有才气，二人下棋抚琴，谈天论地，写诗参禅，探讨书法，大有相见恨晚之意。

取得和尚信任后，萧翼拿出几件王羲之的作品大大炫耀了一番。辩才不以为然："你的这些是真迹，但不是王右军上品。我这里倒有一件真迹，是王家传世之宝。"

萧翼佯装不相信，辩才犹豫再三，说出了《兰亭集序》。萧翼说那不是早就佚失了吗？辩才一激动，爬上屋梁，从洞里取出兰亭真迹让萧翼过目。

此时距离当年王羲之书写兰亭序还不到三百年，作品应该保存完好。

萧翼确认之后向辩才出示了太宗的诏书，意思是请原谅他是奉旨办事，专门来取《兰亭集序》的，辩才和尚目瞪口呆。

梦寐以求的东西终于到手，李世民大喜过望，随后命欧阳询、虞世南、褚遂良等书法大家临写。以冯承素为首的弘文馆拓书人，也奉命将原迹双钩填廓临摹副本，分赐皇子近臣。

回头再说被骗的和尚辩才，尽管太宗赏赐丰厚，他还是受了大刺激，一年后圆寂。

贞观二十三年，52岁的唐太宗也走到人生边缘。临终前，他还对《兰亭集序》依依不舍，对儿子李治说："吾欲从汝求一物，汝诚孝也，岂能违吾心耶？汝意如何？"

这话说得真不像"天可汗"的风格，先用了一个"求"字，父亲对儿子用这个字，应该说是极尽谦卑之意了。毕竟，自己死了江山是儿子的，《兰亭集序》也本该是儿子继承的，何况他也那么喜欢！再说，自己两眼一闭，人家听不听话，会不会把《兰亭集序》给放进棺材里，也在儿子的一念之间。

唐太宗用了一个"求"字且不说，接下来还给儿子戴了高帽子——你那么孝顺，能忍心违背老爸最后的一点愿望吗？

这几乎是声泪俱下了。谁能想到，一生叱咤风云的唐太宗为了《兰亭集序》，竟有小女人情态，也真是太难为他了！

最后，眼巴巴地看着儿子："汝意如何？"希望儿子当即就表明态度，他才能安心闭眼走人。

李治这时候哪能说二话呢？当然是"哽咽流涕，引耳而听受制命"。

于是，李治专门做了一个玉匣，装上了《兰亭集序》，郑重地放进了他爹的棺材里。唐李绰著有《尚书故实》，可与此文印证，"尝一日，附耳谓高宗曰：'吾千秋万岁后，与吾《兰亭》将去也'"。

苏东坡相信《兰亭集序》就是被唐太宗带走了，有诗为证：

"兰亭茧纸入昭陵，世间遗迹犹龙腾。"

唐代人何延之著有《兰亭始末记》，此人为朝议郎行职方员外郎、上柱国，生平其他事迹无考，但其中关于《兰亭集序》的下落却写的言之凿凿。

当他游历会稽时，亲耳听到辩才的弟子92岁的玄素说及此事，"信而有征"。

事情至此本该结束了，但后来因为又出现了一个贼，《兰亭集序》便有了更扑朔迷离的走向。

五代时的耀州节度使温韬是一个盗墓贼，他曾经丧心病狂地掘开了昭陵。据传在墓中发现了王羲之的书法真迹，但在他写的出土宝物清单上，却没有《兰亭集序》，而且此后也从未见真迹流传和有关收录的任何记载。

米芾认为真迹不是在墓中腐朽，就是被温韬毁了：

"翰墨风流冠古今，鹅池谁不爱山阴；
此书虽向昭陵朽，刻石尤能易万金。"

史界还有猜测，李世民的儿子唐高宗李治并没有那么孝顺听话，他把真迹调换了，跟着他爹一起埋葬的只是一个摹本。李治临终前在病榻上下遗诏，把生前喜欢的字画随葬。因此，有人怀疑《兰亭集序》真迹陪葬在唐高宗李治和武则天的乾陵之中。而在唐之后，再没有人见过《兰亭集序》的真迹，这也使更多人相信《兰亭集序》随葬乾陵的说法。

唐代皇陵有十八座，温韬基本上挖了一遍，唯独挖到乾陵时，风雨大作，无功而还。

其实在他之前，黄巢也动过乾陵，但白折腾了一场，连墓门都没找见。

宋代蔡挺还有一个说法，《兰亭集序》没有为谁陪葬，当时被李世民的姐妹用摹本调换，真迹仍留存在人间，那到底留在了哪里呢？

个人感言：鲁迅先生写孔乙己偷了丁举人的书为自己辩护："窃书不能算偷……窃书！……读书人的事，能算偷吗？"当时就觉得非常好笑。现在回头再想唐太宗窃王羲之书法的事，有点像，书法家窃法书，能算偷吗？呵！他当然不算偷，几乎就是明抢，但也还有点可爱，毕竟是斯文人干的事。再想想，《兰亭集序》被辩才藏在木洞里，或被虫吃掉，或传给不当的人，或无意间被火烧掉皆有可能，也许后人就再无机会目睹"天下第一行书"的神采了。唐太宗巧取豪夺之后，搞出一大堆摹本，不管真迹流落何处，毕竟使书圣的笔迹传播于世，我等还能有幸一饱眼福，倒该感谢唐太宗和萧翼这两个高贵的"贼"了。

参考书籍

《晋书》《资治通鉴》《尚书故实》《太平广记》

兰亭雅集不是文人聚会，更不是秘密军事会议

东晋永和九年（353年）三月初三，在今天浙江绍兴兰渚山下的兰亭，进行了一场名为"修禊"的传统活动，目的是祓除疾病和不祥。之后搞了一个小规模酒会，酒令是"曲水流觞"——酒杯顺着溪边开挖的流杯渠漂下来，到了谁跟前谁就得即兴赋诗，玩得很有雅趣。

酒会的高潮是组织者王羲之把大家写的诗结了集，还写了一篇《兰亭集序》，已过知天命之年的他记叙了活动简要，并发了一通人生感慨。这篇序疏朗简静，韵味深长，借着酒兴，他的一番书法更是酣畅淋漓——"髣髴（fǎng fú）兮若轻云之蔽月，飘飖兮若流风之回雪"，这就是后来冠绝古今的"天下第一行书"。

一直以来，大家都把这次活动当成一次文人雅集，有山有水，有酒有诗，有歌咏有书法，历朝历代有几人能玩出这等雅致情调？笔者后来又看到一个有趣的观点，清代曾有人质疑，后经绍兴学者吴大新考证认为，那并不是文人酒会，兰亭雅集是一次秘密军事政治会议。

因感兴趣，乃深入其中，杷罗剔抉，资料庞杂，起初如坠五里云中，待捋清与会者大致身份与琅琊王氏的关系之后，笔者得出了另一个结论：文人聚会算不上，秘密军事会议也谈不到，皆未窥其堂奥。

以王羲之的号召力，文人聚会的分量轻了

如是文人诗会，当然要以作品来说话。兰亭雅聚列席者共四十二人，作诗三十七篇，其中十一人成诗两篇，十五人成诗一篇，还有十六人交了白卷，各被罚以"金谷酒数"——喝了三大觥。既是雅集，为什么要请十六位作不出诗的难过先生？

说到"金谷"，指的是西晋巨富石崇组织的金谷园雅集，有人吹捧王羲之，说兰亭集会可与金谷园媲美，他的序可比之潘岳的《金谷诗序》，他为此还有点小得意。苏轼语："兰亭之会或以比金谷，而以逸少比季伦，逸少闻之甚喜。"

据笔者所知，金谷园几乎囊括了当时的顶级文士，潘岳、左思、陆机、陆云、刘琨、欧阳建等尽在其列。若真正论起来，兰亭集会才力落下风，四十二人写出三十七首诗，人均还不到一篇，说不过去。何况诗集中缺乏出类拔萃足以流传后世的名作，更尴尬的是一序盖全诗，椟胜于珠，若没有王羲之的序和孙绰的一篇后序来撑脸面，单以诗作来论，兰亭集会逊色不少。

再说文士的水准，兰亭较之金谷，除王羲之、孙绰和谢安尚可颉颃，其余人笔力稍弱。写出诗来的二十六人，其中除去王羲之的五个儿子——长子王玄之、次子王凝之、三子王涣之、四子王肃之、五子王徽之，仅剩二十一人。七子王献之年龄又太小。二十一人中，有几篇还是仓促空洞之作，聊以应景。所以，文人诗会的成色要大打折扣。

那是东晋文坛凋敝如此吗？也不是，如果真是文人聚会的话，甚至都不用邀请远处的，会稽周围就有王羲之的一批好友，个个才情不凡，"皆以文义冠世"。王羲之一纸短札，他们必欣然前来，诗会也将大为增色。

名士戴逵，就隐居在剡县，此公多才多艺，好谈论，善属文，能鼓琴，工书画，其雕塑成就更堪称一代宗师。王羲之、孙绰与他多有往还。王羲之晚年曾邀戴逵和名士许询住在他定居的金庭，还留下许家坂和戴公山的名胜。

名士许询，出身高阳许氏，颇有才藻，东晋玄言诗人代表之一，与孙绰并为一时文宗，也经常随王羲之、谢安一起游宴吟咏。

高士阮裕，"竹林七贤"之阮籍族弟，挂冠去职，隐居于会稽之剡县，与谢安、谢万兄弟有交集，与王羲之更为情趣相投。王对他评价很高："此公近不惊宠辱，虽古之沉冥，何以过此！"

高僧支遁，王羲之非常敬重的一位玄学和佛学大师，既为清谈名士，又好游赏山水，孙绰将其与"竹林七贤"中的向秀相提并论，擅书法，诗才斐然。当时，支遁正驻锡于会稽东南的灵嘉寺。

另有道士许迈，道业精进，面如童子，身轻体健，且博学能文，与王羲之交契，来往甚密，对坐而谈，往往通宵达旦。许迈还是王羲之儿子王徽之的师父。

不请这些好友前来，王羲之应该还有一层考虑，前线战事未平，会稽也遇灾荒，搞一帮文人来吟风弄月不合时宜。

所以，称文人聚会确属有点勉强，组织者把七个儿子带来六个也有点不像话，另外还有不少吃瓜打酱油的司马和参军之类，喝酒还行，写诗太难为人了。那话题一转，既然来了这么多有军方背景的人员，难道兰亭集会真是一次秘密政治军事会议？

以王羲之当时的境遇，军事政治会议又言重了

既是文人雅集，为什么来了那么多军方人员？

有人考证:"这42人中军方的有22人,'省军级干部'有五六人。"听起来似乎很唬人。其实再深入了解一下这些"军方人员",真正在职且有军权的没几个。

王羲之时任会稽内史兼右军将军,吴大新先生认为他应该是高一级的右将军,个人认为他曾经任过与右将军平级的护军将军,后来不愿在朝为官,乃自请降职到会稽任内史,军阶也降为相匹配的右军将军是合理的。要论军方人员,他可以算一个。

右军将军的属官有长史、司马、功曹、主簿、五官佐等,这样,出身太原孙氏的右军长史孙绰当是王羲之的助手,而其他官职前面带一个"郡"字的,都是王羲之的手下,如郡功曹魏滂、郡五官佐谢绎即是,其他如府功曹劳夷、府主簿后绵、府主簿任儗(nǐ)则是内史府的属员,来给长官帮忙撑场子的。

谯国桓氏家族荆州刺史桓温的儿子桓伟当过安西将军,但那是长大以后的事。这一年桓温才四十一岁,桓伟是六个儿子中的老五,充其量十几岁,离当将军还远,不过还算争气,年龄虽小也写出了一首诗。

来自陈郡袁氏的代表袁峤之,现存关于他的资料极简:"仕晋为龙骧将军"。"龙骧将军"是三品,比王羲之的军衔还高,但问题是袁峤之此时年龄多大,是否就职?一般情况下,这样的介绍指的是终身成就。

谢万三十四岁,担任过抚军大将军司马昱帐下从事中郎,此时应该在任吴兴郡太守。

有军职的还有虞说,出自会稽本土大族虞氏,为镇军将军司马,六品。

镇国大将军掾卞迪,这位将军的属官有点古怪,似有误,经查晋时无镇国将军称号,疑为辅国将军,或为四镇(东西南北)将军之一。

还有就是参军，有行（代理）参军王丰之，为庾亮故吏。其余为行参军徐丰之、参军曹茂之、行参军羊模、行参军事卯丘髦、参军孔炽（会稽望族）和参军刘密。不管是正式的还是代理的，参军到晋朝以后，是军府或王国的佐员。如果前面没有加将军名号，应该都归属右军将军王羲之帐下，也是来帮闲的。

另有殷浩僚佐王彬之，原籍广汉，可视为军事人员。半年之后，随殷浩二次北伐时阵亡。

所以，把袁峤之加上，再把孙绰曾任过中军参军的早亡儿子孙嗣也算上，大大小小的有军方背景的人加起来七个，真正能落实的将军也就王羲之一人，还达不到"省军级"。

其他大多是地方官员或文职人员。庾友为东阳太守、庾蕴官至广州刺史（为371年自尽时职务，此时应未就任）、谢瑰为侍郎、郗昙为散骑常侍、王蕴之（出身太原王氏，有人误认为此人是王羲之的同名孙，次子王凝之之子，其时凝之才十九岁）为吏部郎、虞谷为山阴令、前长岑令华耆、前余姚令谢滕（胜）、孙统或为鄞县令。

这样的一群人要开一个重要的政治军事秘密会议，似乎很不严肃吧？

其中有一个重量级人物——后来的名相谢安，此时还在隐居状态，朝廷几次下请帖都不肯出山。来兰亭玩玩是可以的，写诗也没问题，叫他参与军事政治会议，开什么玩笑？

何况兰亭会的组织者王羲之，本就厌倦了政事，朝廷本来想任命他为尚书或中军将军，他辞谢，称"自无廊庙志"，来到会稽就是为了避开是非。去年，他曾经试图调解过荆州主帅桓温和扬州主帅殷浩的矛盾，两位手握重兵的将军虽然是发小，长大了也都是一时人杰，却互相不服，横眉冷对。

王羲之希望殷浩不要轻率北伐，劝二人能够和衷共济，但根本没人听他的。殷浩第一次北伐果然大败而归，王羲之心灰意冷。

再说最重要的一点，组织这么一个秘密军事会议，莫不是要造反？何以敢冒天下之大不韪？如果朝廷侦知，岂不是灭门之祸？久在官场的王羲之怎能不知道其中利害？何况朝廷正因为王家势力太大，一直在打压，此时有任何异动，岂不是授人以柄？

就退一万步说，王羲之想召开一个政治军事会议，不说他的父辈，也不说子侄辈，更不说同宗的太原王氏，仅他的堂兄弟就十四个，有中书令、尚书令，还有武卫将军、中领军、后将军，个个位高权重。不跟他们密谋，却找来一帮闲杂人等，还把六个儿子也押上，王羲之岂会如此不明智。

以王羲之的性格，就是把亲戚故旧凑了一个局

既不是文人聚会，也不是政治军事会议，笔者认为，兰亭雅集只是一个王氏家族活动，以会稽附近的亲朋为主。

琅琊王氏家族乃东晋四大家族之首。名相王导有拥立定鼎之功，人称"王与马，共天下"，一度朝中官员七成以上是王家派系。王羲之是王导的侄儿，会稽内史听着不如刺史或者太守那么霸气，其实与太守平级。司马昱从琅琊王改封为会稽王，故会稽不称郡而称会稽国，主政官就是内史。

正因为是家族活动，王羲之才好意思带来了他的六个儿子，无非是想让有才华的儿子们露一小手，也让还不到十岁的王献之长长见识。所以孙绰也带来了弟弟孙统和文采不错的儿子孙嗣，孙嗣还完成了一首五言诗。

谢安、谢万愿意前来，因为不光是投脾气，还是正经亲戚。

王羲之的二子王凝之娶了安西将军谢奕的女儿谢道韫，这是谢安和谢

万的亲侄女。同来的"侍郎谢璩""前余姚令谢滕（胜）""郡五官佐谢怿",皆不见史传,亦不见《陈郡谢氏谱》,大概也属谢氏近亲。后来,王珣娶了谢万之女,王珣的弟弟王珉娶了谢安之女,琅邪王氏与陈郡谢氏不断亲上加亲。

高平郗氏家族的代表郗昙到场,他是曾经的朝中重臣太尉郗鉴的次子,也是王羲之的妻弟,此时或已任御史中丞。王献之成人之后,娶了郗昙的女儿为妻。

王氏与正在崛起的谯国桓氏也走得亲近。桓温的弟弟桓冲娶的是王导次子王恬的女儿,桓温的一个女儿嫁给了王敬弘——晋陵太守王茂之之子,王羲之的侄孙。王羲之与桓温私交不错,多有书信往来。所以,桓伟以亲戚的身份出现在这里,并不突兀。

颍川庾氏同样是世家大族,家族代表是庾友和庾蕴。庾氏兄弟为车骑将军庾冰之子,庾冰、庾亮兄弟曾经是叱咤风云的人物,奠定了庾氏基业。王羲之做过征西将军庾亮的参军,正是庾亮临终前上疏推荐他升任江州刺史、宁远将军。王家与庾家一直保持着良好关系,王凝之有一女成人后嫁给庾氏。

出身太原王氏的王蕴之,同宗同源。王羲之跟前任会稽内史王述不和,不可能跟太原王氏都断了关系。

陈郡袁氏是本地大族,与王、谢两家都有通婚。袁峤之如已就任军职,在殷浩败归之后,东晋军队在淮河与敌军对峙,剑拔弩张,战事一触即发,他绝不敢擅离防地跑来参加私人宴会。

另有彭城三曹：彭城曹氏也是望族,是否为曹操儿子彭城王曹据后人,无考。但曹家是王家的一门老亲,参军曹茂之的祖父曹韶曾任镇东将军司马，姑姑曹淑是王导夫人，就是王羲之的婶娘。另外，王羲之的堂兄弟王企之娶的也是彭城曹蔓的女儿曹秀姜。曹华（平）应为姻亲，有五言诗一首。曹礼无官职也无诗，可能与王献之一样，年幼，带来玩的。

任城二吕，吕系、吕本为曹魏时期徐州刺史万年亭侯吕虔的后人，与王家先辈渊源颇深。衣冠南渡之后，吕氏一支徙于会稽，故受邀前来，"叨陪末座"。

这就是王羲之来到会稽三年以来经常走动的亲戚圈，都是沾亲带故的，所以才把孩子也带来热闹热闹，而支遁和许迈等人不来就可以理解了。

一个家族聚会就能搞出这样的大动静，还有人比之金谷园集会，如此也能理解王羲之得意的原因。

两年之后，又是一个草长莺飞的三月，王羲之称病弃官，舍宅为寺，带着家眷，悄然归隐，留下一段令后人浮想联翩的风雅传说。

✱ 参考书籍

《晋书》《世说新语》《兰亭记》《兰亭序解读》《通典》《魏晋世语》《王羲之年表》《嘉泰会稽志》《兰亭考》《韵语阳秋》《会稽掇英总集》

日本皇室正仓院所藏王羲之《二谢帖》疑为赝品

《二谢帖》为王羲之书法作品,在日本流传了一千多年,曾为圣武天皇心爱之物,珍藏于日本皇室正仓院。2006年回国"省亲",在上海展出,国人始得一睹此帖之真颜。时人评价为:"时草时行,间有近楷者,体势间杂。用笔轻重缓疾富有变化,其字势尚方,颇见骨力"。(《中国书法全集》19卷)

《二谢帖》为唐代双钩摹本,行草书,纸本墨迹,5行36字。此帖与《丧乱帖》《得示帖》合裱于一卷,总称为《丧乱帖》。

1892年(清光绪十八年),国人杨守敬任驻日钦使随员时,将"丧乱三帖"书迹摹勒于《邻苏园帖》,这几件勾摹精良的王氏墨迹,方为国内学界所知。

但自从此帖摹本回国,质疑声便不断。有人认为《中国书法全集》的评价颇为矛盾,如果是草、行、楷间杂,必然气势不通,更不通的是语句诡异离乱,莫衷一是。

客观地说,从单字来看,此帖用笔爽利,遒劲与温婉兼美,其书法价值依然值得高度珍视,但有人居然能从整体书意中领略出"其感情由压抑至激越的剧烈变化",则有点过分解读了。

先看《二谢帖》所写内容:"二谢面未比面,迟诼(?)良不静。羲之女爱再拜。想邰(?)儿悉佳。前患者善。所送议当试寻省。左边剧。"

写作背景:"二谢"指的是陈郡谢氏家族的名相谢安与其弟谢万,与王羲之来往密切,鸿雁频飞。日本另藏王羲之《袁生帖》有"得袁、二谢书,具为慰"之句,其他尺牍有"二谢云,秋末必来,计日迟望。"又有"得安万送书云,六日可至"等。王羲之出任会稽郡内史时,二谢曾经参加他组织的兰亭修禊,并各有诗作。

文字大意:开头可以勉强解释为"和二谢不曾相聚",第一个"面"字用得很尬,如用"久"或"近"皆顺。下一句,"迟"后面一字,或为"诼"或为"谇",均不知所云。"良不静",是世面还是心里很不平静?"羲之女爱再拜"也很无厘头,王羲之唯一的女儿字孟姜,不管是父亲带着她"拜",还是她自己前去拜访都不合礼节。"想邰儿悉佳"——谢安有二子,长子为谢瑶,字球度,早逝;次子为谢琰,字瑗度,小字末婢,曾出任卫将军;谢万有一子为谢韶,字穆度,小字封儿,故"邰儿"也殊难理解,其他解释如"耶"更不通,故猜为"邵"字还有几分可能,疑是谢韶的"韶"字笔误。"悉"字用得蹊跷,单人何用"悉"?前面可加个"等","想邵儿等悉佳"勉强可通,或者"悉"为"亦"?"前患者善"——前段时间一直担心的事已经搞定了。"所送议当试寻省"——你们信里要商量的事情我会考虑的?"左边剧"——哎哟!我的左边(偏头疼?)又开始剧痛啦!呵!一封信这样结尾,是想让对方担心死吗?

有点天书的意思。细读之下,此帖疑窦丛生,牛头不对马嘴,相信读者读了也会觉得牙碜。

启功先生曾经质疑:《二谢帖》共五行,其文断割,难以卒读。二行末署"再拜",右有押字"珍",表明前至少为一帖;末行为"左边剧"三字一行,因前行下空,此又不属平抬内容,当为另一帖;三四两行之中,

笔迹仍有不合。"故，在彭砺志所著的《尺牍书法——从形制到艺术》中也认为：《二谢帖》"为摭拾诸帖摹揭而成。"

启功先生鉴定为："如《二谢帖》不仅前后文字扦格不通，且至少含三帖不同内容。"他的论点与日本著名书法家、汉学家、书法理论家西川宁一致，西川宁在《〈丧乱帖〉年代考》中认为：《二谢帖》包含了《二谢帖》（二行）、《邵儿帖》（二行）、《左边帖》（一行）三通尺牍和断简。

另一疑点是，此帖无题无跋，与国内流传有序的另一件《二谢帖》无论文字内容抑或书法风格均大相径庭。

此《二谢帖》至明代尚有清晰记载，文徵明公曾目睹真迹。

明人李诩所著《戒庵老人漫笔》卷五题为《右军真迹》："王逸少二谢帖真迹，七十六字，后有赵清献公抃并苏子容等跋。"此与《三希堂法帖》所刻之《二谢帖》完全符合，其文亦无二致。

"二谢书云，即以七日大敛（殓？），冥冥永毕，不获临见，痛恨深至也，无复已已。武妹修载在道，终始永绝，道妇等一旦哀穷，并不可居处，言此悲切，倍剧常情，诸不能自任，未遂面缘，抚念何已，不具。羲之顿首。"

李诩记："字画并无残缺，但墨气已尽。"更写明帖中两字特点："'敛'字上著草，右旁加'殳'，'具'字大类'之'字。"亦与原帖一一吻合。

李诩何以断定此为王逸少真迹，因其上林林总总共有三十一跋，其中宋代名相赵抃与苏颂之跋赫然其上。

赵抃工诗善书，苏颂曾长期统管国家三馆秘阁图籍之事。《三希堂法帖》尚存有苏颂在王羲之《二谢帖》上的题跋原文，更系此帖为《二谢帖》真本之确证。

据李诩所记，此帖曾经文徵明过目并大加赞赏："此希（稀）世之宝也，每一字当得黄金一两，其后三十一跋，每一跋当得白银一两。更有肯出高价者，吾不论也。"以文徵明的眼力与书法功力，后世有几人可匹敌？

最可叹惜者，此帖原是"顾山周氏先世物，子孙欲求售，……后典于阊门一富家，止得米一百二十斛，竟不知下落矣。惜哉！"

依文公所言此帖价值76两金并31两银，可惜竟落魄到卖了白菜价。

明末新米1斗，折银0.1两，则此稀世珍宝即以600斗成交，只合银60两。文公也太君子，为何眼看他流落江湖而不收入囊中？

有人认为三希堂所刻之《二谢帖》与王献之《新埭帖》，已见米家笔意，疑为米鬼捉刀，也备一说。

王羲之与二谢之间的往来频繁，信札非仅一通，笔者所知，另有一通入刻《淳化阁帖》的《二谢帖》，共3行25字，草书。内容为："二谢在此，近终日不同之，此叹恨。不得方回知爽后问，令人怛怛！"

如此可大胆推测，《二谢帖》是唐人把写有"二谢"字样的残破信札截取拼接的，或为唐代钩摹者的练习作品。

❋ 参考书籍

《三希堂法帖》《戒庵老人漫笔》《法书要录》《〈丧乱帖〉年代考》《中国书法全集》

矫情到极致的大神，骨灰粉里有个人叫李白

诗仙李白本是"楚狂人"，一向不怎么用眼角夹人。据说喝大了曾让冠军大将军、右监门卫大将军、渤海郡公高力士给他脱靴，但这跟他的粉丝小弟杜甫吹捧的邪乎劲儿比，还是小儿科。在杜甫眼里，李白连皇帝老儿也敢不给面子，"天子呼来不上船！"呵！就是这等的一个牛人！

"仰天大笑出门去"的李白也不是狂得没边没沿，他也有一个顶级偶像，还曾想复制一版人家的功业。可惜偶像就是偶像，盖世伟业哪里是那么容易就建立的？

所以李白更加仰慕，并为之痴狂，偶像出没在他的近二十首诗歌里。今天我们就从这些诗歌入手，一起去追寻那位顶级大牛的神迹。

先来看李白的《秋夜独坐怀故山》，开句就是：

"小隐慕安石，远游学屈平。"

这里所说的"安石"，是谢安的字，这位大名鼎鼎的东晋丞相就是李白的偶像了。下句的屈平即是屈原，把谢安跟屈原并列，可见李白对他推崇的高度。身出名门的谢安"风神秀彻"，乃一标致的美男子。"小隐"，指谢安曾经隐居不仕，高卧在东山之上，但他的隐居可不同于穷得当当响的陶渊明。谢大户家，最不差的是钱，气粗、任性、放浪形骸。谢安不光喜爱文学书法音乐舞蹈，还爱倚红偎翠、游山逛水。

最让李白心动的是谢公的不拘小节，逍遥自在。家里养着一群艺妓，有吹的，有唱的，有弹的，有跳的，夜夜笙歌，玩得不亦乐乎。李白的诗多次描摹，如《携妓登梁王栖霞山孟氏桃园中》：

"谢公自有东山妓，金屏笑坐如花人。"（长得好）

《书情题蔡舍人雄》：

"尝闻谢安石，携妓东山门。
楚舞醉碧云，吴歌断清猿。"（舞得好，唱得好）

还有《示金陵子》：

"谢公正要东山妓，携手林泉处处行。"（玩得好）

追星的李白曾经到过偶像隐居过的东山打卡，而且有样学样，他也带着妖娆的艺妓，还写了一首悲凉的《东山吟》：

"携妓东土山，怅然悲谢安。
我妓今朝如花月，他妓古坟荒草寒。"（毕竟过去四百年了）

"江左风流宰相"谢安爱美妓，也不是李白杜撰的。《晋书》也不隐讳："安虽放情丘壑，然每游赏，必以妓女从。"

写到这里，有人说，这能算矫情吗？爱美之心人皆有之嘛，该算是纵情声色吧？别急，谢安的顶级矫情也不是一般人能看出来的，李白在《与南陵常赞府游五松山》中曾赞颂他：

"安石泛溟渤，独啸长空还。

逸韵动海上，高情出人间。"

这是说谢安曾经与名士孙绰等人乘船出海玩耍，不想突然遇了大风，眼看波浪汹涌，一船人都怕了，只有谢安又是吟诵，又是长啸，视若无睹，旁若无人。船夫以为这人真有种，是个不怕死的汉子！你不怕难道我怕？那咱就继续往大海深处划呗。又走了一阵，风越来越猛，谢安才故作镇定地说："风这么大，咱们还能回去吗？"

船夫心想，你再装一会估计就回不去了！马上掉头返航。但谢安所表现的那种气概还是把一帮胆小鬼镇住了，于是乎"咸服其雅量"。

这在谢安的生涯中只算小装一把，谢安的矫情最大之处在于"隐"，也就是认真做样子，他走的是"东山捷径"。前文也提到他毕竟是隐于野的"小隐"，要是真心想隐得无影无踪，在那个通讯主要靠吼的年代还不容易？但他怎么能让朝廷彻底找不着了呢？要不，他的那些好朋友怎么办？像王羲之、许询还有高僧支遁会生气的。

所以，他一直在等待着时机，这一等就等到四十岁，头发差点都白了。

李白《出妓金陵子呈卢六》诗句：

"安石东山三十春，傲然携妓出风尘。"

后来他老婆都沉不住气了，他见谢尚家、谢奕家和谢万家都位高权重，只有她家老汉隐居山林，没个官帽戴，就问他："你不想跟他们一样富贵一下吗？"谢安低声说："这个恐怕将来也免不了（像他们一样）。"

谢安不愁没官做，机会不少，主要是给的官太小。比如扬州刺史庾冰仰慕他，几次三番来请，不得已去敷衍过一个多月，他就称病跑回了会稽。后来，朝廷又征召，给个尚书郎，也有人举荐他当吏部郎，都是伺候人的差事，被他一概回绝。有官员就火了，上疏皇上，既然他这么有个性，干脆成全了他，禁锢终身吧。消息传来，谢安也只能苦笑。

直到359年，当时任西中郎将、豫州刺史的谢万北伐前燕吃了败仗，被免职。此人是谢安的弟弟，谢氏家族的权势受到了威胁，谢安就卧不住了。

《梁园吟》：

"东山高卧时起来，欲济苍生未应晚。"

《赠韦秘书子春》：

"谈天信浩荡，说剑纷纵横。
谢公不徒然，起来为苍生。"

李白认为他的偶像出山是为造福苍生而起,既崇之,则拜之,则捧之,也能理解。

第二年,谢安就跑到征西大将军桓温帐下当了一个小小的司马。御史中丞高崧还挤对他:"阁下不是一直要高卧东山吗?"他深有愧色。可干了没多长时间,谢安发现桓温竟有不臣之心,瞄上了皇上的龙椅,这事危险系数太大,搞不好诛灭九族!次年谢万病逝,谢安借口奔丧一溜烟跑了。

接着,朝廷再任命他为吴兴太守,谢安就愉快地上任了。"蜀主思孔明,晋家望安石。"这是李白在《赠友人》中的诗句。因为才识卓越,谢安很快被调入中央,先当侍中,随即又升了吏部尚书、中护军,大踏步跨入权力中枢,这才是他想要的。

李白在《送裴十八图南归嵩山二首》又写:"谢公终一起,相与济苍生。"他认为谢公终于找到了大展拳脚的平台。

要说谢安运气真好,妙在最难剃的刺头桓温正好病死了。至晋孝武帝时,谢安当上了宰相,内安黎民,外强军事,他处事公允明断,很有宰相气度。偏安于东南一角的东晋小朝廷出现了少有的和睦。

但很快前秦大帝苻坚就按捺不住了,兴兵百万,滚滚而来。

383年,双方决战淝水。谢安居中调遣,运筹帷幄。他的弟弟谢石,侄儿谢玄和儿子谢琰三个亲人都率军上了前线,结果谢家的八万北府兵打出了军事史上以少胜多的经典战例,前秦被打得一蹶不振。

这是谢安生涯中最光辉的时刻,李白当然得大书特书:

《永王东巡歌十一首》:

"三川北虏乱如麻,四海南奔似永嘉。

但用东山谢安石，为君谈笑静胡沙。"

《书情题蔡舍人雄》：

"暂因苍生起，谈笑安黎元。

余亦爱此人，丹霄冀飞翻。"

《登金陵冶城西北谢安墩》：

"谈笑遏横流，苍生望斯存。"

三首诗中都用了"谈笑"，可见在李白看来，大敌当前，他的偶像临危不惧，"谈笑间樯橹灰飞烟灭"。

看了《晋书》里的记载，想必大家都同意李白的看法："玄等既破坚，有驿书至，安方对客围棋，看书既竟，便摄放床上，了无喜色，棋如故。客问之，徐答云：'小儿辈遂已破贼。'"

淝水大捷的战报来了，他正在下围棋，看完随手放下，不动声色接着下棋。后来客人问，他才慢慢说：孩子们把敌人打败了……

就这番气度，八万人大破几十万人简直跟中午吃盒饭一样寻常！我们不得不佩服。

但是李白恐怕没看后半段："既罢，还内，过户限，心喜甚，不觉屐齿之折……"

客人一走，他飞进内室，去给老婆大人报喜，因为冲得太猛，木屐的

齿在门槛上都碰断了！

原来刚才在人前，那是用尽了全身力气在装啊！

但后来他的表现太可爱了，那种真性情的样子，我喜欢。

那他在客人面前表现的究竟是风度呢？还是矫情呢？李白当然认为是风度，写《晋书》的唐朝宰相房玄龄认为："其矫情镇物如此。"宋代黄庭坚也认为是矫情，在他的《读谢安传》里还调侃过：

"倾败秦师琰与玄，矫情不顾驿书传。

持危又幸桓温死，太傅功名亦偶然。"

个人认为，黄庭坚的诗有点酸酸的味道。

淝水之战把谢安推上了人生的峰巅，他以总统诸军之功，进拜太保。皇上大笔一挥，谢家四人同日晋封公爵，尊宠无比。随后，谢家几乎垄断了东晋王朝的军政大权，与司马氏"共天下"。

月盈则亏，物极必反。谢家权倾朝野，孝武帝怕自己地位不保，不能不动小心思，再加上一些小人挑唆，君臣之间难免有了猜忌。谢安并不恋栈，此时表现出的才是响当当的风度。他于385年主动交权，自请出镇广陵的步丘，建筑新城以避祸。

看不懂庙堂险恶的李白则认为他是"潇洒"的功成身退，"事了拂衣去"，又羡慕他善始善终的美好结局。

"安石在东山，无心济天下。

一起振横流，功成复潇洒。"

这是他在《赠常侍御》一诗中的句子。

其实谢安急流勇退，一方面要自保，更为保住乌衣巷的谢氏家族，事实也遂其所愿。从东晋到南朝的200多年中，谢氏后人克绍箕裘，见于史传的人数12代共100余人。来自这个高门士族的子弟遍布政界和军界，文化圈里也有大神，如谢灵运和谢朓等，依然被李白所追慕。

退隐下来的谢安不到半年病逝，享年六十六岁，谥号"文靖"。

参考书籍

《晋书》《资治通鉴》《全唐诗》《世说新语》《魏晋世语》《魏晋南北朝史》《黄庭坚全集》

陶渊明：世人都道醉乡好，我被酒虫欺一生

东晋末年出了一位真大师，陶公渊明诗文辞赋都有绝作，后世殊为景仰，人称"隐逸诗人之宗"，也有人推崇为"田园诗派之鼻祖"。陶公地下有知，想必发笑，他生前是非著名文化工作者，《世说新语》专门记录魏晋风流名士事迹，但他缺席了。也没想过会享誉全国，依他的性格，与其赠送这么高大上的名号，还不如弄点好酒祭奠他一下来得痛快。

他平静去世，没惊动皇帝，公家也没封他个谥号。好友诗人颜公延之主张赠他一个私谥："靖节先生"，"宽乐令终曰靖，好廉自克曰节。"这符合他的格调，陶公可能喜欢。

个人认为，陶公人品贵重，前六字都做得极好，惟"自克"差点，世人都道醉乡好，公被酒虫欺一生。他在酒上有点失控，但人无癖似乎也不可爱，这是他在后世拥有大批粉丝的原因之一。

"直道不挠曰贞"，谥为"靖贞先生"也许更贴切，因为原谥不曾体现陶公的风骨，他宁可辞掉七品县太爷回家过穷日子，也不肯低下高贵的头，为此还写出了爆款大文《归去来兮辞》：

"归去来兮，田园将芜胡不归？

既自以心为形役，奚惆怅而独悲？

> 悟已往之不谏，知来者之可追。
>
> 实迷途其未远，觉今是而昨非……"

由感知"心为形役"而意识"今是昨非"，看得出来，他的思想有提升，也悟出了一定境界。陶公读儒家经典长大，"少年罕人事，游好在六经。"小时候没好好玩，都读书了。成年之后，本想一展抱负，兼济天下，但遭逢乱世，只能退隐，安居守分，独善其身。

从公元405年辞官到427年驾鹤西游，陶公隐居了二十二年，期间除了创作大量真朴的诗歌和喝下大量酒之外，他还是有进步心的，想出离，把境界再提升一个层次，只可惜因缘不洽，他始终游移于儒释道之间，瞻前顾后，无以自处，只好在醉乡找个安歇处。

陈寅恪先生等人认为他"外儒而内道，舍释迦而宗天师者也。""外儒"是对的，既然弃了官，绝意仕途，儒家就基本成了过去式，但"内道"却未必，其时，天师道在庐山一带未成气候，陶公作品中也未曾见与道家往还，他的思想是在老庄的地基上加了一些玄学桩子，并没有建成宫观的样子。后人根据他的作品，勉强给他安了一个"新自然说"的发明人，也没有多少认同感。"舍释迦"也是对的，学佛悟道需要机缘契合。陶公虽然与东林寺慧远大师比邻而居，但浅尝辄止，若即若离，并不像后世的王维、白居易一样倾心皈依。

说到一代高僧慧远大师，其人博通儒家六经，又深得老庄真谛，主张"内（佛）外（儒、玄）之道，可合而明。"远近宿儒贤达，莫不叹服其渊博。陶公家族本有礼佛敬佛的传统，又有学者考证，从《归去来兮辞》里明显能看到佛曲《归去来》的影子，那陶公何以与这位净土宗开山祖师擦肩而

过？就此事很想再叨叨几句。

再介绍一下慧远大师：雁门郡楼烦县（今山西省原平市）人，曾师从名僧道安，适逢战乱，本要去广东罗浮山结宇传道，途经浔阳郡，见庐峰清静，足以息心，乃止步于此。江州刺史桓伊（淝水之战主要将领之一，人称"笛圣"）为造殿舍，这便是净土宗的祖庭东林寺。自此历三十余年，慧远大师不曾再离庐山一步，"迹不入俗"，迎送从来都是以虎溪为界。晋安帝曾经下诏邀请，他也称病不出。

陶渊明归隐庐山脚下后，与当地名士刘遗民和周续之等多有酬唱往来，人送外号"浔阳三隐"。可想不到这两位老友都被吸引到东林寺去了，他们欣然加入了慧远大师的念佛团队。不光他们，四方名士如宗炳和雷次宗等一百二十三人皆汇集东林门下。《高僧传》说："既而谨律息心之士，绝尘清信之宾，并不期而至，望风遥集。"

我们从目前存世的陶公诗作中看不出他与慧远大师的交往痕迹，包括在416年，大师圆寂，也未见他的任何祭吊之作。排除作品佚失的可能，陶公最大可能是与慧远大师缘悭分浅，两个当世最杰出的人完美地擦肩而过。

那如何解释"虎溪三笑"？本以为这是中国文化中最诗意的一次相逢，其实是后世文人对释道儒三家融合的一种美妙想象。不说陶公与远公，只说陆公修静，这位道教上清派宗师出生于406年，很遗憾，他刚长到十岁，远公已然涅槃而去。难道陆公天生神器，十岁就能与八十多岁的远公投机相契？虎溪也只能自己暗笑三声而已。

刘遗民曾经当过柴桑令，他在佛门中找到了生命答案，而且极愿意与陶公共享，所以多次来信相招，或者上门邀请。毕竟是近水楼台，从陶公隐居的栗里村到东林寺，大概只有二十多公里，徒步可晨发而午至。

陶公之《和刘柴桑》开头就写："山泽久见招，胡事乃踌躇？"他看到刘公入山多年，大得自在，似乎已经解决最忧心的人生归宿问题。他动了心，向往之，准备进山，也克服了一些顾虑，比如："直为亲旧故"，不忍离开，还念及家里的田地，也总得有人耕作吧？也是实际情况，陶公归隐时，五个儿子都还没成家立业，后来又遭遇一场火灾，旧居被烧个精光，几无栖身之地。但他最费踌躇的是远公持戒极严，酒是必戒之物，而"造饮辄尽，期在必醉"的他，爱酒如命，如何能"放下"酒葫芦？

在彷徨中他下过一回决心，要断舍离，为了解决生命的终极疑难，他还是想走出迷途，去追求"决吾疑"的地方。从《拟古其六》中能看出，"装束既有日，已与家人辞"，行李都打好了，也跟家人都交代清楚了，但又坐下犹豫再三，"万一不合意，永为世所嗤。"万一修道不成被人笑话呢？于是进退维谷，终未成行。

虽然不能抛家舍业，"上山入伙"，但"不同流俗"的陶公与东林寺的交往并没有断。

《莲社高贤传》有最早记录："远法师与诸贤结莲社，以书招渊明，渊明曰：'若许饮则往。'许之，遂造焉，忽攒眉而去。"

对这位"少无适俗韵，性本爱丘山"的大贤，慧远大师惺惺相惜，所以诚意相邀，但陶公还耍了一个小性子，或许是个托词，以准许饮酒（破佛家重戒）相挟，但远公"简小节而取其旷达"，竟然答应了。于是陶公不得不来，来了也没留下，有一天忽然觉得不对劲儿，于是皱着眉头走了。

元初李公焕《笺注陶渊明集》中有注文："靖节每来社中。一日，谒远公，甫及寺外，闻钟声，不觉颦容，遽命还驾。"这是说，某次陶公来，

刚走到山门，听见钟声就皱了眉头，谁也没见，掉头回去了。

从 405 年辞官归里，至慧远大师 416 年示寂，十年时间转瞬即逝，等到陶公再琢磨"吾生梦幻间，何事绁尘羁？"这头等大事的时候，远公已经不能为他释疑解惑了。

其实他的思想深度远过于常人，《归园田居·其四》写道："人生似幻化，终当归空无。"他体会到人生的虚无与幻灭，归结到"空无"二字。

他本是可以"有"点什么的，可惜止步于"但空"，只看到了"空"，也称之为"恶取空"。错过就是错过了，他无法察知另一面的"不但空"——空不遣有，有不离空，空中摄有，有内存空。

印光大师曾经为陶公惋惜："先生信因果，而思欲发明，而复不肯念佛，乃文人习气。当日远公以陶渊明胸怀空旷，可以学道，招之入莲社。彼殆以酒为命者，知佛门戒酒，不敢遽许，因曰：许某饮酒则来。远公大慈悲心许之。彼来念佛三日，攒眉而去。以但能放下，不能提起。"(《印光法师文钞·续编上·与魏梅荪居士书十六》)

于是，陶公继续过他沉湎于酒的日子。在栗里村东南溪涧旁，有一块巨石横卧，平滑如台。石上有人形凹印，据说陶公当年酒醉之后，常卧于其上。

个人认为，并非陶公不向佛，也非远公不智慧，因缘之事，难以强求。让一个聪明绝顶的人老实念佛，毕竟不容易，要不聪明人怎么总被聪明误？

再读陶公诗："采菊东篱下，悠然见南山。""此中有真意，欲辨已忘言。"恍然有禅家意味，忽发奇想，若陶公遇马祖，将会如何？

马祖道一是禅宗分支洪州宗的祖师，法嗣广布天下，常居弘化之地洪州（今南昌）开元寺，离庐山不远。这位机锋凌厉的大师提出的"平常心是道",行住坐卧无非是禅,这与"纵浪大化中,不喜亦不惧"的陶公也许更相契合,如此接引,他想必欣然就道。

如此,马祖拈花,陶公也微笑,双峰并峙,天心月圆。

可惜的是,马祖活跃于唐代,陶公早生了三百年。

※ **参考书籍**

《晋书》《世说新语》《陶渊明集》《印光法师文钞》《高僧传》《莲社高贤传》

江苏民歌《茉莉花》怎么会来自五台山？谁是护花使者？

研究晋代高僧慧远大师的传记时，在一些散落资料中无意发现，这位净土宗的开山祖师还当过一回护花使者。

"好一朵茉莉花呀，好一朵茉莉花，满园花开，香也香不过它……"

说到《茉莉花》，相信每个人都能信口哼上几句。也有人还记得，作为经典的中国元素，她曾出现在2004年雅典奥运会结束时的《北京八分钟》里，因为影响力严重破圈，也有人送她一个美誉——"第二国歌"。

这首歌早就飞出了国门，作为文化大使，20世纪初，《茉莉花》的美妙旋律出现在意大利歌剧《图兰朵》的音乐中。几年前，她还作为地球的礼物被送入外太空，搭乘的是一艘寻找星外生命的美国宇宙飞船。

但有关这首歌的出处，一直众说纷纭。好东西嘛，当然不少地方都想据为己有。扬州认为起源于清曲，于是定为市歌，江苏仪征和安徽来安很不服，也都摆出了理由和证据，说是当地的产物。但细想一下，这几处都不是茉莉花的原产地，现在也没有茉莉花大面积种植，所以定为源头不免有些牵强。各方的历史资料，大多都只能追溯到民国以降，充其量到明清。也有人打马虎眼儿，说这东西就是民间流传的，根源漫漶，也没必要穷追吧？

个人认为，民歌是文化自信的一部分，有必要试着查一查。综合对比各方面的资料，种种迹象显示，《茉莉花》的流传有一个大致路线图，再顺着这个图逆着时间追上去，似乎能找到她生根开花结果的脉络，然后我们就在其中看到一个闪亮的名字——山西五台山。

我们的视线直接越过明清，甚至唐宋，在两千多年前的东汉开始扫描。

汉永平年间，天竺高僧摄摩腾、竺法兰被皇帝的特使请来中土。二人沿着丝绸之路到达了都城洛阳，并在白马寺开始译经。后来专门到了五台山，二人认定这里是佛国圣地，奏明汉明帝在此清凉圣境破土建庙。

在二人的行囊中，不仅有《四十二章经》等佛家经典，应该还带着原产于印度及西亚一带的茉莉花。花为白色，素洁雅致，且香味浓郁，有诗赞曰："他年我若修花史，列作人间第一香。"因此用以作为佛香原料，深受各地僧人喜爱。

"茉莉"即如此与佛家结缘，花名也是由梵文音译而来。《群芳谱》记载：还有其他译法如"抹厉""末利""末丽""抹丽"等，当然都不如"茉莉"好听，最后中国人就认了这个名字。徐珂的《清稗类钞·植物茉莉》中介绍："佛书谓之鬘华，北土曰柰（nài）。"

至于两位高僧带来的是干花还是花种，可就无由得知了。知道的是，种子很快也来了。《晋书》记载："都人簪柰花，为织女带孝。"可见，晋朝时期，茉莉花已经在中土落地生根散叶开花。

如果有人硬要打别，说柰花焉知不是苹果花？那您说，苹果花花期不到十天，茉莉花的花期可长达半年，古人会选择哪个？

既然与佛家渊源甚深，那么将茉莉花谱写进佛乐就顺理成章。诚如此，在五台山佛乐中找到名曲《茉莉花》的种子也算是一个重大发现吧。

五台山佛乐保存有当今世界的音乐绝响——梵乐,源于印度佛教音乐,又吸纳了中国传统音乐的养分,遂成为北方佛乐的代表,又被称为中国传统音乐的"活化石"。

2003年,中央电视台的编导在欣赏五台山佛乐时,偶然发现其中的《八段锦》曲调酷似民歌《茉莉花》,后经音乐界多位专家论证,这首风靡世界的著名江南民歌曲调源于五台山佛教音乐。

似乎是板上钉钉,作为一名山西人本该有点小自豪和小窃喜,但我很清醒,还有疑问——当时报道称他们亲临五台山的菩萨顶、殊像寺等寺院观听僧人演奏过《八段锦》,但多年致力于研究五台山佛乐的山西省音乐舞蹈研究所研究员韩军认为,下结论有点为时过早,他未曾见过《八段锦》这个曲牌,佛乐的《宣统本》《民国本》及一位法师手写本中都没有发现。

但笔者在他所著的《五台山佛教音乐》中却找到了《茉莉花》,其注为"现已不常用,《民国本》有谱,写作《磨泥花》,《解放本》写作《牟尼花》。"

笔者特地找专业人士哼唱这首《茉莉花》,唱完之后,他说,这曲子里有《茉莉花》的香味!真让人兴奋!回头再想,那《八段锦》是不是误传?这才是《茉莉花》的根源所在?

笔者又搜出了民间小调《八段锦》,其旋律确实与《茉莉花》非常接近,是一种格式化的民歌,同一个曲调,唱出八段不同的意思,其中有一段词还真与山西并州(今太原)有直接关联:

"小小月亮照高楼,照见高楼数十秋,

望郎望不到,我郎在并州。

并州的荷花头对头,俏人儿来,

我的俏人儿来,思想冤家早日回头。"

从歌词来看,民歌化用了《茉莉花》的曲调,改编后的内容非常生活化,这样抒情的歌词当然不适合寺院里诵唱。而改编也并不难,革命战争时期,在《八段锦》的基础上,聪明的河南信阳人民就改编出了红歌《八月桂花遍地开》。

不论是《八段锦》也好,还是《磨泥花》也罢,总之是从佛乐里找到了《茉莉花》的种子,说明在明清之前,这首曲子在中华大地上已经传唱了一千多年。

不仅是《八段锦》的歌词指向了并州,佛乐的影响力巨大,在山西几乎是遍地开出"茉莉花",目前至少能找到十五种地方版本,围绕着五台山百花齐放,阳高、大同、太原到晋南大部都有传唱,名为《萱花》《九连环》《张生戏莺莺》《听房调》,或为《盼情郎》《采花》《翠屏山》《问裙钗》,还有一首名叫《绣荷包》的襄汾民歌用的也是《茉莉花》的调子(参见《山西同宗民歌之〈茉莉花〉研究》,作者王斐)。

《茉莉花》在山西本土有如此广泛的群众基础,应该是长时间熏习而成,如果再说是从江南流传过来,可就有点小牛拉大车——勉为其难了。

不仅在山西广为流布,乘着歌声的翅膀,《茉莉花》也从五台山来到了中原大地。

在河南省新密市有一种非常古老的艺术形式"超化吹歌",记谱方式与五台佛乐均为工尺谱,配器也大同小异。"超化吹歌"据载形成于南北朝时期,先是在佛家寺院中吹打,到明代之后流传民间,至今保留很多古典寺庙音乐如《五圣佛》《三尺佛》等,还有《传令》《青河令》《状元

游街》等传统民间曲调。

令人惊喜的是，《茉莉花》在这里摇身一变成为《双叠翠》，这是由于第一句双叠，更有可能是当地人并不了解茉莉花，所以换了一个中国化的名字。民歌与当地融合，体现出地域特色、风土人情以及语言习惯也是常情。后来，《双叠翠》成为中州戏曲（豫剧、曲剧）的曲牌，至今传唱了五百多年。

有人推想，随着五台山僧人云游四方，《茉莉花》终于传唱大江南北。个人认为，在晋之后的士人南渡潮中，带着《茉莉花》来到江南，也许是正解。

但我们开篇曾提到，慧远大师当过护花使者，这位山西籍的大师正是在战乱中从北向南，最后驻锡于江西庐山东林寺。当然这只是一种传说，笔者未能找到古籍记载。试想，慧远大师长期在山西修行传法，四十多岁才南下，会唱《茉莉花》不足为奇，传唱到庐山也不足为怪，大师应该是众多传唱僧人中的一个吧。

慧远大师的功德还在于为广明教义，他在梵呗中开创了诵唱形式，将佛曲和民间音乐进行融合，增加佛事音声的世俗性，使信众也可以诵唱佛曲。

接下来我们要说《茉莉花》的后传。

佛曲进入民间，在中原地区演变为《双叠翠》，后来又被改编为《鲜花调》，叙述的是《西厢记》中张生和崔莺莺自由恋爱的故事，又叫《张生戏莺莺》，这又与山西民歌有了呼应。此曲流行于明朝隆庆、万历年间，明代散曲家刘效祖编撰的《词脔》中收有此调。

《鲜花调》（亦名《仙花调》，又名《雪花飘》）原词传到江南之后，迅速与当地音乐文化融合，形成各自的不同面貌。在清乾隆年间刊印的《缀白袭花鼓》中，《鲜花调》又名《打花鼓》，是剧中人物唱的一首插曲。清道光元年，由贮香主人编纂的《小慧集》里有《鲜花调》，和江苏六合、仪征、江都以及安徽省的天长、来安一带流传的《鲜花调》有许多相似之处。

时间一步跨越到1942年。

年仅14岁的文艺兵何仿随新四军淮南大众剧团到南京六合金牛山地区演出，他听到了当地民歌《鲜花调》，经整理改编成就了现代最流行的版本，一直以来，这首歌就被标注为江苏民歌了。

最后得提一句茉莉花茶。

北宋著名书法家、茶学家蔡襄牵了红线，让茉莉花和茶结了良缘，在其《茶录》一书中详尽地介绍了有关制茶的步骤和方法。至此，茉莉花不仅入耳，更能入口，想不红也难了。

放眼今天，广西横县茉莉花产量大、质量优，福建福州盛产茉莉花茶，"可闻春天的气味"，他们都很有胸怀，一直也没说什么，那么，山西五台山也应该含笑不语，大家齐唱"好一朵茉莉花！"这是全人类的共同财富。

✳ 参考书籍

《晋书》《五台山佛教音乐》《群芳谱》《清稗类钞》《缀白裘》《小慧集》《西厢记》《山西同宗民歌之〈茉莉花〉研究》

两晋 南渡衣冠

才高一斗的贵族谢公子如何把自己送上绝路?

引子:七月游庐山东林寺,入山门即见东西两池,翠叶田田,中有白莲盛开,玉洁冰清,馨香远浮,俨然非尘世间物,足可摄心定神。流连观想,暮色初起,再顾而去。后读《高僧传》,方知慧远大师与山水诗派宗师谢灵运曾有交集。莲为谢所种,池为谢所开,谢公曾列东林门墙之下,执礼甚恭,奈何身入宝山而空回?既潜心向佛,又何负叛逆之名,竟至行刑弃市?芝兰玉树,终为尘土,个中有何委屈,且听小子慢慢道来。

谢公灵运出身于东晋第一等高门大户——陈郡谢氏。祖父是淝水之战的主将谢玄公,母亲是书圣王右军的外孙女,用现在的话说,他是含着金汤匙出生的。自幼喜读经史,博览群书,文采斐然,闻名江左。十八岁袭封为康乐公,食邑三千户。

起点高到常人难以奢望,如果善能把握时机,磨心励志,足可以效法祖上,做出一番经天纬地的功业,可惜他恃才傲物,"猖獗不已",一直任性到进了大牢,再把自己送上刑场。

这位贵介公子从出道就狂放不羁。按朝廷惯例,国公爷可以担任一个荣誉闲职叫员外散骑侍郎,但他压根没放在眼里,一天也不去支应。

坐拥三千户赋税何愁锦衣玉食?又何必去当个小官仰人鼻息?再说,

他的祖上谢安公起初不是也看不上朝廷任命的著作郎？所以他玩得很洒脱，很前卫，时时鲜衣怒马，往往招摇过市，成为当时引领时尚的潮人领袖。

成年之后，他当过中书侍郎，并在416年三十一岁时当了黄门侍郎（注意这一年，八十三岁的慧远大师往生西方），这个职位是皇帝近侍之臣，可传达诏令，也算是人尽其才。后来他还出任过太子左卫率，这是把握要津的重臣，统领精兵万人，宿卫东宫，亦任征伐。如果尽职尽责，业绩突出，太子一旦上位，他出将入相就像风帆高挂顺流而下，但他还是太"猖獗"，没有珍惜这一把好牌。419年，他的小妾与门生私通，盛怒之下，他擅自将门生杀了，当然官帽也就被撸了。

次年，命运多舛的东晋寿终正寝，刘裕自立宋朝。谢灵运的康乐公被降为康乐侯，职务降为散骑常侍，俸禄减为五百石。他开始消极怠工，没过两年，因为"构扇异同、非毁执政"，被打发出了京城，贬为永嘉太守。至此，一直自认为怀才不遇的他破罐子破摔，干脆长期旷工。

身为一方大员，民生军政大事被高高挂起，他变身为旅游达人，为此，他还发明了专门用于登山的"谢公屐"，徜徉忘情于山水之间。

几年后，宋文帝刘义隆亲政，这位文艺青年是谢灵运的铁杆迷弟，也准备重用他，先任命他为秘书监，让他编撰《晋书》。这又是一个扬名立万的大好机会，可谢灵运很不屑，秘书监？太不把人当腕了吧？本人是治国安邦的大才，哪有闲工夫写书？于是"粗立条流"，只是写了个大纲敷衍一下，然后就又出去游山逛水。

就这，宋文帝也忍了，还提拔他出任侍中。侍中在晋朝已经是柱石一级，比中书监和中书令的地位都高，但谢灵运认为皇上只是把他当文人，军政大事不怎么跟他商量，又耍了小性子，不请假就消失了，一连十几天找不

见人。回来皇上才知道，他带着旅游小分队跑到了百里之外。

如此则宋文帝不能再忍，暗示他世界那么大，您老想去看看，就别当官了。于是谢灵运上表称病，皇帝借坡下驴，让他回家休养。

回家就回家呗，在哪儿还不都是玩嘛！但他玩得太野，以至于和当地的太守孟顗发生了冲突。谢灵运看不上孟顗，两个学佛的人动了嗔心。谢灵运还嘲笑太守："生天当在灵运前，成佛必在灵运后。"这话说得也够损。

孟顗衔恨在心，探知谢灵运开山决湖对百姓多有侵扰，上奏皇上说他私自调用本郡军队，这不是要谋反吗？

这道奏疏把一向眼高于顶的谢灵运吓得魂飞魄散，别的都不怕，谋反的帽子足以压垮他整个家族！

谢灵运飞骑进京去解释，好在皇上没有偏听偏信，还替他着想，让他换个地方去做临川内史，俸禄还给加到两千石。

按说皇上一再开恩，他应该自省一下了。但谢灵运到了临川还是老样子，不理政事，惟事游乐，于是又被人弹劾。

这一次，他做出极出格的勾当——司法机关派来抓他的人倒被他给扣起来了！是不是真有了叛逆的念头很不好说，他写的一首诗却成了罪证，诗云：

"韩亡子房奋，秦帝鲁连耻。
本自江海人，忠义感君子。"

您这不是不服我大宋要兴复东晋吗？太可怕了！廷尉即刻抓捕了谢灵运，奏请处以死刑，皇上仍然不想背杀才子的恶名，说念他祖上功德，免死充军广州。

接下来发生的事就有些诡谲了，有六七个形迹可疑的人，被抓后供说谢灵运让他们去三江口解救他，于是又罪加一等。这次触碰了宋文帝的底线，他在广州被就地正法，终年四十九岁。

就这样，一代大才子终于把自己作死了。

有人说，何以见得谢灵运是大才？不说他的名作《山居赋》，也不说李白是他的忠粉，两句诗，就足以奠定他的文坛地位。

第一句："池塘生春草，园柳变鸣禽。"

第二句："野旷沙岸净，天高秋月明。"

读诗二十年以上的人也许能真正理解这两句诗的好处，尤其是第一句中的"池塘生春草"，是他所有作品中的珍品。所以，他才敢大言不惭地说："天下才共一石，曹子建独得八斗，我得一斗，自古及今共分一斗。"

但疑问也接踵而至。公元411年，时年二十七岁的谢灵运担任江州都督刘毅的记室参军，曾经到了庐山，拜见过慧远大师，向来疏狂的他完全被大师的气场镇住，"肃然心服"。大师门下英才云集，但对才气横溢的谢灵运青眼有加，立"佛影台"之后，特地邀请他作《佛影铭》。

《国清百录》卷二《述匡山寺书》曰："东林之寺，远自创般若、佛影二台，谢灵运穿凿流池三所。"

为了表达对大师的敬意，谢灵运布施了大功德，凿池种莲，后人称东林念佛僧团为"莲社"，正是由此发端。

如果谢灵运能接受善知识的援引，修心正意，他不至于走上断头路。

那他为什么跟大师错过了？

有不少记载说慧远大师不肯接纳他——"师以心杂止之"。《乐邦文类》

《庐山记》《庐山莲宗宝鉴》以及《佛祖统纪》都这么认为。但个人认为，谢灵运一定参加过东林寺念佛僧团，大师没有理由拒绝他。

首先，方便摄受，有教无类，佛门广开，愿者进来。慧远大师连要破酒戒的陶渊明都可以允诺，怎么可能因为谢灵运"心杂"而拒之门外？"我佛法中情无取舍"，何况心思杂乱正需要以清净对治，这反而应当成为接纳他的理由。

其次，《宝积经》中有训诫："有乐法者（不得）为作留难，说诸因缘沮坏其心。"像谢灵运这样愿意亲近佛法的人，如果为难他，让他失去信心，大修行者是会"退失智慧"的，慧远大师何至于如此离经叛道？

再者，谢灵运有诗赠予在慧远大师门下修行的隐士雷次宗：

"符瑞守边楚，感念凄城壕。

志苦离念结，情伤日月悀。"

依依惜别，可见二人交情匪浅，应该也是在东林期间所结下的友谊。

据此可推知，谢灵运是曾在东林寺参加过念佛团的。《念佛三昧宝王论》《净土五会念佛诵经观行仪》等，都将谢灵运列入东林门下，认为他也是成员之一。只是因为他"心杂"，世俗习气太重，应该是难以持守清规戒律，下不了终老于匡庐的决心，而佛门又来去不拘，所以他请辞，慧远大师知他宿缘未了，只能遗憾送行。

走出山门，这颗在寺院也不能降服的"杂心"作祟，引领他走上不归路。他的《石壁立招提精舍》有一句："挥霍梦幻顷，飘忽风雷起。"似乎是一语成谶，恰是他一生写照。

数年后，慧远大师涅槃而去，谢灵运为之作《庐山慧远法师诔并序》，其中写道："予志学之年，希门人之末，惜哉诚愿弗遂，永违此世！"纵有百般遗憾，奈何宿缘轻微，只能感叹"山川路邈，心往形违！"

笔者感言：谢公自带家族光环，一生狂放倨傲，载浮载沉。向外未能建功立业，舒展抱负，造福黎民；向内又因行为不检，不能修身正己，终至罹祸。唐代史学家李延寿《南史》："灵运才名，江左独振，而猖獗不已，自致覆亡。人各有能，兹言乃信，惜乎！"谢灵运的好友僧苞所言凌厉而中肯："才有余而识不足，抑不免其身矣。"他的旅游副业倒开出了不朽之花，成就了他的山水诗，否则纨绔一生，不独令谢氏蒙羞，亦令后世耻笑。

他有一首《过瞿溪石室饭僧》，结句是："望岭眷灵鹫，延心念净土，若乘四等观，永拔三界苦。"能看出他还是有出尘之想的，希望超脱轮回之苦，只可惜不舍不断，一念误平生。

至于后人把他摒之东林墙外，却妄言是慧远大师所为，终是格局太小。一百二十三位高贤都得往生，确为一件盛事，但念佛团队何止百人，未成就者必然有之，以谢公为反面教材，也足以警诫后人。

✱ 参考书籍

《晋书》《南史》《佛祖统纪》《庐山莲宗宝鉴》《高僧传》《谢灵运年谱汇编》《谢灵运集校注》《隋唐嘉话》《国清百录》

两晋

南渡衣冠

有多少权臣想坐坐龙椅，东晋的风流怎么被雨打风吹去？

在江南另搭台子唱戏，东晋本就先天不足，哪想到屋漏偏逢连阴雨，有大胆想法的人太多，内乱纷然，摁下葫芦起来瓢，导致后天也发育不良，京城建康动不动就被包围，甚至被攻破了三次，勉强支撑了一百来年，自断经脉，呜呼哀哉。

有人高度总结，西晋死于藩王，东晋亡于权臣，细看之下，确实如此。今天咱们就替东晋算算旧账，看看在权臣们的不懈打击下，这个疲软的王朝怎样苟延残喘，又怎样被雨打风吹去。

第一回：王敦之乱

东晋在江南能立住脚，王导和堂兄王敦一文一武，一个运筹帷幄，一个决胜千里，都是无可替代的开国勋臣。对晋元帝司马睿来说，他本是无兵无权的落难琅琊王，流窜到建康来侥幸捡了一把龙椅，体会到了当皇帝的滋味，对拥戴他的王氏兄弟当然感激不尽。再说，王敦还是西晋武帝司马炎的驸马爷，两家又是割不断的姻亲。有了好日子要共享，虽然金殿不能并肩坐，但好处是不能吝啬的，于是琅琊王氏迅速崛起，枝繁叶茂，"王与马，共天下"。

时间长了，王氏一天天坐大，朝臣有近七成是王氏一系，尤其是手握重兵的大将军王敦，越来越藐视皇帝。他开始自行选置官员，甚至连将军、刺史这些高级官员也都他说了算，这就让皇帝司马睿很不爽，江山毕竟是我司马家的嘛，王家表姐夫再这样发展下去，估计就该我家歇菜了。于是宰相王导受到排挤，元帝还提拔了刘隗、刁协等人，用以制衡王氏势力。

王导有器量，没说什么，王敦却大受刺激。正在他义愤填膺的时候，豫州刺史祖逖病逝，这位英雄一直令王敦有些忌惮，他一死，王敦可就没顾虑了。王敦最终决定起兵，322年，他以"清君侧"的名义举兵进攻京城。

京城说打就打进来了，想杀的人都杀了，王敦不入宫朝见皇上，还放纵士卒四处抢掠，官员纷纷逃散。晋元帝司马睿一看无人可用，只好脱下戎服，派使者向王敦求和——想当皇帝你就明说呗，别杀我就行。

王敦表现得还没有那么赤裸，想装蒜走走程序，只是把持了朝堂，为所欲为。后来，他觉得回到武昌大本营更保险，也能遥控朝政。

皇帝窝囊到了任人摆布的份儿上，司马睿简直是被活活气死的。太子司马绍继位后，不能坐以待毙，开始组织人马对付王敦。王敦在暗示朝廷该给他"禅让"之后，一场大病来找麻烦，也顺便给东晋王朝续命，他竟然病死了。

后来，王敦的手下被打得七零八落，主将钱凤和沈充等都被拿下，三人的头被挂在朱雀门外的浮桥上示众。

王敦之乱总算被平定。

第二回：苏峻之乱

在平定王敦之乱的斗争中，有一位流民头领苏峻表现不错。324年，王敦进攻建康，他曾出兵抵抗。后来在宣阳门他还击败过沈充和钱凤，战

后因功升任冠军将军、历阳内史，并封邵陵公。

次年，东晋王朝雪上加霜，刚继位没两年的晋明帝司马绍忽然病死了，年仅二十七岁。明帝敏锐，能断大事，本有希望把残破的朝廷好好整治一下，奈何天不假年，没办法，年仅五岁的晋成帝司马衍即位。

皇帝还不懂事，于是母后临朝，朝政大权落到了国舅爷庾亮手中。庾亮排除异己，南顿王司马宗被杀，其手下卞阐逃亡到苏峻那里藏匿，苏峻不听庾亮的招呼，拒不交出。庾亮认定苏峻有意作对，野心不小，下决心收拾他。

苏峻知道形势不妙，赶紧找了一个同盟军，祖约——名将祖逖的弟弟，当时镇守着寿春。外战外行又十分贪财的祖约对朝廷深有不满，苏峻一勾搭，他立刻就同意一起造反。

327年，这帮久经沙场的野战军一路势如破竹攻进了建康。苏峻为了泄愤，纵兵大掠，京城再遭大劫。宫女们的衣服都被剥光了，只能坐在地上用土遮体。

和王敦一样，苏峻倒没敢把皇帝怎么样，但替皇上做主，给一帮手下都封了大官。

次年，荆州刺史陶侃率军勤王，攻至寻阳，双方各有胜败。

这一天，两军对阵，苏峻喝了酒，忽然像中了邪一样，骑着快马突出来，径直冲进官军阵中，结果几个牙门将认出了他，几支犀利的投矛立刻飞出，苏峻当即被扎成了刺猬，紧接着脑袋也被一刀砍下。大帅身先士卒蹊跷送死，这个幽默尺度太大，一时让晋军主帅陶侃都不敢相信。

树倒猢狲散，祖约落荒而逃，叛乱终被平定。

第三回：桓温之乱

公元371年，前秦想席卷各族，来个大一统，北方打得如火如荼。

多好的北伐机会！东晋也有人想到了，这次唱大戏的主角是桓温。在平蜀之后，当上征西大将军的他想借势北伐中原，"建不世之功，加九锡"，这对司马家来说，又是一个极危险的信号，一旦有了"加九锡"的念想，离篡位就不远了。

可惜，枋头一战，桓温被前燕的慕容垂打得垂头丧气，败回京城却耍了一把飞扬跋扈，他废了现任皇帝司马奕，改立会稽王司马昱。哪知道这是一个短命皇帝，第二年就宾天了，桓温满以为朝廷会识时务地把皇位礼让给他，结果执掌朝政的谢安和王坦之知道他有病，就祭出了一个"拖"字诀，直到373年的夏天，终于成功把这个心腹大患给拖死了。

老天赐病，桓温的图谋没得逞。但是桓家还拥有重兵，控制着长江中上游，这为他的儿子后来发动叛乱埋下了伏笔。

在此之后的397年和398年，都不太平。青、兖二州刺史王恭两次发动叛乱，东晋君臣也是费了九牛二虎之力，才把他擒住处死。这段一笔带过。

第四回：孙卢之乱

因为内乱不断，土地被人抢走，桓温死后，东晋只剩下一隅之地，所谓十分天下仅有其二。

靠谢安勉力支撑，东晋过了二十来年平静日子。但他一死，皇族司马道子和司马元显父子当政，就又玩不转了。

当时藩镇各据一方，自成一体，不怎么买朝廷的账。司马元显想补充兵员，下令三吴各郡，公卿以下被转为荫客的官奴都移置建康，称作"乐属"，

打算训练一下，建立一支后备军队。谁料这事竟然引起了骚动，曾经的中书监孙秀的后人孙恩看准人心不稳，趁机起兵造反。

399年，孙恩带人攻破上虞县和会稽郡，部众骤增至数万人。其余郡县也有人响应，攻杀晋朝官吏。不到十天，一支数十万人的大军出现在东晋大地上，大行杀戮，四处抢掠。孙恩很得意，跟手下人说他要打马进建康。

事发于肘腋之间，京城又一次岌岌可危。三吴地区是命脉，朝廷急命徐州刺史谢琰和兖州刺史刘牢之率军平乱。

双方大战于会稽，谢琰轻敌战败，被手下人张猛所杀，朝野震惊。

401年，孙恩率十余万人攻至丹徒，建康危殆，幸亏北府军将领刘裕及时赶到，击退叛军。

孙恩撞上刘裕正经是流年不利，天生克星，见一次被打败一次，没奈何只能逃回海岛上苟存。402年见大势已去，孙恩投海自杀。

孙恩死后，妹夫卢循率领其部，继续对抗朝廷。

期间，桓温的小儿子桓玄叛乱，卢循带人趁机攻占广州，割据十七郡，称雄岭南。

410年，卢循乘刘裕北伐南燕之际，进犯建康，接连击败何无忌和刘毅，席卷东南五州，杀气腾腾攻至石头城下，京城又一次面临劫难。

北伐凯旋的刘裕再次担当了朝廷救星，他迅速回师反击，叛军终归不是正规军的对手，卢循兵败自杀。

第五回：桓玄之乱

桓温本有称帝之心，却羞答答地非要走个"禅让"的形式，结果把自己给耗死了，他的儿子桓玄可没那么客气。

396年，晋孝武帝醉卧内殿，被张贵人杀死，太子司马德宗即位，是为安帝。这位安帝跟他的先人惠帝一样不辨寒暑饥饱，客气点说，是一个失智症患者。

太傅、琅琊王司马道子把控朝政，他想削弱方镇实力，加强中央集权。消息传出，内外骚动，尤其是独霸荆楚、兵强马壮的桓玄更是不满。他抓紧时间扩张地盘，不仅夺得荆、雍二州，还对下游的建康实行经济管制，这让司马道子和司马元显父子绝不能忍，402年，朝廷兴兵讨伐桓玄。

朝廷敢出战，所倚仗的是猛将镇北将军刘牢之。没想到桓玄派来了刘的族舅何穆当说客，何穆鼓动三寸不烂之舌，说得刘牢之竟然临阵倒戈，桓玄挥兵直驱建康城外的新亭。官军不战自溃，眼看京城守不住了，绝望的司马父子只剩下相对哭泣的份儿。

倒霉的建康城第三次被攻破。

桓玄不可一世，反对他的人，杀头的杀头，流放的流放，他享受了王莽当年的待遇：剑履上殿，入朝不趋，赞奏不名。

但也有让人不安的消息，桓玄获知，北府兵的大将刘裕、何无忌等人酝酿起兵，形势在逆转。

403年底，桓玄直接篡位，登基称帝，国号为"楚"，他终于让屁股感受到了坐龙椅的滋味。

次年，刘裕起兵，一路摧枯拉朽，桓玄的手下根本抵挡不住，土崩瓦解。

从称帝到兵败出逃，共经八十天；从称帝到被杀，前后不到半年，三十六岁的桓玄被杀，他的短命政权被刘裕终结。

第六回：刘裕代晋自立

在与孙恩、桓玄和卢循的征战中，草根出身的刘裕逐步掌握了兵权。桓玄被灭，也基本唱响了东晋门阀政治的挽歌，刘裕掌控了东晋的朝政大权。

410年，刘裕率大军攻灭南燕，收复青州。随后，他马头所向，攻无不克，先后收复广州、江陵、成都和襄阳，所有割据者均被打得鸡飞狗跳，东晋在刘裕的手里再次实现了统一。417年，刘裕的大军攻破长安，埋葬了后秦。

刘裕把桓氏父子想走没走或者没走好的路都走了一遍，先是积累战功，平定内乱，打下帝业基础，然后平蜀、北伐、杀皇帝、换皇帝，最后，他巍然立于朝堂之上，不说群臣，连皇帝都不敢喘大气。

到420年，刘裕认为，东晋傀儡皇帝已经没有价值，晋恭帝司马德文被他贬为零陵王。随后，一个崭新的王朝横空出世——宋，史称南朝宋，刘裕正式登基，便是大名鼎鼎的宋武帝。

在刘裕搞定东晋的时候，拓跋氏也征服了后燕、北燕和北凉，还大破夏国和柔然，439年，北方被统一在北魏的大旗之下。

至此，东晋十六国翻篇了，南北朝的对台戏鸣锣开场。

★ 参考书籍

《晋书》《资治通鉴》《魏书》《中国通史》《魏晋南北朝史》《语林》《魏晋世语》